상처의 응시

상처의 응시
— 강성률 영화평론집

초판 펴낸 날 2020년 9월 12일

지은이 | 강성률
펴낸이 | 김삼수
펴낸곳 | 아모르문디
편 집 | 김소라
등 록 | 제313-2005-00087호
주 소 | 서울시 마포구 성미산로13길 87 201호
전 화 | 0505-306-3336 팩 스 | 0505-303-3334
이메일 | amormundi1@daum.net

ⓒ 강성률 2020

ISBN 979-11-91040-00-5   03680

이 도서의 국립중앙도서관 출판예정도서목록(CIP)은 서지정보유통지원시스템 홈페이지
(http://seoji.nl.go.kr)와 국가자료공동목록시스템(http://www.nl.go.kr/kolisnet)에서
이용하실 수 있습니다.(CIP 제어번호: CIP2020033395)

상처의 응시

강성률 영화평론집

아모르문디

저자 서문

1

영화 비평을 한다는 것은 영화를 보고, 생각하고, 그 생각들을 정리해 글을 쓰는 작업을 말할 것이다. 이 일련의 행위들이 자연스럽게 연결되어 하나의 행동처럼 되어야 하는데, 그것이 여전히 나에게는 버겁다. 무엇보다 글을 쓰는 과정에서 생각들이 헝클어지기 일쑤이고, 논리는 무너지기 다반사다. 왜 그런 것인지, 무엇이 쉽지 않은지, 왜 쉽지 않은지 생각해 봐도 답을 찾기가 어렵다. 벌써 20년가량을 영화평론을 해왔음에도, 아니 20년을 했기 때문인지, 요즘에는 더욱 그렇다. 차라리 당차게 자신의 주장을 전개하던 30대 초반의 그 시절이 그립다. 이제는 자주 머뭇거리고 망설이면서, 자꾸 나를, 나의 논리를 돌아보게 된다. 긍정적으로 생각하면 사유가 깊어진 것이라고 할 수도 있겠지만, 글을 잘 읽지 않는 시대에, 비평은 더욱 읽히지 않는 시대에 이렇게까지 망설이며 비평을 해야 하는지 고민이 된다. 왜 나는 여전히 비평을 쓰고 있는 것일까? 이런 의문을 글을 쓸 때마다 가지곤 한다.

아무리 생각해봐도, 그럼에도 나는 여전히 비평이 세상에 존재하는 가장 멋진 글의 한 종류라고 생각하고, 그것을 굳게 믿고 있다. 내가 알고 있는 비평은 논리적이면서 감성적이고, 주관적이면서 객관적이고, 사유를 담고 있으면서 인상적이고, 차가우면서 따뜻하다. 세상에서 이렇게 양면성을 모두 지닌 글은 그리 많지 않다. 그래서 비평을 읽으면 마음이 편하다. 세상의 모든 지식을 얻은 것 같은 포만감이 들고, 감정적으로 따뜻해진 것 같은 느낌도 받는다. 나는 세상의 많은 글 가운데 비평을 읽을 때가 가장 행복하다. 그런데 이것은 참 이상하다. 시도 아니고 소설도 아니며 에세이도 아닌, 비평으로 이런 느낌을 받을 수 있다니. 그럼에도 나는 여전히 비평을 통해 세상을 관찰하고 지식을 쌓는다. 이제 나는 비평에서 벗어날 수 없는 지경이 된 것인가? 아마 영원히 그 테두리를 맴돌면서 살지 않을까 싶다.

이번 평론집의 제목을 '상처의 응시'라고 정한 것은, 매우 직설적으로 말해 영화가 상처를 다루기 때문이다. 영화 속 인물들은 저마다의 상처를 안고 살아가는데, 비평가나 관객은 캐릭터가 지닌 상처에 공감하다가 결국 그 상처에서 벗어나지 못해 함께 허우적거리게 된다. 좋은 영화는 캐릭터의 상처가 오롯이 살아 있는 영화이다. 달리 말하면 캐릭터의 상처가 살아 있어 관객이 그 상처에 쉽게 동일화될 수 있는 영화이다. 그 상처는 과장되어서도 안 되고 비현실적이어서도 안 되며, 터무니없어서도 안 된다. 현실에 있을 만한 아픔을 지닌 캐릭터가 영화 속 여러 인물과 세상, 사회와 부딪치면서 겪는 상처가 치열하게 녹아 있어야 하고 영화 속에 살아 있어야 한다. 나이를 먹어갈수록 영화를 보면 캐릭터의 상처가 눈에 많이 들어온다. 아마도 내가 살아온 세월만큼이나 많은 상처를 겪었기 때문일 것이다. 그래서 상처를 통해 나와 세상을 다시 돌아보게 된다. 영화의 상처와 현실의 상처의 배치와 조합. 그런 의미에서 나에게 좋은 영화 가운데 하나는 상처를 잘 조율해나가는 영화이다.

비평가는 상처를 '잘' 응시하는 사람이다. 영화라는 매개를 통해 연기자는 상처를 연기하고 감독이 상처를 조율한다면, 비평가는 인물의 상처를 통해 캐릭터를 보고 영화를 보고 다시 세상을 본다. 이때 비평가는 누구보다도 밝은 눈으로 상처를 봐야 한다. 여기서 말하는 상처는 영화가 인위적으로 재현한 상처와 세상을 살아가면서 겪는 상처를 모두 아우른다. 두 상처가 하나로 모아질 수는 없지만, 그렇다고 두 상처가 전혀 다른 종류의 상처인 것은 아니다. 결국 비평가는 영화의 상처와 현실의 상처에 공감하면서, 그 두 상처를 교류하면서 세상과 영화를 본다. 그리고 비평을 하면서 영화와 세상의 상처에 대해 생각한다. 상처 없는 영화가 없듯 상처 없는 세상과 인간도 없다. 어느 유행가의 가사처럼 상처 없는 영혼이 어디에 있으랴. 결국 영화는 상처를 그리고 비평가는 상처를 통해 영화를 보고 다시 세상을 본다.

2

첫 번째 평론집을 펴낸 지 10년이나 지나 두 번째 평론집을 묶으면서 나름대로 의미 있다고 생각한 글들을 추려 모았다. 분량이 짧은 글은 제외하고 적어도 원고지 50매 이상의 글 가운데 논의의 대상이 되면 좋을 것 같은 글들로 선별했는데, 모으고 보니 모두 한국 영화를 텍스트로 삼았다는 사실을 깨달았다. 내가 할리우드 영화나 유럽 영화, 아시아 영화를 싫어하는 것은 아니지만, 이 땅에서 살아가는 이상 타국의 영화보다는 한국 영화에 쉽게 공감이 가고 할 말도 많기 때문일 것이다. 아마 앞으로도 이런 특징은 이어지지 않을까 생각된다.

책은 총 3부로 구성되어 있다. 1부는 작품론을 다룬 글이고, 2부는 작가론과 영화론에 대해 논한 것이며, 3부는 영화사회론에 대해 이야기한 것들이다. 1부 작품론은 총 5편의 글을 모았다. 나는 여전히 작품론이 영화 비평의 꽃이라고 생각한다. 한 작품에 깊이 빠져 비평을 쓸 때보다 행복한 시간은 그다지 많지 않다. 여러 편의 작품론 가운데 논의의 대상이 되면 좋을 것 같은 영화들, 즉 양우석 감독의 〈강철비 2 : 정상회담〉, 이창동 감독의 〈버닝〉, 김보라 감독의 〈벌새〉, 이병헌 감독의 〈극한 직업〉, 김동원 감독의 〈내 친구 정일우〉에 대한 글이 실렸다. 모두 개봉한 지 3년 이내의 영화들에 대해 평한 것인데, 대중적인 영화인 〈극한 직업〉이나 〈강철비 2 : 정상회담〉에서부터 예술적 경향의 〈버닝〉, 독립영화인 〈벌새〉, 다큐멘터리인 〈내 친구 정일우〉에 이르기까지 다양한 스펙트럼으로 지난 3년의 한국 영화계를 바라보려고 했다.

2부에서는 작가론과 영화론에 대해 고민했다. 작품론과는 다른 시각에서 영화와 감독을 바라보는 작가론과 영화 자체의 매체적 특성이나 역사를 통해 영화를 사유하는 영화론은 매우 흥미롭지만, 결코 쉬운 작업은 아니다. 이 책에서는 총 5편의 글을 게재했다. 봉준호 감독의 영화 세계를 소녀의 재현이라는 관점에서 고찰했고, 정성일 평론가의 비평집의 특징을 정리했으며, 2019년의 천만 영화의 경향이 어떻게 변화했는지, 그것이 왜 중요한지 살펴보았다. 또 지난 100년 동안 서구에서 도래한 영화를 한국 영화가 어떻게 토착화하려고 노력했는지 담론과 실천을 통해 정리해 보았고, 영화 매체에 리듬이 어떤 형태로 구현되는지 여러 시각으로 분석했다. 2부에서는 작가론에서 시작해 비평집을 분석한 뒤 천만 영화, 영화의 토착화, 영화의 리듬 등 다양한 주제를 통해 영화라는 매체의 특성을 조명하려고 했다.

3부에서는 영화와 사회의 관계, 즉 영화사회론에 대한 글들을 모았다. 영화가 사회적으로 중요한 의미를 갖는 것은 수많은 대중이 동시에 같은 영화를 관람하기 때문이다. 그래서 영화는 그 어떤 매체보다 사회적 힘이 강하다는 점에 착안해서 쓴 글들을 모았다. 코로나19 사태를 겪으면서 과거의 영화가 어떻게 바이러스와 전염병을 다루었는지 살펴보았고, 최근 큰 흐름 가운데 하나였던 역사 영화를 통해 사회와 영화의 관계에 대해 고찰했고, 한국전쟁을 배경으로 한 영화 가운데 매력적인 북한군이 등장하는 영화들의 재현 양상과 죽음이라는 결말을 분석했으며, 에로티시즘을 다룬 영화 세 편을 통해 영화와 에로티시즘이 어떻게 관계 맺는지 살펴보았고, 마지막으로 2010년의 영화를 몇 개의 사회적 키워드로 분석해 보았다. 이 모든 작업은 영화가 집단 무의식을 담고 있다는 전제 하에 쓴 글들이다.

이렇게 모아놓고 보니 최근 몇 년간 내가 어떤 감독의 영화를 좋아했는지, 어떤 경향의 흐름을 선호했는지, 영화의 어떤 현상에 주목했는지 확연히 눈에 들어왔다. 감독으로는 이창동과 봉준호를 선호하면서 김동원이나 김보라 같은 인디적 경향의 영화에도 주목했고(박찬욱이나 김지운의 영화에 대한 글이 없는 것에 놀랐다), 영화 매체 자체의 특성이나 한국적 영화를 찾으려는 작업에 여전히 주목했다는 것을 뒤늦게 알았다. 최근 가장 많은 관심을 가진 것은 역시 영화사회론 분야였다. 대중적으로 흥행력이 있는 윤제균이나 양우석 감독의 작품이나 〈극한직업〉, 천만 영화 등에 관심을 가진 것도 이 때문이고, 영화를 통한 북한 재현, 에로티시즘, 현대사 등으로 범위를 넓힌 것도 마찬가지다. 아마 앞으로의 비평 대상도 대개는 이 같은 범위 안에서 비슷한 입장으로 한정되지 않을까 생각된다. 다만 범위를 넓히기는 쉽지 않은 나이가 되었으니 이제부터는 깊이를 갖추었으면 하는 바람이다.

3

이 책에 실린 글의 절반 이상은, 내가 편집위원으로 참여하고 있는 계간지 『영화가 있는 문학의 오늘』에 게재한 것들이다. 이 잡지에 편집위원으로 참여하면서 다른 편집위원들께 참으로 많은 것을 배운다. 임우기, 오봉옥, 유성호, 방민호, 조광희, 김종광 선생님들의 개별 특징들은 일일이 언급하지 않겠지만 나는 이분들과 이야기를 나누는 것만으로도, 아니 이분들이 나누는 이야기를 듣는 것만으로도 많은 공부가 된다. 비평을 하는 내가 이분들을 만난 것은 참으로 큰 행운이다.

요즘 유튜브에서 영화 비평 채널 '씨네포커스'를 운영하고 있다. 구독자 수도 많지 않고 클릭 수도 높지 않지만, 함께 운영하는 이종승, 목혜정, 김윤아, 이아람찬 등을 보면 감사하다는 생각이 절로 든다. 이분들과 함께 촬영하고 또 촬영한 결과물을 보면서 나의 좁은 시야를 교정할 기회를 자주 갖는다. 무척이나 상황이 열악해서 때론 힘이 들지만, 그런 상황에서도 꿋꿋이 공부하고 촬영하는 이들은 나의 동지들이다.

보잘것없는 책을 펴내는 것이 무척 민망하지만 그럼에도 몇 분은 더 적어야 할 것 같다. 광운대에서 함께 생활하면서 언제나 격려해주고 용기를 주는 정인영, 김진곤 두 선생님께는 특별히 감사드린다. 외로운 학교생활 가운데, 함께 밥을 먹고 산책을 하고 생각을 나누면서 내가 더 잘할 수 있도록 그들은 힘을 준다. 만약 두 분이 없었다면 나의 학교생활이 얼마나 외롭고 힘들었을지 생각만 해도 갑갑해진다. 마지막으로 어려운 여건 속에서도 돈이 되지 않을 책을 기꺼이 출간해준 김삼수 대표에게 진심으로 감사드린다.

2020년 8월
불암산이 보이는 연구실에서
강 성 률

차 례

3부 영화라는 거울에 비친 세상

1부

작품론 : 영화의 안과 밖

영화와 현실 사이, 그 어딘가에서

— 양우석 감독의 〈강철비 2 : 정상회담〉(2020)

1. 속편 같지 않은 속편

양우석 감독의 〈강철비 2 : 정상회담〉(2020, 이하 〈강철비 2〉)를 보고 가장 먼저 든 생각은 이 영화가 전작인 〈강철비〉(2017)의 속편인지 아닌지가 분명하지 않다는 것이었다. 통상적으로 우리가 아는 속편은 전편과 주인공이 같고(당연히 한 배우가 같은 캐릭터를 연기하고), 스토리도 비슷하거나 상황을 조금 변화 또는 발전시킨 것들이다. 그런데 〈강철비 2〉에는 〈강철비〉와 같은 캐릭터가 등장하지 않는다. 아니다. 정확히 말하면 김명곤이 1편과 마찬가지로 2편에서도 주한 중국대사로 등장하고 김중기도 일본 내각조사실의 다카시로 출연하며, 미국 배우 크리스틴 달튼(Kristen Dalton)은 1편에서 CIA 한국지부장으로 나오다가 2편에서는 미국 부통령으로 나온다(아마도 승진한 것으로 해석할 수 있을 것이다). 그런데 정말 특이한 것은, 주인공이라고 할 수 있는, 1편에서 청와대 외교안보수석으로 분했던 곽도원이 2편에서는 북한 쿠데타의 주역인 박진우로 등장하고, 1편에서 북한 특수요원으로 분했던 정우성이 2편에서는 대한민국 대통령 한경재로 등장한다는 사실이다. 이렇게만 봐도 영화의 설정이 매우 특이함을 알 수 있다. 〈강철비 2〉는 속편이라고 하기에는 매우 기이한데, 여기서 기이하다는 것은 통상적인 속편과는 너무도 다른 속편이라는 말이다. 그래서인지 양우석 감독도 "상호보완적인 속편"이라고 소개했다. 그렇다면 1편과 속편은 무엇을, 어떻게 상호보완하는 것일까?

영화를 보면서 이런 의문이 들었다. 그렇다면 〈반도〉(연상호, 2020)는 〈부산행〉(연상호, 2016)의 속편일까 아닐까, 라는. 상식적으로 보면, 연상호 감독이 속편이라는 호칭을 사용하지 않은 것으로 봐서 속편이라고 하기에는 분명 문제가 있다. 게다가 〈부산행〉의 출연 배우와 〈반도〉의 출연 배우는 단 한 명도 겹치지 않는다. 사정이 이러한데 왜 굳이 속편 이야기를 하는 것일까? 〈부산행〉의 4년 후 상황을 〈반도〉가 그리기 때문이다(영화 개봉 시기도 정확히 4년 후다). 물론 이런 설정 때문만은 아니다. 〈반도〉는 어떻게든 〈부산행〉과 연결해야 하는, 즉 〈부산행〉의 흥행을 이어가야 하는 감독 입장에서는 최선의 선택으로 보이기 때문이다. 좀비영화라는 장르를 좀 더 극대화시킨 설정이라고 해야 할까? 흥미로운 지점은 스크린에 헬조선을 완벽하게 재현했다는 것과 그 탈출의 주역으로 엄마를 설정했다는 것이다. 그래서 〈부산행〉에서는 석우(공유)와 상화(마동석)라는 두 아버지를 죽인 뒤에야 아이와 아내가 살 수 있었음에 반해, 〈반도〉에서 정석(강동원)의 누나(장소연)는 아이가 좀비로 변하자 함께 죽는 길을 택하지만, 두 아이가 살아 있는 민정(이정현)은 영화의 맥락으로는 죽어야 할 상황임에도 기어코 살아남는다. 신파적 코드가 강한 것이 두 영화의 공통점이지만, 〈반도〉에서는 어머니를 아버지처럼 희생시키지 않는다. 그래서 이런 설정이 여성을 강조하기 위한 것인지(강한 어머니의 등장) 그 반대인지(양육자로서의 모성 강조) 애매함에도 불구하고, 〈부산행〉은 〈반도〉와 닿아 있는, 또는 짝패를 이루는 영화라는 사실을 부정하기 어려웠다. 그래서 감독이나 홍보회사는 〈반도〉가 〈부산행〉의 속편이라고 하지 않았음에도 많은 이들은 자연스럽게 〈반도〉를 보면서 〈부산행〉을 떠올리게 되어, 결국 기이한 속편이 되고 말았다.

이 같은 논리가 가능하다면, 〈강철비 2〉는 〈강철비〉의 속편임에 분명하다. 비록 전편에 등장했던 주연 배우들이 국적을 바꾸어 출연했음에도 영화의 큰 줄거리인 북한 쿠데타 발생, 이로 인한 혼란과 수습이라는 상황은 변하지 않았기 때문이다. 감독이 "상호보완적인 속편"이라고 이야기한 것도 바로 이 부분을 염두에 둔 것이었으리라. 그렇다면 이제 1편과 속편이 어떻게 상호보완적인지 분석하는 것이 순서일 것이니, 당연히 이 글은 〈강철비〉와 〈강철비 2〉를 비교하고 대조하면서 각 영화가 어떻게 서로 스며들어 거울이 되는지 분석하는 것이 목표이다. 영화를 분석하면서 집중할 부분은 북한 쿠데타라는 사건과 이를 어떻게 해결하는지 설명하는 것이다. 첨예한 남북문제를 기본 스토리로 전개하고 있기 때문에 두 영화는 우리가 현재 처한 가장 중요한 문제를 그리고 있다고 하지 않을 수 없다. 해방 이후 분단과 전쟁, 이를 기반으로 한 독재를 남북이 공히 겪으면서 두 나라는 고통스러운 세월을 보냈다. 여전히 분단되어 있는 상황에서 남한은 북한의 쿠데타를 어떻게 바라보는지, 주변 4대 강국은 이를 통해 어떤 욕망을 표출하는지 살펴봄으로써 두 영화를 비교하는 작업은 자연스럽게 과거를 고찰하면서 현재를 가늠하고 다시 미래를 내다보는 작업이 될 것이다. 가장 복잡하면서도 어려운 문제를 그리고 있기에 두 영화를 분석하는 작업은 그만큼 중요하고 또한 어려운데, 그 이유는 영화에 재현된 설정을 통해 현실의 상황까지 다시금 환기해야 하기 때문이다.

2. 〈강철비〉, 강렬하지만 빈약한

〈강철비〉는 스케일이 큰 영화이다. 줄거리를 짧게 요약하면 북한에서 군부 쿠데타가 발생한 상황에서 치명상을 입은 북한 '1호'가 남한으로 내려온다는 설정이다. 영어 제목인 'Steel Rain'은 실제로 존재하는 클러스터 형(形) 로켓 탄두의 별칭이라고 하는데, 과연 그에 걸맞은 제목이다. 영화는 정찰총국장 리태한(김갑수)이 최정예 요원 엄철우(정우성)에게 정권의 최측근들이 쿠데타를 모의하고 있다면서 그들을 암살하라고 명령하는 장면으로 시작된다. 두 명 가운데 한 명을 처리하고 다른 한 명을 처리하기 위해 중국 기업의 개성공단 입주식에 참석한 엄철우는 북한 1호가 테러를 당하는 상황을 맞고 얼떨결에 의식을 잃은 1호를 데리고 남으로 넘어온다. 쿠데타 세력은 탈취한 미국의 다연장로켓발사기로 개성을 폭격하고 이를 빌미 삼아 남한과 미국을 상대로 선전포고를 한다. 이에 남한도 계엄령을 선포하면서 상황은 극단으로 치닫는다. 남한과 미국은 북한 1호가 쿠데타로 사망한 것으로 알고 있기 때문에 상황은 더욱 좋지 않다.

　엄철우가 북한 1호를 치료하기 위해 잠입한 곳은 우연치 않게도 청와대 외교안보수석인 곽철우(곽도원)의 전처가 운영하는 병원이다. 눈치 빠른 곽철우는 엄철우를 설득해 북한 1호를 안전한 곳에서 치료받을 수 있게 돕고 북한 1호를 매개로 북과 대화를 시도한다. 사실 확인을 위해 북한도 이에 응하지만 회담에서 쿠데타 세력이 양국 당사자들을 살해하면서 상황은 전쟁 직전으로 치닫게 된다. 이렇게만 봐도 〈강철비〉는 스케일이 무척 큰 영화라는 것을 알 수 있다. 남과 북이 전쟁 직전의 상황으로 치달으니 미국, 중국, 일본의 대립과 눈치 보기도 치열하고 노골적이다. 이런 와중에 북한의 엄철우와 남한의 곽철우는 점차 친해진다. 1호를 보호하여 북으로 돌아가야 하는 엄철우와, 엄철우를 통해 얻은 정보로 어떻게든 전쟁을 막아야 하는 곽철우는 서로를 조금씩 이해하게 된다. 물론 둘 다 전쟁을 원하지 않는다는 공통점이 있다.

　곽철우는 엄철우를 나름 인간적으로 배려한다. 두 사람이 서로의 마음을 처음 이해하게 되는 것은 북한 1호가 살아 있는 것을 매개로 마련된 회담장에 가는 길에서다. 엄철우에게 수갑을 채우고 가던 곽철우는 국숫집에 들르는데, 그곳에서 허겁지겁 국수를 먹는 엄철우를 보고 수갑을 풀어준다. 그리고 엄철우가 며칠씩이나 굶었다는 사실을 알게 된다. 다음 장면에서 엄철우는 딸이 즐겨 듣던 노래를 차에서 곽철우와 함께 들으면서 남북의 경계는 있지만 정서는 통한다는 것을 느끼게 된다. 자식과의 대화가 쉽지 않아 고민하는 아버지로서의 심정도 마찬가지라는 것까지.

　엄철우는 자신이 믿었던 리태한이 쿠데타의 주역이라는 사실을 알게 되고 심정적으로 동요한 끝에 군부가 실제로 전쟁을 일으키려 한다는 사실을 곽철우에게 알려준다. 그리고 북한 1호가 지니고 있던 시계가 핵무기 기폭 장치라는 것을 역이용해 그 시계를 미끼로 북한 쿠데타 세력에게 접근한다. 곽철우가 땅굴까지 동행할 때 엄철우는 곽철우의 카드로 북에 있는 부인과 딸에게 줄 옷을 산 후, 기회가 되면 전해달라며 주소와 함께 넘겨준다. 엄철우가 스스로를 희생해 죽고 쿠데타 세력이 숨어 있는 벙커를 집중 타격한 끝에 일촉즉발의 위기에서 벗어나 평화를 되찾는다. 평양에 특사로 파견된 곽철우는 엄철우의 집을 찾아가 그가 맡겼던 선물을 전한다. 곽철우에게 자식이 소중한 것만큼이나 엄철우에게도 처자식이 소중하다. 이러한 공감을 통해 두 사람은 '의형제'가 되었다. 영화는 이렇게 훈훈하게 마무리된다.

〈강철비〉에서 엄철우에게 가장 소중한 것은 가족이다. 정치경제적으로 안정적이지 않은 북한에서 그는 가족을 부양하기 위해 임무를 수행한다. 정찰총국장은 엄철우에게 암살에 성공하면 쿠바 대사관으로 보내준다고 약속했다. 이미 암 말기 환자였던 그는 독재와 억압에서 벗어나 조금이라도 편한 곳에서 가족이 살기를 바랐던 것이다. 엄철우는 곽철우에게 전 부인이 좋던데 왜 이혼을 했느냐면서 진심으로 걱정해 준다. 엄철우는 결국 희생되고 곽철우가 대신 그의 가족을 만난다. 사실이 영화의 의문점 중 하나는 쿠바 대사관으로 보내준다고 약속한 것은 쿠데타를 일으킨 정찰총국장이었는데, 엄철우가 죽은 후 그의 가족이 쿠바 대사관으로 간다는 설정이다. 아마도 죽은 엄철우의 희생을 가치 있는 것으로 그리기 위해 그렇게 처리한 것 같다.

이렇게 보면 〈강철비〉는 두 '철우'를 통해 남한과 북한은 한 형제이고 한 민족이라는 이야기를 하는 것으로 이해할 수 있다. 그래서 두 철우에게는 가족이 중요한데, 이를 계기로 두 사람은 서로를 이해하게 된다. 영화의 대략적인 줄거리는 이렇게 이해할 수 있지만 세부적인 상황으로 들어가면 낯선 곳이 많다. 가령 〈강철비〉의 영화적 설정에서 이해하기 어려운 것 가운데 하나는 이런 것이다. 북한군이 파놓은 땅굴을 이용해 북한군은 마치 안방 드나들 듯 남한으로 넘어오고 서울 시내에서도 총격전을 쉽게 벌인다. 이런 상황이 과연 현실성이 있는지 의문이 들기 때문에 영화의 몰입에 방해가 되는 것은 당연하다. 땅굴로 남한에 진입한 북한 특수군이 미군의 무기를 탈취해 개성공단을 포격한다는 설정도 과연 현실성이 있을까? 북한이 선전포고를 했다고 남한 대통령이 미국에게 북한을 핵으로 선제공격해 달라고 청하고, 미국이 여기에 화답해 북한을 핵 공격하는 설정이 과연 현실성이 있을까? 아니, 현실에서 일말의 가능성이 있다고 하더라도 이런 설정을 영화에서 그리는 것을 타당하다고 할 수 있을까? 모든 것을 떠나 이미 보유한 핵무기로 전쟁을 하지 않고 자신의 권력 유지 수단으로 이용한다고 북한 지도자를 살해하는 쿠데타 세력이라는 설정이 북한에서 가능할까? 핵무기로 전쟁을 일으키면 북한도 자멸한다는 것을 누구보다 잘 알고 있는 북한 지도부가 이런 무모한 일을 쉽게 저지를 수 있을까?

이외에도 의문은 여전히 남는다. 미국이 핵 공격을 감행하려고 할 때 중국은 아무런 대응도 하지 않는데, 과연 이것이 가능할까? 북한이 붕괴되면 중국은 자신이 그토록 싫어하는 미국(의 영향력 하에 있는 나라)과 국경을 맞대야 하는 상황이 발생하는데, 과연 가만히 있을 것인가? 영화 속 일본의 재현도 문제적이다. 왜 가만히 있는 일본을 향해 핵

미사일을 발사해 긴장 속으로 끌고 들어오는 것일까? 결정적으로 영화의 결말인 '남한 핵무장에 의한 균형'과 이를 통한 평화가 온당한가? 이것 역시 매우 위험한 사고의 발상은 아닐까? 북핵을 남과 북이 나눠 갖는다는 설정은 핵을 억제할 수 있는 방안이 될 수도 있지만, 전멸의 계기가 될 수도 있다. 더구나 남과 북은 핵 경쟁을 벌여야 할 상황에 처할 수도 있다. 이 많은 물음들에 〈강철비〉는 형제애와 민족애라는, 다소 휴머니즘적이고 국수적인 자세로 응답한다. 역설적이게도 땅굴 설정처럼 1970년대식의 만화적 사고도 등장한다. 복잡하고 난해한 북한의 핵과 쿠데타, 이를 둘러싼 주위 강국의 이해관계를 무리하게 전개해 나가기 때문에 영화는 비판에서 자유로울 수 없(었을 것이)다.

3. 〈강철비 2〉, 단순하지만 인상적인

〈강철비 2〉의 설정을 한마디로 요약하면, 현실에서는 도저히 불가능한 만화 같은 이야기이라고 할 수 있는데(이 영화의 원작은 웹툰이다), 남과 북의 지도자와 미국 대통령이 북한 쿠데타로 인해 북한 핵 잠수함에 납치되었다는 설정이 바로 그렇다. 가까운 미래라고 할 수 있는 시기에, 북미 평화협정 체결을 위해 대한민국 대통령 한경재, 북한 최고 지도자 조선사(유연석), 미국 대통령 스무트(앵거스 맥페이든) 간의 정상회담이 북한 원산에서 열리지만, 실제 회담에서 합의는 좀처럼 이루어지지 않는다. 핵무기를 모두 미국으로 인도하고 검증을 마친 뒤 평화협정을 체결하려는 미국과, 평화협정을 먼저 체결한 후 핵무기를 가져가라는 북한 사이에서 남한 대통령은 난처한 상황에 빠지게 된다. 이렇게 협상이 진척이 없는 상황에서 쿠데타가 발생한다. 쿠데타를 주도한 북 호위총국장은 세 정상을 납치한 후 인질로 삼고 북한 핵잠수함에 가둬버린다.

여기까지 설명했을 때 먼저 드는 의문이 있다. 왜 북한은 쿠데타를 일으킨 것일까? 미국 대통령을 인질로 잡는 것은 엄청난 위험을 감수하는 것 아닌가? 북한 호위총국장은 이 상황을 이렇게 설명한다. 중국이나 베트남은 개혁과 개방을 하면 경제 발전을 이룰 수 있지만 북한이 개혁 개방을 하면 남한에 흡수될 뿐이라고, 이제부터 혈맹 중국이 미국의 눈치를 보지 않고 북한을 적극 지원하기로 했기 때문에 미국에 맞서는 중국의 힘이 강해질 때까지만 견디면 된다고, 자신이 쿠데타를 일으킨 것은 북한의 지도자가 개혁 개방을 하기 때문이고 이를 막는 것이 공화국을 지키는 것이라고. 사실 이런 주장은 북한에서도 꾸준히 등장하는 것이고 나름 타당성도 있는데, 현실적으로 보면 북한 지도자도 이런 사실을 인지하고 있기 때문에 남북문제는 쉽게 풀리지 않는 경향이 있다. 다만 영화에서 북한 지도자는 개혁 개방을 추진하고 쿠데타 세력은 이를 반대하는 것으로 설정해 설득력 있게 다가온다는 것이다. 게다가 〈강철비〉에서 특수 부대가 남한으로 넘어와 미군 무기를 탈취해 개성공단의 북한 지도자를 폭격하는 것과는 뚜렷이 구별되는 상황 설정이기도 하다. 주민의 이동이 자유롭지 않은 북한에서 호위총국장이 세 정상을 체포한 후 좁은 함장실에 가두면서 그곳에서 정상회담이 다시 이어지게 된다. 이제부터 영화는 함장실에서 펼쳐지는 신경전이 길게 이어진다. 이런 설정만 봐도 〈강철비 2〉는 〈강철비〉의 속편이지만, 어떻게 다른지 단번에 이해할 수 있다.

세 정상이 갇힌 공간은 결코 '좁지' 않다. 이제부터 더욱 복잡한 이야기가 얽히고설켜 든다. 미중, 북미, 북중, 북일, 중일, 남북, 한일, 한중, 한미 간의 복잡한 관계와 다시 이들이 만들어내는 합종연횡의 다양한 교차점과 갈등들이 표출된다. 북한과 정상회담을 준비하면서 미국은 쉽게 평화협정을 맺으려고 하지 않았다. 미국 대통령의 입장에서는 비즈니스 쇼에 불과했다. 그래서 미국 대통령은 일본을 자극해 중국과 전쟁을 하게 만들고, 그 시나리오에 남한을 끌어들이며, 북한과의 협상에서도 매우 오만하게 임해 판을 깨려고 한다. 미국과 맞서는 중국의 사정도 만만치 않다. 남중국해에서 미일이 대규모 훈련을 벌인다는 것을 안 중국은 남한마저 여기에 참여하자(미국은 평화협정을 매개로 남한을 강하게 압박한다), 일본 우익과 손잡고 독도에서 문제를 일으켜 한일이 전쟁을 하게 만듦으로써 한미일 동맹을 무너뜨리려 하는데, 그 연장선에서 북한을 자극한다. 일본은 독도에서 북한군이 일본 잠수함을 공격하면 그것을 남한의 공격으로 덮어씌워 남한과 전면전을 벌이고 미국을 등에 업고 동아시아의 패권을 차지하려 한다. 그래서 정말로 이상하지만, 중국이 일본의 우익에게 막대한 돈을 보내는 협상을 하고 다시 일본 우익이 그 돈을 북한 군부에게 보내 독도에서 전쟁을 유발하게 만든다. 이렇게 "중국―일본 우익―북한 군부"가 하나의 고리로 연결되고, 미국은 일본을 손아귀에 두고 북한을 조율하면서 중국을 적극적으로 견제하려 한다. 이렇게 복잡한 상황에서 고립된 남한이 할 수 있는 것은 별로 없다.

북한의 호위총국장이 미국 대통령에게 마약을 투약해 미국의 추악한 진실을 자백하게 해도 미국의 입장은 변하지 않는다. 대통령이 인질이 되어 정상적인 일처리가 불가하다면서 권력을 행사하는 부통령은 북중 접경지에 집결해 있는 중국군을 견제하고자 ICBM으로 다리를 폭파해 버린다. 이런 상황에서 남중국해에서 일본을 조정해 중국과의 전쟁을 유도한 미국의 추악한 비밀을 알게 된 중국이 미국을 협박하고, 북한의 쿠데타를 사주한 중국의 비밀을 알고 있는 미국도 격하게 반응하면서 둘은 강하게 갈등한다. 영화에서 가장 악한으로 그려진 것은 미국 대통령이다. 그는 거의 안하무인이다. 영화 자막에서도 미국 대통령은 북한 지도자에게 반말을 하고 심지어 욕설도 서슴지 않는다. 자신들의 패권을 유지하기 위해 온갖 비열한 짓을 마다하지 않는 국가가 미국이라는 것을 영화는 매우 상세히 설명한다. 중국과 일본도 미국 못지않은 것은 당연하다. 이 영화의 가장 큰 장점은 뭐니 뭐니 해도 이러한 국제 정세를 매우 사실적으로 그리고 있다는 것이다. 그래서 영화에 대한 설명은 재현된 정세를 설명하는 것에 할애되어야 한다.

감독이 주목하는 것은 현재 남한이 놓여 있는 상황이다. 북미평화협정을 체결하러 가기 전날 밤, 대통령은 청와대에서 휴전협정문을 보고 있다가 영부인에게 자신은 협상장에 가도 사인을 할 곳이 없다고 힘없이 말한다. 대통령이 보여준 휴전협정문에는 미국 군인, 북한 지도자, 중국 군인의 사인만 있지 남한 대통령의 사인은 없다. 이 설정 하나만으로도 남한 대통령이 얼마나 취약한 존재인지 알 수 있는데, 영화 내내 그런 상황은 반복된다. 북미협상이 결렬되자 북한 지도자와 미국 대통령에게 남한 대통령은 거의 애원하듯이 설명하고 설득한다. 잠수함 내에서도 사정은 마찬가지다. 심지어 잠수함 대원들의 도움으로 탈출할 수 있는 상황이 되자(단 두 명만 나갈 수 있다) 미국 대통령과 북한 지도자가 탈출하고 남한 대통령만 남는다. 둘이 나가서 평화협정을 체결하라는 의도였지만, 이런 설정은 실제 2019년 6월의 판문점 회담에서 장소는 남한이었지만 회담의 주역은 북미였던 것을 떠올리게 만든다. 이제 남겨진 남한 대통령은 잠수함에 갇혀 죽을 고비를 넘기면서 고생을 하고 또 고생을 한다. 이때 서울에 남겨진 대통령의 가족이 할 수 있는 일은 성당에서 기도하는 것뿐이다. 남한의 정부 내각도 할 수 있는 일이 거의 없다. 미국처럼 미사일을 발사할 수도 없고, 중국처럼 국경에 군인을 결집해 위협할 수도 없고, 일본처럼 전쟁을 도발하지도 못한다. 국가 원수는 납치되었지만(특별히 무능한 내각도 아니지만), 그들이 할 수 있는 일은 미국에 전화하는 것 외에는 없다. 4대 강국에 둘러싸여 있는 남한의 사정을 영화는 이처럼 정확하게 직시한다. 다시 말하지만, 〈강철비 2〉의 가장 큰 장점은 어설프게 민족주의나 국수주의를 끌어들이지 않고 형제애를 이야기하지 않으면서, 즉 미일중러 사이에 끼인 남북문제를 꽤나 실감나게 그린다는 것이다. 안하무인의 미국, G2로 나아가려는 중국, 제국의 부활을 꿈꾸는 일본, 핵을 무기로 인정받으려는 북한 사이에서 남한이 쥐고 있는 카드는 없다. 평화로 가는 길은 험난하고도 어렵다.

이제 영화는 독도 아래에서 일본 전투기와 잠수함에 공격 받고 미국 잠수함에 쫓기는 북한 잠수함의 이야기로 진행된다. 미국 대통령과 북한 지도자가 탈출한 후 남한 대통령만 남아 있는 상황(역설적이게도 이제부터 영화의 주인공은 남한 대통령이다!). 아이러니컬한 것은 남한 대통령이 타고 있는 북한 핵 잠수함이라는 설정이다. 그렇다면 이것은 남한의 것인가 북한의 것인가? 쿠데타 세력과 잠수함 대원들이 여전히 갈등하는 가운데 먼저 일본 전투기가 잠수함을 공격한다. 탈출한 미국 대통령이 일본에게 북 잠수함이 핵으로 일본을 공격할 것이라는 정보를 주었기 때문이다. 독도 인근에서 도발을 일으켜 전쟁을 하려는 것이 일본 우익의 목표였기에 일본과 잠수함의 대결은 꽤나 길게 이어진다. 약간 과장된 해석을 하자면, 영화 속 일본 우익은 아마도 현재 집권하고 있는 일본 정부의 비유라고 할 수 있을 것이다. 일본 국내 문제를 한국을 때려서 넘기려는 일본 우익은 독도에서 문제를 일으키려고 한다. 그래서 잠수함에서 이를 피하는 설정이 꽤나 길게 이어진다.

이 부분은 강우석 감독의 〈한반도〉(2006)를 떠올리게 한다. 말장난이 될 수 있지만, 두 '우석' 감독은 일본과 남한의 대결을 영화적으로 그리는 것을 즐기는데, 특히 스펙터클한 전쟁 상황이 그렇다. 그러나 강우석의 〈한반도〉는 남한과 일본의 전쟁 상황을 그리면서도 미국이나 북한, 중국을 거의 제외해 버려 현실감이 부족했다면, 〈강철비 2〉의 일본과 남한의 대결은 미국과 중국의 대결이라는 거대한 양상 안에서 미국이 어떻게 일본을 조종하고 중국이 어떻게 북한을 조종하면서 남한을 몰아붙이는지, 이런 상황에서 일본은 동아시아 패권을 쥐기 위해 어떻게 다시 중국과 맞서는지 매우 그럴 듯하게 그려놓았다. 한편으로 〈강철비 2〉의 설정은 민병천 감독의 〈유령〉(1999)을 떠올리게 한다. 손에 들어온 핵 잠수함을 스스로 폐기하려는 정부 결정에 반해 반란을 일으킨 극단적 군인들이 핵으로 일본 본토를 공격하려 한다는 설정이 〈강철비 2〉와 비슷하기 때문이다. 결국 일본에 핵 공격을 하면 엄청난 전쟁을 각오해야 하기 때문에 엘리트 장교 이찬석(정우성)이 목숨을 걸고 막는다는 설정. 남한의 극단적인 군인의 행동이 북한의 극단적인 군인의 행동으로 바뀌었을 뿐, 잠수함에서 벌어지는 이야기라는 점도 같다. 결국 일본의 공격을 피하고 미국의 공격을 막아내면서 잠수함은 국군의 영향력 안에 들어온다. 마침내 너무도 뻔한 설정, 즉 해가 뜨는 독도 앞바다에서 잠수함이 수면 밖으로 나와 대통령이 모습을 드러낼 때 민족주의는 강하게 작동한다. 특히 북한 잠수함의 부함장이 남한 대통령과 함께 국군의 경례에 답하니 더욱 그렇다.

〈강철비 2〉는 1편처럼 북한의 쿠데타를 소재로 삼지만 한정된 공간에서 펼쳐지는 당사국 정상들 간의 대화를 통해 오히려 현실성을 획득했고, 이것은 역설적이게도 문제의 지평을 한층 확대하는 효과를 낳았다. 북한 잠수함에서 남한 대통령이 함께 싸울 때 상징적 통일의 그림이 그려진다. 때문에 관객은 우리가 갈 길은 평화지만, 그 길이 결코 쉽지 않음을 다시금 느끼게 된다. 힘은 없고 주위의 협조도 구하기 쉽지 않지만 가야할 길은 분명한 남한 입장이 영화에는 오롯이 살아 있는 것이다. 이렇게 보면 〈강철비 2〉는 영화적 설정이나 이야기를 풀어나가는 방식에서 한 단계 발전한, 게다가 장르적 쾌감까지 선사하는 영화라고 평가할 수 있다.

4. 영화는 영화다. 하지만

결론적으로 말하자면, 〈강철비 2〉는 〈강철비〉의 약점을 많은 부분 보완했다. 북한 쿠데타의 정당성(?)을 설명했고, 북한 인민들이 신처럼 떠받드는 지도자를 살해하지 않아 쿠데타의 현실성을 담보했다. 북미 평화협정이 얼마나 어려운 길인지, 트럼프를 떠올리게 하는 미국 대통령을 통해 담대하게 보여주었고, 중국과 미국, 일본의 갈등도 전면화하여 한반도의 평화가 결코 쉽지 않다는 것을 다시 한 번 확인해 주었다. 무엇보다 북미협상이 생각보다 어렵다는 것, 즉 비핵화와 평화협정의 선후를 두고 생각보다 어려운 문제들이 놓여 있다는 것을 꽤 그럴듯하게 재현했다(그리고 이런 설정은 지금 현실이 되었다). 〈강철비〉의 땅굴, 주한미군의 무기 탈취, 이를 통한 개성 포격 등과 같은 비현실적인 설정이 등장하지 않은 것도 장점이다. 결국 이 모든 것은 단지 영화적 설정에 그치는 것이 아니라 현실과의 깊은 연관성 안에서 작동하기 때문에 영화는 많은 생각을 할 수 있게 한다. 다르게 보면 〈강철비〉는 두 철우를 통해 다소 소박하게 접근하는 반면, 〈강철비 2〉는 양국 지도자로 설정함으로써 캐릭터는 사라지고 서사만 강하게 작동하는 측면이 있는데, 이것을 어떻게 평가할 것인지는 보는 이에 따라 다를 것이다.

〈강철비 2〉를 영화적으로 보면, 초반의 복잡하고 폭넓은 시선이 세 정상이 잠수함에 갇히면서 다소 지루하고 단순해지다가 북미 정상이 탈출한 뒤에는 더욱 단순해진 반면 전투영화의 장르적 쾌감을 선사한다. 영리하게도 감독은 그 좁은 공간에서 각 정상들의 입장을 노골화하고 다시 일본의 입장을 전면화하면서 여러 생각을 하게 만든다. 물론 이 모든 과정에서 중국의 역할이 축소되어 있는 것은 여전히 문제가 있다고 할 수 있다. 4대 강국 가운데 가장 강력한 북한의 후원자인 중국이 영화가 진행되면서 사라지고 입지가 약해진 것은 현실과는 거리가 있는 설정이다. 이 부분이 보완되고 일본의 역할이 조금 더 약화되었다면 영화는 현실의 거울과 같았을 것으로 보인다.

결국 〈강철비 2〉의 문제점은 현실의 문제점의 반영이라고 해야 한다.

한반도의 비핵화와 평화 정착이 얼마나 어려운 것인지 영화를 보는 내내 생각하게 된 것도 이 때문이다. 용감하게도 〈강철비 2〉는 이 부분에 대해 입장을 명확히 한다. 감독은 한반도가 갈 수 있는 네 가지 상황, 즉 전쟁, 북한 내부 붕괴, 평화적인 비핵화, 남한의 핵무장을 통한 핵 균형을 거쳐 평화적인 비핵화라는 가장 온당한 길을 걸었고, 그 과정이 얼마나 어려운지 진솔하게 재현해 놓았다. 영화는 단지 영화에 그칠 수 있지만, 〈강철비 2〉가 단지 영화적 설정에 그치지 않는 것은 우리에게 가장 절실하지만 어려운 길을 영화가 재현하고 있기 때문이다.

영화의 마지막에 한경재 대통령은 말한다. "국민 여러분, 정말 통일 하시겠습니까?" 이 문제에 답하는 것은 참으로 어렵다. 통일의 당위성을 인정한다 하더라도 여러 문제가 맞물려 있기 때문이다. 영화에서처럼 4대 강국은 한반도의 통일을 반기지 않고, 북한도 남한으로의 흡수 통일을 원하지 않는다. 남한의 보수 세력도 통일 비용을 들어 반대한다. 그렇다면 어떻게 할 것인가? 〈강철비 2〉는 국수주의나 민족주의와 쉽게 타협하지 않고 자신만의 길을 모색했고, 그 길을 통해 질문을 하나 던지고 있다. 자, 당신은 어떻게 답할 것인가(마지막으로 드는 사소한 의문. 기이하게도 영화는 북한 대사를 자막으로 처리했다. 이제 우리는 자막 없이 북한 대사를 이해할 수 없는 지경이 된 것일까? 그렇다면 그만큼 통일은 멀어지고 어려운 것일까?).

신화적 모티프로 재현한 오늘의 현실

— 이창동 감독의 〈버닝〉(2018)

1. 해석 욕망을 자극하는 영화들

조금 단정적으로 말하자면, 최근 몇 년 사이의 한국 영화는 재미가 없다. 주연을 맡은 남성 배우 몇 명이 등장해 동어반복적인 스토리를 스크린에 재현한다. 대부분 40대거나 50대인 남자 배우가 아직도 최고 스타로 군림하는 한국 영화계의 가장 큰 문제점은 획일화이다. 새로운 장르가 만들어질 수도 없고, 젊고 참신한 스타가 등장할 수 있는 구조도 아니다. 40대 관객들이 선호하는 사회 드라마나 범죄 드라마가 스크린의 대부분을 차지한다. 이런 영화들의 가장 큰 문제점은 이야기가 지나치게 단순하거나 폭력적이거나 어둡다는 것이다. 다르게 말하면, 굳이 해석할 필요가 없는 영화들이 사방에 널려 있다.

스토리가 닫혀 있는 영화가 대부분이기에, 영화를 보고 나서도 관객들은 별다른 생각을 할 필요가 없다. 범인은 잡히거나 죽고, 문제는 모두 해결된다. 눈을 사로잡는 미장센도 별로 없고, 귀에 감기는 음악도 드물다. 영화도 산업이기에 돈을 벌어들여야 한다는 건 이해하지만, 지나치게 장르화되거나 산업화되어 스스로 몰락해 간다면 걱정하지 않을 수 없다. 혹 오해받을까 첨언하자면, 나는 지금 장르화와 산업화를 비판하는 것이 아니라 지나친 '획일화'를 걱정하고 있다.

최근 한국 영화 가운데 그나마 의미 있게 다가온 작품으로는 〈호랑이보다 무서운 겨울 손님〉(이광국, 2018), 〈꿈의 제인〉(조현훈, 2017), 〈누에 치던 방〉(이완민, 2018) 정도이다. 이 영화들은 기존 영화와 달리 해석 욕망을 자극했다. 특히 〈꿈의 제인〉과 〈누에 치던 방〉은 영화를 많이 본 이들도 당황할 만큼 '상큼한' 영화였다. 〈호랑이보다 무서운 겨울 손님〉은 서사의 구조보다는 서사가 진행되는 방식이 매우 신선했다. 다만 세 편 모두 독립영화라서(〈호랑이보다 무서운 겨울 손님〉에는 고현정, 류현경 등이 출연했음에도 독립영화였다) 대중의 관심을 받지 못한 것은 참으로 안타깝다.

이런 시기에 〈버닝〉(이창동, 2018)이 등장해 주류 영화에도 해석의 즐거움을 선사하는 작품이 있음을 알려주었다. 사실 이창동 감독의 영화는 주류 영화와는 선명하게 구분되는 지점이 있다. 현실과 환상의 결합이라는 점에서 〈오아시스〉(2002)가, 죽음과 추모라는 소재를 알츠하이머병 환자의 기억으로 다룬다는 점에서 〈시〉(2010)가, 종교와 용서, 구원의 문제를 다루었다는 점에서 〈밀양〉(2007)은 쉽게 해석하기 어려운 영화임에 분명하다. 이창동 감독이 즐겨 다루는 죽음의 문제로 국한해도 그의 영화는 해석하기가 쉽지 않은데, 가령 〈박하사탕〉(2000),

〈시〉, 〈밀양〉 등의 자살과, 〈초록물고기〉(1997)의 타살은 단순히 죽음을 소재로 하거나 모티프로 한 다른 영화들과는 그 차원을 달리했다.

무라카미 하루키의 소설을 원자로 하는 〈버닝〉은 이창동의 영화 가운데 해석의 폭이 가장 넓은 영화라고 하지 않을 수 없다. 이로 인해 몇몇 평자들은 모호하고 애매한 영화가 되었다고 비판했지만, 필자에게 이 영화는 참으로 오랜만에 만난 즐거운 영화였다. 〈버닝〉 안에는 욕망과 꿈, 폭력과 윤리, 동시 존재, 청년 문제, 계급, 소설, 알레고리와 메타포, 하루키와 포크너 등 해석할 것들이 숱하게 녹아 있다. 한 번 본 것으로 만족하지 못해 영화를 다시 관람한 것이 얼마만인지 모를 정도.

많은 평들은 〈버닝〉이 지극히 현실적인 계급 문제나 청년(실업) 문제를 다루고 있다는, 리얼리즘적 시선으로 바라보았지만, 내가 주목한 것은 (그런 문제를 다루고 있음에도) 서사를 풀어가는 방식에서 신화적 모티프가 활용되고 있다는 점이었다. 특히 (제목처럼) 불의 이미지가 도드라지고, 이에 비해 물의 이미지도 적절히 구사되고 있어 흥미로웠다. 다른 비평에서 별로 주목을 하지 않은 신화적 시각으로 〈버닝〉을 해석하고픈 욕망의 결과물이 이 글이다.

2. 종수의 욕망, '버닝'

〈버닝〉은 많은 대사와 장면이 (극중 벤[스티븐 연]의 대사처럼) 메타포적으로 처리되었기 때문에 영화를 총체적으로 이해하는 것이 쉽지 않지만, 그 가운데 나에게 가장 이해하기 어려운 장면을 하나만 들라면 엔딩 장면(일 것)이다. 이에 대해서는 별도의 설명이 필요할 것 같다.

여름을 배경으로 하던 영화의 시간적 배경은 어느새 겨울이다. 싸락눈이 내리는 들판에서 벤이 담배를 피우며 종수(유아인)를 기다리고 있다. 이윽고 도착한 종수는 반갑게 다가오던 벤을 칼로 찌른다. 종수는 벤이 해미(전종서)를 죽였다고 생각하기 때문에 해미의 복수를 감행한 것이다. 해미와 벤이 처음 집에 찾아왔을 때 종수가 벤에게 해미를 사랑하고 있다고 고백하는 장면을 본 관객들이 이를 이해하기란 그리 어렵지 않다. 종수의 칼에 찔린 벤이 몇 걸음 물러나 도망치듯 자신의 차로 가지만, 바로 따라온 종수에게 찔려 차 안으로 내팽겨진다.

이제 이해하기 어려운 장면이 등장한다. 인적이 드물지만 그럼에도 차량이 다니는 대낮의 길에서 해미의 복수를 감행한 종수는 도망가지 않고 기이한 행동을 한다. 자신의 차에서 휘발유를 가지고 와서 벤의 차에 부은 뒤 옷을 벗기 시작한다. 눈이 날리는 추운 겨울 들판에서 종수는 팬티까지 다 벗고 나서 라이터로 불을 지른다. 영화의 제목부터 버닝(burning)이니 불로 태우는 것은 이상하지 않다. 더구나 불을 지르는 데 쓰인 라이터가 벤이 종수의 집에 놓고 간 벤의 것이기 때문에 완벽한 복수가 되지만, 여기서 이해하기 어려운 것은 종수가 왜 옷을 벗는가, 하는 점이다. 현실의 잣대로 이 수수께끼를 해석하기란 쉽지 않다.

옷을 모두 벗어 벤의 차에 던진 종수는 불을 붙인 뒤 자신의 트럭에 올라 현장을 떠난다. 이어서 예의 주제 음악이 흐르면서 영화는 서서히 끝이 난다(이 음악은 종수가 파주의 아버지 집에 도착했을 때 나왔던 바로 그 음악이다. 왜 같은 음악을 사용한 것일까? 아버지의 폭력성과 종수의 폭력성은 이렇게 음악으로 연결된다).

명확한 이해를 위해 위 장면에 대해 조금 더 설명하면 이렇다. 카메

사진1. 〈버닝〉의 엔딩 장면. 벤을 살해한 종수가 트럭을 타고 현장을 벗어나고 있다.

라는 운전석을 바라보는 위치에 있다. 그 카메라로 차를 운전하고 있는, 트럭 유리창 너머의 종수 모습이 보인다. 그리고 종수 뒤쪽으로 불타오르고 있는 벤의 차량이 보인다. 여기서 질문은 간단하다. 왜 종수는 옷을 벗고 있는 것일까? 분명 상징적 의미를 내포하고 있는 이 장면을 어떻게 해석해야 할까? 이 장면을 해석하는 것이 적어도 나에게는 〈버닝〉의 가장 중요한 지점을 해석하는 것이라는 생각이 들었다. 이 장면을 해석하기 위해서는 다른 몇 장면을 경유해야만 한다.

많은 영화에서 특정 장면은 단독으로만 사용되지 않고 비슷한 상황이 반복되곤 한다. 물론 이때 반복은 차이를 내재한 반복이다. 그렇게 함으로써 관객들에게 비슷한 상황에 익숙하게 하면서 한편으로는 차이를 통해 감독이 하고픈 말을 선명하게 전할 수 있기 때문이다. 이것을 염두에 두고 이 장면을 보면 영화의 다른 장면을 떠올리게 되는데, 그것은 벤과 해미가 다녀간 뒤(그 자리에서 종수는 벤에게 자신이 해미를 사랑한다고 고백했고, 벤은 자신이 주기적으로 비닐하우스를 태운다고

사진2. 〈버닝〉 중 종수의 꿈 장면. 어린 종수가 불타는 비닐하우스를 바라보고 있다.

고백했다) 종수가 꾸는 꿈 장면이다. 먼저 스틸을 보자.

꿈의 주인공은 어린 종수이다. 어린 종수는 활활 타오르는 비닐하우스를 보고 있다. 도저히 자신의 힘으로는 어떻게 할 수 없는 기세로 마구 타오르는 불을 보고 있는 것. 그런데 이 장면에서 종수는 옷을 입고 있지 않다. 더욱 이상한 것은 물에 젖어 있는 어린 종수가 불타는 비닐하우스를 무서워하는 것이 아니라 신기한 듯, 약간의 웃음기를 띤 채로 바라보고 있다는 것이다.

원론적으로 해석하면, 이 장면은 바로 직전 장면과 깊은 연관이 있다. 오랜만에 고향에 온 해미는 종수에게 한 가지 사실을 고백한다. 그녀가 일곱 살 정도 되었을 때, 우물에 빠져 울고 있는 자신을 종수가 구해주었다는 이야기. 술에 취한 해미를 재운 뒤 벤이 고백하기를, 그는 두 달에 한 번 정도 비닐하우스를 태운다고 했다. 종수의 이 꿈은 두 상황이 하나의 꿈으로 나타난 것이다. 해미를 구해주었다고 자부한 종수는 어린 시절로 돌아가 우물 안으로 들어가서 해미를 구한 것으로 치환

되었다(그래서 그의 몸은 젖었고 벗고 있다). 이것은 해미에 대한 종수의 사랑을 나타낸다고 할 수 있다(그렇게 믿으므로). 그리고 벤의 비닐하우스 방화에 대해 그가 호기심 어린 시선으로 바라보고 있다는 것을, 더 나아가 종수 역시 방화에 관심이 있다는 것을 꿈을 통해 보여주고 있다. 벤의 방화는 종수가 욕망하는 벤의 욕망의 표출이기 때문이다.

사실 종수가 꿈에서 불타는 비닐하우스를 신기한 듯 바라본 것은 단지 벤의 행동에 대한 호기심 때문만은 아니다. 벤은 종수의 연적이기 때문에, 게다가 종수와는 비교도 할 수 없는 좋은 조건을 지니고 있기 때문에, (해미 역시 벤을 사랑하고 있는 처지인지라) 벤을 호감을 갖고 바라볼 수는 없다. 그럼에도 비닐하우스 방화를 호기심 어린 눈으로 바라본 것은 그가 어머니의 옷을 태운 경험이 있기 때문이다. 어머니가 집을 나간 바로 그날 열 살가량의 어린 종수에게 아버지는 어머니의 옷을 모두 태우라고 했고, 종수는 그것을 이행했다. 아버지를 분노조절장애라고 욕하면서도 실은 종수는 아버지보다 어머니에 대한 분노가 더 강하게 심적으로 잠재해 있었다. 아마도 자신을 버리고 떠난 어머니에 대한 미움이 마음 깊이 남아 있기 때문일 것이다.

사진2를 참고하여 다시 사진1을 보면 왜 종수가 옷을 벗고 있는지 알 수 있다. 종수는 우물에 빠진 해미를 구해준 사람이다. 즉, 그녀를 살린 인물이다. 아마도 감독은 해미라는 이름을 '海美' 정도로 생각하고 있는 것 같다. 바다처럼 크고 깊은 우물에 빠진 아름다운 여성이 해미이다. 그런 해미를 종수가 구해준 것이다. 자신의 작품에서 남성 캐릭터 이름을 '종○'으로 자주 사용하는 이창동 감독은 이 작품에서는 '종水'라고 칭했는데, 그것은 물에 빠진 해미를 구했다는 의미와 무관하지 않을 것

이다(從水라고 한다면 따르고 좇는다는 뜻이기에 물과 친밀한 사람이 된다). 해미를 구했던 종수가 이번엔 해미의 복수를 했으니, 복수에 성공한 종수가 처음 해미를 구했을 때의 모습과 비슷하게 재현되는 것은 당연하다. 사진1을 자세히 보면, 트럭의 창에 눈 같은 비가 내려 종수가 마치 비에 젖은 것처럼 보인다는 점을 주목할 필요가 있다. 이렇게 되면 사진1과 사진2는 정확하게 겹친다. 결국 엔딩의 복수는 (벤이 살인범이라고 확신하는) 종수가 (죽은) 해미에게 주는 마지막 선물이자 일종의 제의인 셈이다. 제의이기 때문에 옷을 다 벗고 불을 지른 것이다.

3. 소설가 지망생의 소설, 그 상상

그러나 이렇게만 해석하기에는 무리가 있다. 사진2의 장면은 종수의 꿈이기에 현실과는 거리가 있고, 사진1 또한 스토리 구성상 현실이 아닐 수도 있기 때문이다. 후자에 대해서는 따로 설명이 필요할 것 같다. 영화에서 스토리가 일단락되는 부분은 종수가 해미의 옥탑방에서 소설을 쓰기 시작하는 장면이다. 이 장면에서 영화가 끝이 나도 무방하지만, 이창동은 다른 이야기를 더 하고 있다. 종수가 소설을 쓰기 시작하는 장면은 매우 특이하다. 해미가 아프리카로 가기 직전 그 방에서 처음 해미와 섹스를 한 종수는 해미가 없는 동안에 그 방에서 자위를 한다. 이때 카메라는 자위를 하는 종수의 얼굴과 종수가 바라보는 남산타워를 '쇼트/역 쇼트(shot/reverse shot)'처럼 보여준다. 마치 종수의 욕망처럼 꼿꼿하게 발기한 남산타워는 종수의 성기의 메타포이다. 그런데 소설을 쓰기 시작하는 장면에서는 다르게 재현된다. 침대에 누워 있는 종수를 위해 해미가 자위를 해주고 있다. 이때 해미는 종수와 섹스할 때의 그 표정이 아닌, 아무런 표정이 없다. 이 장면이 종수의 꿈으로 밝혀진 뒤, 영화 내내 소설가 지망생이라고 하면서도 정작 소설은 전혀 쓰지 못하던 종수는 노트북을 열어 마침내 소설을 쓰기 시작한다. 이때 카메라는 남산타워를 보여주는 것이 아니라 남산타워 방면에서, 그러니까 창문 밖에서 해미 방으로부터 점점 멀어지면서 소설을 쓰고 있는 종수를 보여준다. 곧 카메라에는 복잡한 서울 풍경이 담긴다. 이 장면을 해석하면, 해미가 죽었다고 생각한 종수는 그녀에 대한 성적 욕망을 포기하고 대신 그녀에 대한 소설을 쓰기 시작했다고 할 수 있다.

소설가 지망생인 종수가 소설을 쓰기 시작한 장면부터 영화 속 이야기는 종수의 소설, 즉 판타지라고 해석할 수 있다. 그러니까 영화 안에 종수의 소설이 부가영상처럼 붙어 있는 스토리이다. 여기서 우리가 주목해야 할 것은 〈버닝〉의 주인공이 종수라는 사실이다. 모든 이야기가 종수의 시점에서 진행된다. 이 말은 종수의 정보를 관객이 그대로 받아들인다는 것이고, 종수가 모르는 것은 관객도 모른다는 뜻이다. 해미는 종수의 눈에 비친 해미이고, 벤 또한 종수의 눈에 비친 벤이다. 단독으로 벤의 심리나 그의 행동을 보여주는 컷은 영화에 없다. 종수를 통해, 종수에게 말하는 해미를 통해 관객은 해미와 벤을 추측해야 한다. 종수의 눈에 비친, 두 사람의 심리와 상황적 증거, 이를 나열한 감독의 영상으로 우리는 그 의도를 읽어야 한다. 이런 원칙에도 불구하고 규칙을 깨는 유일한 장면이 종수가 소설을 쓰기 시작한 직후 등장한다. 그러므로 이 장면 이후부터는 종수의 소설이라고밖에 다르게 해석할 도리가 없다. 이렇게 해석하지 않으면 영화가 반칙을 범하거나 감독이 편집을 잘못한 것이 된다. 물론 이렇게 해석한다고 벤이 살인자가 아니라는 것은 아니다. 종수가 한 상상이 현실과 일치할 수도 있기 때문이다.

바로 이어지는 장면은 벤이 새로운 여자 친구에게 화장을 해주는 모습이다. 종수가 벤의 화장실에서 보았던 예의 작은 메이크업 박스로 화장을 하고 있다. 종수가 생각하기에, 해미를 죽인 범인으로 의심되는 벤이 새로운 여성을 상대로 자신만의 방식으로 '제물'로 만드는 과정인 것. 언젠가 벤은 종수와 해미에게 자신은 요리를 좋아한다면서 그 이유는 인간이 신에게 제물을 바치듯이 자신을 위해 만들어 먹을 수 있기 때문이라고 했다. 여기서 제물은 메타포라고 스스로 말한 벤의 행동을 해석하면, 그는 또 다른 여성을 제물로 만들고 있는 상황인 것이다. 이렇게 설명하니, 벤, 종수, 해미가 나이트클럽에 갔을 때 춤을 추는 장면도 마치 신에게 제물을 바치는 제의의 한 장면처럼 처리되었다는 느낌을 지울 수 없다. 컷 없이 하나의 쇼트로, 미디엄(medium shot)으로 들어가서 마치 고대 이집트의 인신공양 제의를 재현한 것 같은 분위기를 만들어낸다. 영화에서 이 부분만 유난히 조명이 강한, 환각적인 장면이라는 것도 그렇다.

벤을 사이코 살인마로 단정한 종수는 결국 사진1의 장면처럼 그를 죽이고 만다. 이렇게 해석하면 사진1은 현실일 수도 있지만, 종수가 쓰기 시작한 소설의 결말일 확률도 있다. 이창동 감독은 해석의 가능성을 열어두어 어떤 해석이든 가능하게 했지만, 스토리 구조나 시점의 전개를 보면 후자일 확률이 높다.

흥미롭게도 영화 속에서 불 모티프를 캐릭터의 꿈이나 소설 속 이야기로 활용하지 않은 장면이 하나 있다. 해미가 사라진 뒤 종수는 벤의 뒤를 추적한다. 성당에서 예배를 드린 후 벤은 가족들과 함께 식사를 하고 있다. 그런데 정말 이상하게도 그곳은 갤러리가 있는 고급 식당이었고, 마침 거기 걸려 있는 그림은 용산 참사를 다룬 임옥상 화백의 〈삼계화택-불〉이다. 이 그림을 바라보던 종수는 다시 구석에서 벤의 가족을 바라본다. 용산 참사를 다룬 그림조차 유한계급에게는 하나의 장식이 되는 현실을 비판했다고 할 수도 있고, 혼자 있는 종수와 가족과 식사를 하는 벤을 대조한 것이라고 할 수도 있지만, 한편으로는 〈버닝〉이라는 영화에 맞게 종수의 심리를 대변한 것이라고 볼 수도 있다. 가난한 이들이 옥상으로 올라갔다가 결국 죽음을 맞는 냉혹한 현실을 그린 그림을 보면서 종수는 자신의 마음속에 자리 잡고 있는 현실에 대한 불만을 그림을 통해 확인하고 있는 것이다. 자기보다 불과 몇 살밖에 많지 않지만 자신과 비교하면 모든 것을 가진 것 같은 벤을 그는 강하게 욕망한다. 그리고 그 욕망은 실현되기 어려운 것이기에 벤을 죽여야 한다고 생각했을 가능성이 있다.

이 부분에서 짚어야 할 것은, 영화에서 꽤나 긴 분량을 차지하는, 종수가 비닐하우스를 찾아 뛰어다니는 장면이다. 단도직입적으로 물어, 그는 왜 비닐하우스를 찾아다니는 것일까? 방화를 막으려고 했다면 이미 늦은 것이고, 방화를 확인하려고 했다면 별 의미가 없다. 만약 후자였다면 그는 왜 굳이 그렇게까지 방화를 확인하려고 한 것일까, 라는 질문이 뒤따르게 된다. 이 물음에 대한 답은 사진2에서 확인할 수 있다. 앞서 이야기한 것처럼 종수는 꿈에서 비닐하우스가 불타고 있을 때 호기심 어린 눈으로 그것을 바라보고 있었다. 이 장면은 종수 역시 방화에 관심이 많다는 것을 의미한다. 그는 아버지의 비타협과 폭력을 죽도록 미워하면서도 그 기질을 물려받은 인물이다. 해미를 차지하고 싶지만 쉽지 않고, 벤처럼 잘살고 싶지만 불가능에 가깝다. 철저하리만치 자신의 욕망을 성취하기 어려운 상황에서 그는 점점 더 퇴행적으로 움직인다. 그래서 영화 속에서 그가 할 수 있는 것은 거의 없다. 연인이라고 생각한 해미의 집에서 자위를 하거나, 쓰고 있는 소설 속에서 벤을 죽이는 것뿐이다.

〈버닝〉에서 중요한 모티프는 불을 지르는 것이다. 불을 지르는 것은 더럽고 추악하다고 생각하는 것을 태워 없애는 행위를 말한다. 집을 나간 어머니의 옷을 태우고, 살인범이라고 생각한 사이코 패스를 죽여 태워 버린다. 한편으로 이렇게 태우는 행위는 인간의 욕망을 강하게 추동한다. 오래된 비닐하우스를 태워 마음속 욕망을 충족시키고, 그런 일을 (한다고 생각)하는 인간을 죽여 태워서 욕망을 채우고, 참사 그림을 보면서 자신의 욕망을 확인한다. 영화 속의 모든 버닝은 종수에 의해 발생한다. 어린 시절 그는 어머니의 옷을 태웠고, 어른이 되어서는 (소설일지라도 그의 욕망의 표현이므로) 타인을 살해해 불태웠다. 이렇게 보면 〈버닝〉이라는 제목의 이 영화에서 불의 이미지는, 이름에는 물을 사용하고 있지만, 종수의 것이고 그의 욕망의 반영이다.

4. 물에 갇힌 여자, 해미

불이 종수의 욕망을 재현하는 장치라면 영화 속 물의 공간은 누구의 것일까? 영화에서 물의 이미지를 만날 수 있는 첫 장면은 종수가 파주의 아버지 집으로 올 때인데, 이 장면은 어딘가 이상하다. 왜냐하면 해미와 첫 섹스를 하고 연인이 되었다고 생각하는 종수의 기쁨을 전혀 보여주지 않은 채 바로 비가 내리는 파주의 공간으로 연결해 버리기 때문이다. 정류장에 내린 종수는 비를 맞으며 집으로 들어간다. 아버지의 공간은 미묘한 기운이 흐른다. 북한 방송이 흐르는 가운데, 비에 젖은 태극기가 펄럭이고, 한 마리 남은 소가 울고 있는 오래된 집. 겨우 잠을 청한 종수는 아침에 일어나 아버지가 보관하고 있던 칼을 발견하게 된다. 종수에게 아버지의 폭력성이 내재한다는 것은 비가 내리는 집을 보여주는 것으로 드러났다. 하늘에서 내리는 비는 거부할 수 없는 아버지의 규율인 것. 이 공간에 종수가 들어온 이상 그는 아버지의 운명을 벗어날 수 없다. 해미와의 첫 섹스의 기쁨에 빠질 틈도 없이 종수는 바로 아버지의 공간으로 들어가 버렸다. 그런데 그 공간에서 종수가 해미를 어린 시절부터 알았기 때문에 두 사람은 폭력성에서 벗어나기 어렵다.

다시 해미와 종수를 연결해준 것은 우물이다. 우물에 빠진 해미를 종수가 구해주었다는 그 우물의 실체는 불확실하다. 해미는 동네에 우물이 없어져서 아쉽다고 하고, 해미의 어머니와 언니는 우물이 아예 없었다고 한다. 종수의 어머니는 마른 우물이 있었다고 하고, 이장은 사람이 빠질 만한 깊은 우물은 없었다고 한다. 이 말들을 종합하면, 동네에는 사람이 빠질 만한 깊은 우물은 없었지만 마른, 작은 우물은 있었던 것 같다. 아마도 장마철이거나 비가 유난히 많이 내린 날 어린 해미가 그곳에 빠져 있던 것을 종수가 발견해서 구했다고 추측은 할 수 있다. 결국 종수는 해미의 그 말을 믿어서 꿈까지 꾸었다(종수는 자신이 해미의 구원자라고 생각할 수 있다. 그녀는 돈도 없고 가족과 연락도 되지 않기에 종수가 유일한 구원자이다). 그럼에도 불구하고 이렇게 추측할 수 있을 뿐이지 해미의 그 말을 믿을 수는 없다.

벤이 수수께끼 같은 인물이라면 해미는 '의문투성이' 인물이다. 그녀를 이해하기란 결코 쉽지 않다. 영화 초반에 등장하는 팬터마임부터 그렇다. 하루키의 원작에도 존재하는, "귤이 있다고 생각하는 게 아니라, 거기에 귤이 없다는 걸 잊어버리면 되는 거"라는, 알듯말듯한 알쏭달쏭한 말을 하는 존재이다. 고양이 보일이도 마찬가지다. 존재하는 것은 분명해 보이지만 벤의 집에 있는 고양이가 보일이인지 아닌지는 불명확하다(고양이는 먹이를 먹고 똥을 싼다). 그녀가 아프리카를 여행하는 이유 가운데 하나인 부시족에 대한 설명도 마찬가지다. 육체적 굶주림(little hunger)과 정신적인 굶주림(great hunger)을 이야기하는 장면을 보면, 지적 허영에 빠진 사람처럼 보이기도 한다. 대책 없이 하고 싶은 것만 하는 청년 세대의 문제점을 영화가 그렸다고 할 수도 있지만, 한편으로는 일상과는 거리가 먼 청년 캐릭터를 그린 것 같다는 생각마저 든다. 그래서 노을처럼 사라지고 싶다고 했던 그녀의 말처럼 정말 그녀는 빚에 쫓기는 사회적 현실을 버리고 자연과 우주 속으로 사라진 것은 아닌지 추측할 수도 있다. 이 부분에서 영화에서 해미가 마지막으로 등장하는 장면을 환기할 필요가 있다. 벤과 함께 종수의 집으로 찾아온 해미는 와인을 마신 뒤 해질녘을 배경으로 정신적인 굶주림을 표현하는 춤을, 상의를 벗은 채 우아하게 춘다. 영화에서 가장 압도적인 이 장면을 끝으로 그녀는 사라지는데, 사라지기 직전에 그녀가 마지막 제의를 스스로 행했다는 해석이 당연히 가능하다. 그래서 그녀는 스스로 사라졌을 수도 있고, 벤에게 살해당했을 수도 있다.

벤을 의심하며 추적하던 종수는 벤이 저수지 가에 차를 세우고 저수지를 의미심장하게 바라보는 것을 보게 된다. 여기서 저수지는 해미의 시신이 있는 공간으로 상상될 수 있다. 해미가 우물에 빠져 있던 것을 종수가 구해준 경험이 있기에 이번에는 살해된 해미가 깊은 저수지에 가라앉아 있을 것이라는 상상을 했을 수 있다. 깊은 물의 공간은 모든 것을 삼켜 버리는 어두운 공간이고 두려움의 공간이다. 이창동은 우물과 저수지를 이런 상상의 연결 고리 안에 넣어 두었다. 종수가 벤을 살해범으로 이해하거나 오해한 요인 가운데 하나는 분명 저수지이다.

이렇게 보면 〈버닝〉에서 물의 이미지는 해미의 것이다. 그녀는 우물에 갇혀 있었고, (종수의 상상에 의하면) 저수지에 수장되어 있다. 벤과 달리 그녀는 자주 '눈물'을 흘린다. 이런 해미의 복수를 위해 아버지의 고집과 폭력성을 물려받은 (불의 이미지로 재현된) 종수가 벤을 살해해 불에 태워버리는 것은 어쩌면 당연하다. 이때 종수는 해미를 구해준 어린 시절의, 우물에서 갓 나온 종수이고, 그것을 반복한, 눈비에 젖은, 벗은 청년 종수이다.

5. 〈버닝〉의 매력

〈버닝〉은 이창동의 우직한 고집이 만들어낸 결과물이다. 그의 전작들에 비해 유난히 롱테이크가 많고, 원작과 달리 청년 세대의 아픔에 집중적으로 카메라의 포커스를 맞추었다. 신비한 아우라를 창출하기 위해 해가 없는 이른 새벽이나 해가 떨어진 저녁 시간(즉 매직 아우어 magic hour)에 집중적으로 촬영을 했고, 서사 역시 상징과 메타포로 구성되어 해석하는 재미가 있다. 어떻게 보더라도 지금 상황에서 한국 영화산업이 쉽게 만들 수 없는 영화라는 것을 인정하지 않을 수 없다. 프랑스와 미국의 호평도 대개 이 부분에서 기인한다.

한편으로 이 영화는 제목에서 이미 알 수 있는 것처럼 신화적 모티프와 이미지를 구사하고 있다. 특히 불의 이미지가 영화의 핵심을 이루고, 물의 이미지 역시 꽤나 강하게 등장한다. 이 글에서는 분석하지 않았지만, 불의 이미지는 결국 태양의 이미지와 연결된다. 종수가 왜 태양이 뜨지 않은 그 시간에 그토록 불에 탄 비닐하우스를 찾아다녔는지, 해미는 왜 석양이 지는 종수 집에서 '불 같은 물'인 술을 마시고 눈물을 흘리며 춤을 추었는지, 둘은 왜 그토록 담배를 태웠는지도 알 수 있다. 더 나아가 영화의 많은 부분이 마치 제의를 보여주는 것처럼 재현되었다는 점도 기억해야 한다.

결국 〈버닝〉은 현실 문제를 다루고 있으면서도 핵심적인 부분에서는 신화적인 모티프를 활용했다. 이 부분이 내가 본 〈버닝〉의 핵심인데, 과연 이것을 어떻게 바라볼 것인가? 신화로 돌아가 현실 문제를 회피한 것인지, 현실과 신화의 탄탄한 연결 고리를 토대로 작품의 완성도를 높인 것인지 분석하는 것은 평자마다 다를 수 있지만, 나로서는 후자 입장에 서지 않을 수 없다. 몇 번이나 영화를 보아도 질리지 않는 이유는 바로 후자의 매력에서 나오기 때문이다.

상처의 응시, 응시의 고통

── 김보라 감독의 〈벌새〉(2019)

1. 하나의 의문

김보라 감독의 〈벌새〉(2019)를 보다가 한 장면에서 멈춰버렸다. 그리고 깊이 생각했다. 도대체 저 장면은 왜 저기에 있는 것일까? 앞의 장면과 어떻게 연결되고 뒤의 장면과 어떻게 이어지는지, 그렇게 해서 결국 전체 영화에서 어떤 역할을 하는지 쉽게 이해할 수 없었기 때문이다. 〈벌새〉가 그리 난해한 영화이거나 실험적인 영화가 아니기에 나의 의문은 더욱 강했다. 그래서 영화를 몇 번이나 보면서 생각하고 또 생각했다. 영화를 보면서 이렇게 기분 좋은 고민을 한 것은 정말 오랜만이었다. 비평가로서 이런 고민에 빠지게 되면 아드레날린이 솟구치고 기분이 좋아진다.

문제의 장면은 아래 사진에서 볼 수 있다. 귀에 혹이 있는 은희(박지

사진 3. 〈벌새〉의 한 장면. 딸 은희가 부르는 소리를 듣지 못한 채 먼 곳만 보는 어머니.

후)가 병원에 갔더니 의사는 더 좋은 병원에 가서 검사를 받으라고 한다. 의기소침한 상태로 아파트 상가를 걷는 은희의 눈에 멀리 어머니(이승연)가 들어온다. 반가운 마음에 어머니를 부르며 다가가지만 어머니는 은희의 목소리를 듣지 못한 채 가만히 서 있기만 한다. 아니, 아예 어머니와 은희는 대화가 불가능한, 서로 소통할 수 없는 전혀 다른 공간에 제각기 존재하는 것처럼 그려져 있다. 어머니는 아무 행동도 하지 않은 채 먼 곳을 응시하고만 있다. 은희가 더 큰 소리로, 거의 고함치듯 부르며 다가가자 어머니는 위 사진과 같이 말없이 화면 좌측 상단을 바라보면서 천천히 걸음을 옮겨 사라진다. 한없이 쓸쓸한 시선으로 저 먼 곳을 바라보다가, 은희의 목소리를 듣지 못하고, 바라보던 그곳으로 사라진 것이다. 무언가 기이하고 비현실적인 (것 같은) 장면.

다음 장면은 은희가 안방에 노크를 해 부모님에게 병원 이야기를 전하는 밤이다. 큰 병원에서 검사를 받으라고 했다고 은희가 말한다. 이

때 은희는 아버지(정인기)에게 말하고, 아버지는 알았다고 자신이 예약하겠다고 답하는데, 어머니는 단지 "이상하네"라는 한마디 말만 한다. 쇼트의 마지막은 더 이상 말을 하지 않는 어머니를 홀로 비추면서 끝난다. 대화는 은희와 아버지가 나누었지만, 카메라는 한없이 피곤한 표정을 짓고 있는 어머니를 비추면서 끝맺는다. 다시 생각해도 낮의 어머니와 밤의 어머니는 쉽게 연결되지 않는다. 혼이 빠진 것처럼 허공을 멍하니 처다보던 낮의 어머니와, 딸의 말에 반응하는, 그러나 약간은 이상한 밤의 어머니. 이 장면을 어떻게 이해해야 하나?

가장 단순한 방법은 직접적으로 해석하는 것이다. 외삼촌이 죽은 후 큰 상처를 받은 어머니의 모습을, 병원에 다녀온 은희의 시선으로 현실에서 포착했다고. 상처 때문에 어머니는 생의 의지를 잃어버렸고, 막내딸의 목소리에도 답하지 않은 채 멀리 화면 밖으로 사라지고 말았는데, 그 장면을 통해 은희는 소외와 죽음의 공포를 맛보았을 수도 있다. 그런 은희가 큰 병원에 가야 한다고 해도 걱정하기보다는 이상하다고만 말한 뒤 귀찮은 표정을 짓고 있는 어머니는 상실과 죽음의 언저리에 있다고 할 수 있다. 둘째, 현실보다는 꿈으로 해석할 수도 있다. 큰 병원에서 검사를 받아야 한다는 말에 충격을 받은 은희는 외삼촌의 죽음을 경험한 어머니의 심리를 조금이나마 이해하게 된다. 어머니에게 외삼촌이 소중하듯이 자신에게 소중한 어머니가 외삼촌처럼 죽지 않을지 걱정이 되어 그런 꿈을 꾸었고, 꿈을 꾼 이후 안방으로 가서 자고 있는 부모에게, 특히 (어머니에게 상처를 주지 않기 위해) 아버지에게 큰 병원에 가야 한다는 사실을 알린다. 어머니는 꿈에서 자신의 말에 답하지 않았기에 아버지에게만 말한 것이기도 하다. 그런데 현실에서도 어머니는 은희에게 말을 하지 않고, 다만 그녀는 지친 표정만 지을 뿐이다. 이 장면을 어떻게 해석하더라도 은희의 어머니는 상처에 빠져 있고, 그 상처는 죽음과 깊은 연관이 있으며, 결국 은희는 어머니의 죽음을 경험할 가능성이 높다고 할 수 있다. 그런데 영화에서 어머니에게는 아무런 일도 일어나지 않았다. 그렇다면 이 장면은 왜 등장한 것일까?

내가 〈벌새〉를 보면서 이해하기 어려웠던 것은 이 때문이었다. 위 장면을 현실이라고 하기도(다분히 비현실적이다), 그렇다고 꿈이라고 하기에도 자연스럽지 않은 부분이 있기 때문이다. 은희의 말을 듣고 별 반응을 하지 않는 어머니도 이해하기 쉽지 않다. 그래서 나는 이 장면을 중심으로 다시 〈벌새〉를 보면서 영화가 무엇을 그렸는지 찾아보기로 했다. 2019년 한국 영화계에서 가장 많은 화제가 되었던 영화는 단연 칸국제영화제에서 황금종려상을 수상한 봉준호 감독의 〈기생충〉이었지만, 세계 유수의 영화제에서 다수의 상을 수상한, 심지어 46관왕에 오른 〈벌새〉에 대한 관심도 만만찮았다. 이 영화의 무엇이 그토록 많은 주목을 받게 했는지, 나는 한 장면을 토대로 풀어보고 싶었던 것이다.

2. 마음을 아는 이

독립영화인 〈벌새〉의 시간적 배경은 1994년이다. 더 정확히 말하면, 1994년의 여름에서 가을까지의 시간이 영화 속에 재현되어 있다. 영화를 보지 않았거나 영화 정보를 접하지 못한 분들이라면, 아마도 〈벌새〉가 1994년에 발생한 대형 사건을 다룬 범죄영화거나 사회 비판적인 드라마일 거라고 생각하기 쉽다. 그러나 그렇지 않다. 〈벌새〉는 14살인 여중생 은희의 삶을, 약간 먼 거리에서 담담히 지켜보는 영화이다. 은희의 삶에 무슨 대단한 사건이 발생하기에 그녀가 주인공인지 궁금하겠지만, 사실 그녀의 삶은 그리 화려하지도 초라하지도 않다. 어떻게 보면 우리 주위에서 만남직한 소녀의 모습일 뿐이다.

은희의 집이 있는 대치동은 현재와 달리 부자 동네가 아니다. 떡집을 운영하는 아버지는 열심히 살아가지만 슬쩍 바람을 피우기도 하고, 함께 떡집을 운영하는 어머니는 삶에 지쳐 가면서도 자녀들에게 꾸준히 밥을 해 먹이는 전형적인 억척주부다. 공부를 못해 강북의 고등학교로 통학하는 언니 수희(박수연)는 학원 가는 것보다 남자 친구 사귀는 것이 좋고, 그나마 공부를 잘해 부모의 기대를 한 몸에 받고 있는 오빠 대훈(손상연)은 대원외고에 진학하라는 아버지의 말에 부담을 느끼지만 정작 아버지에게 불만을 표출하지 못하는 왜곡된 심리를 은희에게 폭력을 행사하는 것으로 해소한다. 이렇게 보면 1994년이라는 시점에서 볼 수 있는, 꽤나 평범한 가정처럼 보인다.

은희의 학교생활도 이와 비슷하다. 공부를 잘하지 못하는 은희는 많은 친구들과 어울리지는 못하지만 마음을 나누는 친구가 있다고 생각한다. 그러나 결정적인 순간에 그녀와의 관계가 흔들리게 되고, 남자 친구로 여겼던 남학생은 어머니의 만류에 머뭇거리며, 자신을 따르던 후배도 거리를 둔다. 이런 상황에서 은희는 학원의 한문 선생 영지(김새벽)에게 마음을 주기 시작한다. 그러나 처음으로 자신을, 자신의 삶을 돌아보게 만든 영지는 사고로 세상을 떠나고 만다. 이제 홀로 남겨진 은희는 이 모든 사건을 겪으면서 자신이 성숙했음을 깨닫게 된다.

영화는 성장 영화 스토리로 구성되어 있다. 제목이 〈벌새〉인 것도,

벌이라기엔 크고 새라기엔 작은, 겨우 5센티미터의 작은 몸으로 1초에 80회까지 날갯짓을 하는 그 몸부림이, 어린이도 아니고 성인도 아니지만, 자신의 정체성을 찾아 날마다 부딪치며 살아가는 은희의 삶에 대한 은유일 것이다. 영화에서 잊히지 않는 장면이 있다. 아무도 없는 집에서 은희가 몸부림을 치고 있다. 남자 친구에게 이별을 고한 뒤 그 슬픔을 어쩌지 못해 삭히면서 소리치고 몸부림치고 있는 것이다. 그녀는 자신의 삶도 언제쯤 빛이 날 수 있냐고, 영지에게 보낸 편지의 한 대목에서 이렇게 고백했었다. 영화가 힘을 가진 것은 아마도, 지금은 성인이 된 이들이 돌아보았을 때 느낄 수 있는 아련한 정서를 흥미롭게 풀어놓았기 때문일 것이다. 그 시절에는 미칠 듯이 고통스럽지만 뒤돌아보면 아련한 추억의 시간들이기 때문이다. 현재의 성인 역시 거칠고 서툰 그런 시간을 통과해서 어른이 되지 않았던가.

　그러나 이런 설명만으로 영화 〈벌새〉를 해석했다고 하기는 어렵다. 위에서 설명한 장면을 보면 죽음의 정서가 영화 속에서 진하게 작동하는데, 그것은 어머니를 중심으로 구성되어 있다. 한밤중에 찾아온 외삼촌이 어머니에게 몇 마디의 말을 한 뒤 며칠 뒤에 죽었다는 소식을 듣는다. 영화에는 나타나지 않지만 아마도 자살로 삶을 마감한 것으로 추측된다. 외삼촌은 어머니에게 마지막 인사를 하러 온 것이다. 영화에서 죽음은 몇 번 더 등장한다. 은희가 귀 수술 후 병원에 있을 때 TV로 지켜본 김일성의 죽음이 그것이다. 영화의 시간적 배경이 1994년이고 김일성이 죽었던 여름에 은희는 병원에서 수술을 했다. 그런데 김일성의 죽음에 은희는 어떤 반응도 하지 않는다. 당연하게도 중2의 소녀에게 북한의 김일성의 죽음이 어떤 의미로 다가오는 것이 오히려 이상한 일일 것이다. 그런데 김일성이 죽은 그 여름에 병원에 있던 은희에게 한 문학원 선생인 영지가 면회를 온다.

왜 하필 학원 선생인 영지가 면회를 온 것일까? 통상적인 학원 선생과 학생의 관계라면 분명 이해하기 쉽지 않다. 영지는 은희가 인간적으로 좋아하는 사람이다. 예민한 감수성을 지닌 그 시기의 은희는 자신의 모든 비밀을 영지에게만 털어놓을 만큼 그녀를 믿고 있다. 심하게 말하면, 은희는 영지에게 중독되었다. 영지는 은희가 이제까지 보아왔던 사람들과는 달랐기 때문이다. 영지는 은희에게 존댓말을 한다. 하나의 인격체로 존중해 준다는 뜻일 것이다. 그녀는 지식도 가르치지만 그보다는 삶에 대해 깨우쳐준다. 영지는 『명심보감』 교우편의 "相識滿天下 知心能幾人(얼굴을 아는 사람은 천하에 가득하지만, 마음을 아는 사람은 몇이나 되겠는가)"라는 구절을 풀이해 주면서 마음으로 이해한다는 것의 의미를 은희에게 알려준다. 은희가 대훈에게 수시로 맞는다는 것을 안 영지는 그날 병원에 와서 말한다. "너 이제 맞지 마. 누구라도 널 때리면 어떻게든 맞서 싸워. 절대로 가만히 있지 마"라고. 이것이 영지와 은희의 마지막 만남이었고 마지막 약속이었다. 뒤늦은 해석을 해보면, 이 장면은 영지의 죽음의 예시였던 것이다. 결국 영지도 죽었다.

영화에서 유일하게 영지만이 은희의 마음을 헤아린다. 은희가 대훈에게 맞았다고 해도 어머니는 둘이 싸우지 말라면서 본질을 회피한다. 맞은 것과 싸운 것은 엄연히 다르지만 어머니는 은희의 마음을 이해하려 하지 않거나 의도적으로 대훈을 편든다. 그런데 영지는 은희의 마음을 이해한다. 이렇게 보면, 영화에서 영지는 은희의 멘토이자 사회적 스승이지만—그녀는 은희가 무척이나 싫어하는 대훈이 가고픈 서울대

학생이기에, 공부를 잘하지 못하고 학교에도 쉽게 적응하지 못하는 은희가 그녀를 좋아하는 것은 문맥상 부드럽지 않다―, 무엇보다 영지는 은희에게 상징적인 어머니 역할을 한다. 떡집 일에 지친 어머니는 은희와 소통하지 못한다. 여기서 영화의 첫 장면을 떠올려야 한다. 어머니의 심부름을 다녀온 은희가 현관 벨을 누르지만 문은 열리지 않는다. 은희가 몇 번이나 엄마를 불러도 문은 열리지 않는다. 은희는 자신의 집인 10층이 아니라 9층에서 그러고 있었던 것이다. 오프닝의 해프닝을 통해 두 사람이 쉽게 소통하지 못한다는 것을, 결국 어머니는 은희에게 마음의 문을 열어주지 못한다는 것을, 그녀 자신도 이미 지쳤다는 것을 영화는 보여주고 있다.

다시 문제의 장면으로 돌아가자. 병원에서 돌아오던 은희가 어머니를 보고 목청껏 부르지만 어머니는 대답하지 않는다. 이미 오프닝에서 봤던 것처럼 현실에서 어머니가 은희에게 답하지 않았다고 해석할 수도 있고, 은희의 꿈에서 어머니가 답하지 않았다고 해석할 수도 있다. 중요한 것은 큰 병원에 가야 한다는 것을 아버지에게 이야기하고 아버지가 예약하고 아버지가 병원에 데려가고 아버지가 큰 소리로 우는 것을 보면서 은희는 아버지에 대해서는 어느 정도 이해하게 되지만, 어머니에게는 그렇지 않다는 것이다. 어머니에게 닫힌 은희의 마음은 영지에게로 향했다. 영화에서 은희가 유일하게 적극적인 사람은 영지이다. 은희는 영지에게 찾아가 책을 빌려주고―평소에 공부를 하지 않는 은희이기에 아버지도 왜 책을 가져가느냐고 묻는다―, 스케치북을 선물 받은 후 보답으로 떡을 가지고 직접 찾아간다. 영화에는 여러 인물이 등장하지만, 은희와 영지만 왼손잡이다. 세상의 주류 질서나 권위에서 벗어난 아웃사이더의 모습으로, 가령 은희는 모범생이 아니고 영지는 모범적인 대학생이 아닌 모습으로 재현되었고, 그런 동질성이 두 사람을 더욱 가깝게 만들었다.

김일성이 죽은 그 여름에 영지가 은희에게 병문안을 갔다는 것은 의미가 있다. 신생 공화국 북한을 자신의 왕조로 만든 김일성의 사망일에, 병원에서 고통스럽게 깨어난 은희를, 그것도 밤에, NL이 아니라 PD 계열의 운동권인 영지가 면회를 갔다. 사이가 좋지 않은 은희와 지숙에게 박노해 시로 만든 노래 '잘린 손가락'을 영지가 불러준 것이나, 농성 중인 재개발 현장을 지나면서 은희에게 말한 것이나, 그녀가 가지고 있는 책의 목록을 보면, 영지는 PD계열의 운동권 학생이고 오랫동안 수배 중이라는 사실을 짐작할 수 있다. 그런 그녀가 가부장적 폭력의 하층부에 있는 은희에게, 학교 폭력 아래 있는 은희에게 더 이상 맞지 말라고 조언한다.

그런데 영지는 성수대교 붕괴 사고로 사망했다. 영화는 강남에서 강북으로 학교를 다니는 수희가 죽은 것처럼 구성하다가 결국 수희는 살고 영지가 죽은 것으로 처리해 놓았다. 여기서 당연히 의문이 발생한다. 왜 영지가 죽은 것일까? 〈벌새〉의 벌새가 은희를 말하는 것이라면, 〈벌새〉는 은희의 성장 영화라고 할 수 있다. 은희는 어떤 일을 겪었기에 성장한 것일까? 영화의 마지막을 기억하자. 경주로 수학여행을 떠나는 은희가 학교 운동장에 서 있다. 다른 곳이 아닌 '고분의 도시' 경주로 수학여행을 가는 은희는 상처를 이겨낸 듯 웃음을 머금고 있다. 그녀가 이겨낸 고통 가운데 가장 큰 것은 아마도 영지의 죽음일 것이다. 절대적으로 기댔던 영지가 죽었을 때 은희는 커다란 상실감을 느꼈을 것이다. 아마도 영화에서 가장 가슴 아픈 장면은 은희와 수희, 수희의 남자 친구가 새벽의 어스름한 풍경으로 무너진 성수대교를 바라보는 모습일 것이다. 여기서 수희는 죽은 친구들을 추모하고, 은희는 죽은 영지를 추모한다. 영지는 은희에게 상징적 어머니다. 가부장적 질서 안에 있는 어머니는 은희의 말을 들어주지 않는다는 것을 여기서 기억해야 한다.

이제 의문을 해결할 수 있다. 주목한 장면에서 은희가 본 죽음의 기운은 어머니의 죽음이 아니라 영지의 죽음이었고, 즉 육체적 어머니가 아니라 상징적 어머니의 죽음이었고, 이것은 은희의 사회적 성장에 반드시 필요한 것이었다. 이 사건을 계기로 은희는 한층 성장했고 아픔을 이겨냈다. "제 삶도 언젠가 빛이 날까요?"라고 영지에게 편지를 쓰던 은희는 이제 영지가 없어도, 영지가 말한 것처럼 자신의 손가락—영지가 불러 주었던 노래 '잘린 손가락'은 그래서 의미심장하다—을 보면서 자신이 살아 있음을 느끼게 될 것이다. 그 아픔을 이겨냈으니까. 결국 〈벌새〉는 사회적 스승, 상징적 어머니인 영지의 죽음을 넘어 성장한 은희를 그린 성장 영화라고 할 수 있다. 그래서 성수대교 붕괴로 수희가 아니라 영지가 죽었고(이 설정이 현실적으로는 다소 비인과적인 것은 사실이다), 어머니가 아니라 영지가 죽어서 은희는 성장하게 되었다. 결국 주목한 장면의 죽음의 아우라는 어머니의 죽음이 아니라 상징적 어머니인 영지의 죽음을 둘러싼 아우라였다. 이제 은희는 가정을 떠나 사회로 나갈 준비가 되었고, 이로써 십대의 방황을 통해 삶과 인생에 대해 깊이 인식하게 되었을 것이다.

3. 폭력의 시대, 그 아우라

〈벌새〉를 보면서 궁금했던 것 가운데 하나는 왜 하필 1994년을 다루고 있는가, 라는 의문이다. 〈벌새〉는 과거를 배경으로 하지만 과거를 강하게 소비하지는 않는다. 몇몇 유행가만 배경 음악으로 등장해 시대를 인식하게 만들 뿐이지 전체적으로 1994년이라는 시간적 배경을 알기는 어렵다. 무엇보다 노골적으로 과거를 소비하지 않는다. 당연한 의문. 그렇다면 왜 1994년을 다룬 것일까? 앞에서 거론한 것처럼, 〈벌새〉는 은희의 성장 영화다. 1994년에 벌어진 사건 가운데 왜 영화에서 김일성 사망과 성수대교 붕괴만 다루었는지 이해하면 문제는 자연스럽게 해결될 것이다.

먼저 김일성의 죽음에 대해 말해 보자. 영지의 죽음을 거론하면서, 은희가 가장 존경하는 사회적 멘토이자 상징적 어머니인 영지가 은희가 고통스럽고 아파하던 병원에 와서 그녀의 내밀한 아픔인 가정 폭력에 관해 조언해 주었다고 이미 말한 바 있다. 은희가 육체적으로 힘들었던 병원, 그러니까 은희는 수술 후 어렴풋이 깨어나서 처음으로 육체의 고통을 느끼는데, 그 병원에서 김일성의 죽음을 접한다. 김일성은 북한을 봉건 왕조로 만든 이로서, 은희가 겪고 있는 폭력과 매우 밀접한 관련이 있다. 말로는 인민을 위한 나라를 만들었다고 하지만 실상은 가부장적 왕조 국가의 왕이 되었는데, 그가 죽었다는 것은 그런 질서의 해체나 죽음과 깊은 연관이 있다고 해석할 수 있다.

은희가 겪는 폭력은 수직적 가부장제에서 파생한 폭력이다. 구체적으로는 먼저 은희의 가정을 예로 들 수 있다. 아버지는 전형적인 가부장이다. 그는 자신의 마음대로 자식을 다스리려 하고, 아내에게도 함부로 대한다. 가끔 아내가 저항하기도 하지만, 집안의 힘은 아버지에게 현저하게 기울어져 있다. 영화에 총 다섯 번 등장하는 식사 장면의 좌석 배치를 보면 가족 권력의 역학 관계를 한눈에 파악할 수 있다. 아버지는 식탁의 왼쪽 가운데에 자리 잡아 모든 구성원을 자신의 시선 아래에 둔다. 심지어 그가 숟가락을 들지 않으면 아무도 먼저 밥을 먹을 수 없다. 가부장인 아버지의 오른쪽에는 승계자인 아들이 앉고, 왼쪽에는 조력자인 어머니가 앉는다. 딸들인 은희는 어머니 옆에, 수희는 대훈 옆에 앉기 때문에 좌석 배치상 은희가 가장 나약한 존재라는 것을 단번에 알 수 있다. 그래서 은희는 집에서 관심 대상이 아니다. 대훈에게는 대원외고에 진학해 서울대에 가라고, 그래서 학력 콤플렉스가 있는 아버지의 한을 풀어달라고 하지만, 수희나 은희에게는 그런 말을 하지도 않는다.

그런데 대훈에게 문제가 발생한다. 집안에서 대접받는 만큼 부담도 크기에, 더구나 누나는 가부장적 질서에서 이미 일탈했기에 그는 괴롭다. 은희에게 폭력을 행사하는 것으로 스트레스를 풀면서, 자신이 동생을 바로 잡고 있다고 착각하면서, 그는 살아간다. 심지어 아버지가 보는 앞에서 은희에게 폭력을 행사했다가 은희의 고막이 찢어지는 일이 발생할 정도로 그는 폭력적이다. 대훈은 아버지의 폭력성을 물려받은 소(小) 가부장일 뿐이다.

폭력은 학교에서도 이어진다. 담임은 학기 초에 학생들에게 '날나리'를 두 명씩 적어 내라고 하면서 학생들의 목표는 오로지 서울대 진학이라고 몇 번이나 강조한다. 책상에 엎드려 자고 있는 은희에게 친구들은

사진 4. 〈벌새〉 중 은희 가족의 식사 장면.

커서 가정부나 될 거라고 대놓고 욕한다. 공부에 흥미가 없기에 강압적 입시 교육 하에서 은희가 학교에서 배울 수 있는 것은 별로 없다. 먼저 다가와 친하게 지내자던 후배도 학기가 바뀌니 외면하고, 절친 지숙도 결정적인 순간에 은희를 배반하고 만다. 학교와 학원을 오가는 길에서 본 재개발 현장은 이익을 위해서는 무엇이든 하는 자본의 맨 얼굴을 하고 있고, 물건을 훔치다 걸리면 아버지에게 전화를 걸어 배상을 요구하는 문방구 사장도 폭력적이기는 마찬가지다. 인권이나 사람에 대한 기본적인 배려는 없다. 결국 은희가 보는 학교와 사회는 수직적 가부장제하의 사회이거나 자본주의의 가혹한 세상일 뿐이다.

이처럼 은희에게 가정의 가부장적 폭력은 학교에도, 사회에도 존재한다고 할 수 있는데, 그런 폭력의 붕괴를 보여주는 상징적인 장면이 성수대교의 붕괴이다. 성수대교는 '대한민국 근대화'의 허상을 상징한다.

속도전의 근대화가 만든 치명적 약점인 성수대교의 붕괴 때문에 영지가 죽었다는 것은 참으로 아이러니컬하다. 영지는 독재 정권이 이끄는 속성의 근대화가 불러온 폐해에 저항하며 싸워온 인물이지 않은가. 다소 범박하게 은유적으로 대비를 하자면, 성수대교는 근대화, 독재, 가부장적 질서를 뜻하고, 성수대교의 붕괴는 이 모든 것의 붕괴를 의미한다. 그래서 영지가 성수대교 붕괴의 사망자가 되는 것은 매우 아이러니컬하다. 하지만 영지의 죽음을 계기로 은희는 성장하게 된다. 멘토는 주인공의 성장을 위한 역할로 언제나 만족한다.

영화에서 주목해야 할 것은 여성 캐릭터는 울지 않지만 남성인 아버지와 대훈이 우는 장면이 등장한다는 것이다. 아버지는 은희가 수술 후유증으로 안면마비가 올 수도 있다는 말을 듣고 병원 복도에서, 대훈은 성수대교 붕괴로 수희가 죽지 않았다는 것을 안 후 식사 자리에서 매우 크게 운다. 외삼촌이 죽어도 어머니는 울지 않았고, 수희나 은희도 울지 않는데, 강고한 가부장인 아버지와 그의 후계자인 대훈이 우는 것은 가부장적 질서의 다가오는 죽음을 상징적으로 보여준다고 해석할 수 있다. 이들의 울음은 신적 가부장이었던 김일성의 죽음과 속성 근대화의 상징인 성수대교의 붕괴와 맞물려 사회가 서서히 변화할 것이라는 점을 예고한다. 가혹한 가부장적 자본주의 사회에서 소녀는 상처를 받아 괴롭고 힘들어하지만 몇 사건을 겪으면서 성장하는데, 그 중심에 김일성이 죽고 성수대교가 붕괴한 1994년이 있다. 가부장의 완고한 질서에 강하게 맞서 싸운 영지가 은희의 옆에 있었기에 은희는 성장할 수 있었다. 〈벌새〉에 재현된 1994년과 그해에 일어난 두 사건은 이렇게 정리가 된다.

4. 응시의 고통

〈벌새〉를 관람하는 행위는 고통을 동반한다. 폭력적 분위기에 휩싸인 가련한 소녀는 견디기만 할 뿐이지 할 수 있는 것이 별로 없다. 그녀는 오빠에게 맞을 때 단지 이 시간이 빨리 지나가기만을 기다린다고 한다. 저항하면 더 때리기 때문에 가만히 있는다고 한다. 심지어 친구 지숙은 오빠에게 골프채로 맞았다고 한다. 그러면서 자살을 해서 오빠가 후회하게 만들고 싶다고 했다가, 자살하면 후회하는 모습을 볼 수 없으니 하기 싫다고 한다. 이처럼 영화에 재현된 소녀의 삶은 온통 폭력으로 점철되어 있다. 그러니 〈벌새〉를 관람하는 것은 관객에게도 고통스러운 경험이다.

〈벌새〉의 과거 재현이 흥미로운 것도 바로 이 때문이다. 〈벌새〉에는 폭력적인 시대적 아우라가 생생히 녹아 있다. 가정을 위해 일하지만 폭력적인 아버지, 그런 폭력성을 물려받은 아들, '날나리' 친구를 고발하라고 부추기는 학교 선생 등, 지금으로부터 25년 전의 일상적 폭력, 그것이 만들어내는 폭력적 삶이 적절히 재현되어 있다. 자신의 학력 콤플렉스를 아들이 풀어주길 바라는 부모와, 그 기대가 두려운 아들은 함께 폭력적 성향을 지니는데, 그런 연결고리에서 가장 하층에 있는 '여'중생 은희가 느끼는 무게는 절망적이지만, 그 폭력으로부터 저항할 수 있도록 해준 영지는 희망을 전하면서 죽어 버렸다. 함께 밥을 먹고 서로의 마음을 이해한다고 생각한 가족으로 다시 돌아온 은희에게 이제 무엇이 남았는가? 고분의 도시, 과거의 도시인 경주로 수학여행을 떠나기

전 웃는 은희의 얼굴을 클로즈업한 화면을 통해 그녀가 상처를 넘어서는 방법을 배웠다는 것을 우리는 알 수 있다. 그래서 은희처럼 관객도 마지막에는 자그만 미소를 지을 수 있다.

영화는 보는 이에게 캐릭터의 상처를 응시하게 만든다. 상처가 없는 주인공이나 캐릭터는 없다. 캐릭터의 상처는 캐릭터의 결핍과 깊이 관련되어 있고, 그 결핍을 메우기 위해 캐릭터는 고통스럽게 문제를 직시한다. 주인공의 욕망은 자신의 결핍을 메우기 위한 욕망일 뿐이지만, 그 욕망은 쉽게 충족되지 않는다. 이런 관점에서 보면, 캐릭터의 상처와 고통이 심도 있으면서 공감되게 그려져 있다면 좋은 영화임에 분명하다. 다르게 말하면, 상처의 응시가 고통스러울수록 좋은 영화가 된다. 〈벌새〉를 보면서 은희의 아픔과 고통에 깊이 동의하면서, 한편으로는 그 시대의 폭력에 많이 절망하기도 하면서, 그 시대를 지나온 나의 상처를 직시하게 되었다. 그런 의미에서 〈벌새〉는 좋은 영화다. 상처의 응시가 정직했고, 응시의 고통이 치열했다.

천만 영화의 진화, 혹은 변형된 천만 영화

— 이병헌 감독의 〈극한 직업〉(2019)

1. 천만 영화가 되려면

이병헌 감독의 네 번째 작품인 〈극한 직업〉이 2019년 첫 '천만 영화'가 되었다. 한국 영화로서는 열여덟 번째이다. 아니다. 단지 이렇게만 쓰면 안 될 것 같다. 이 영화는 16,261,992명의 관객을 동원해, 역대 흥행작 가운데 〈명량〉(김한민, 2014년, 17,615,437명)에 이어 두 번째로 많은 관객을 동원한 영화가 되었다. 글을 쓰고 있는 현 시점의 남한 인구 5,163만 명 가운데, 1,626만 명이 '극장'에서 이 영화를 관람한 것을 단순 계산만 해도 32%가 된다. 만약 이 글을 읽는 당신이 버스를 타고 간다면, 그 버스 안에 있는 사람 3명 가운데 1명은 극장에서 이 영화를 본 것이 된다. 약간 과장을 하자면, 극장에 잘 가지 않거나 이런 영화를 그리 즐길 것 같지 않은 15세 이하의 어린이들이나, 60세 이상의 노년

층을 제외하면 국민 가운데 거의 50% 가까운 이들이 극장에서 영화를 보았다는 통계가 나온다. '불법 다운로드의 천국'인 이 나라에서 이런 수치가 등장하는 것은 무엇을 의미하는 것일까?

특정 영화가 천만 영화가 되려면 개봉 첫 주에 신드롬을 일으켜야 하는데, 개봉 첫 주에 신드롬을 일으키려면 개봉 전에 이미 관객들이 영화에 대해 충분히 인지하고 있어야 한다. 개봉 직전 배우들이 영화를 소개하는 각종 TV프로그램이나 오락 프로그램에 출연해 신작을 홍보하는 것도 이 때문이다. 물론 이런 홍보가 바로 흥행으로 연결되는 것은 아니다. 첫 주에 스크린을 최대한 많이 확보해서 관객을 불러 모아야 한다. 그런데 〈극한 직업〉은 첫 주에 241만 명을 모아 흥행에 성공하기는 했지만 엄청난 성공을 거두지는 못했다. 스크린도 1,900개 정도로 (독과점인 것은 맞지만) 생각보다 많지는 않았다. 그런데 둘째 주에 오히려 관객이 소폭 증가하면서 흥행에 불을 지폈다.

특정 영화가 천만 영화가 되려면 둘째 주까지 500만 이상의 관객을 동원해야 하지만 〈극한 직업〉은 이에 미치지 못했다. 그럼에도 500만 관객에 가깝게 다가가면서 언론의 주목을 받은 것은 사실이다. 이때부터 세상은 영화 자체보다는 영화를 둘러싼 이야기를 하게 되는데, 통상 메인 뉴스에서 영화를 다루는 것도 이 시기이다. 영화에 사용된 "이제까지 이런 맛은 없었다. 이것은 갈비인가 통닭인가?"라는 대사는 SNS와 TV 프로그램을 비롯한 온갖 곳에서 패러디되기 시작했다. 이렇게 되면 영화를 보지 않은 이들은 관람한 이들의 대화에 참여할 수 없게 되기에 어쩔 수 없이 영화를 봐야만 한다. 결국 이 모든 열풍은 영화 소재인 왕 갈비치킨을 치킨 가게의 메뉴로 등장하게 만든 다음에야 멈추었다.

이렇게 보면 천만 영화는 단지 스크린 독과점만으로 만들어지기는 어렵다는 것을 알 수 있다. 물론 스크린을 많이 차지하는 것이 흥행에 유리한 것은 사실이지만, 스크린을 많이 차지한다고 반드시 흥행하는 것은 아니다. 특정 영화가 천만 영화가 되려면 관객들의 적극적인 호응이 필수적이다. 평론가들이 천만 영화에서 주목하는 것도 바로 이 부분이다. 왜 천만 명이 넘는 인구가 한 영화를 본 것일까? 다르게 말하면, '영화 속의 그 무엇'이 천만 명 이상을 극장으로 불러 모은 것일까? 이념 갈등, 세대 갈등, 남녀 갈등, 종교 갈등, 지역 갈등, 계급 갈등 등 숱한 갈등이 예민하게 대립하고 있는 이 나라에서 이 모든 갈등을 넘어서서 전체 인구의 1/3이 함께 특정 영화를, 그것도 한 달 정도의 단 기간에 관람했다는 것은, 이 모든 것을 넘어서는 '집단적 그 무엇'이 영화 속에 들어 있다는 것을 의미한다. 때문에 평론가들은 영화 속의 '집단적 그 무엇'이 무엇인지 파악해, 동시대 관객들의 사고의 방향을 읽어내려 한다. 이를 통해 영화의 사회성을 파악하려는 것이기도 하다. 길지 않은 이 글에서는 〈극한 직업〉이 어떤 이유로 천만 영화가 되었는지 살펴보려 한다.

2. 유쾌한 코미디: 〈7번방의 선물〉의 데자뷰

특정 영화가 천만 영화가 된 이유를 밝히는 작업은 결코 쉽지 않다. 세상 살다보면 하나의 사건이 원인이 되어 다른 사건이 발생하는 경우는 극히 드물고, 대부분의 사건은 복잡한 여러 사건이 원인이 되어 하나의 사건으로 귀결되는 것을 보게 된다. 영화로 국한해도 마찬가지다.

특정 영화의 흥행이 하나의 이유에서 발생하는 것이 아니기 때문이다. 영화 자체의 특징에서 유발할 수도 있고(그것도 여러 원인이 복합적으로 쌓여 있고), 이를 보는 관객들의 특징에서 유발할 수도 있으며, 독과점을 비롯한 산업적 특징에서 유발할 수도 있다. 이처럼 복잡한 상황이 얽히고설켜 하나의 현상이 발생한다고 했을 때, 이것을 분석하는 가장 손쉬운 방법 가운데 하나는 기존의 천만 영화와 비교해 원인을 파악하는 것이다. 특정 영화가 흥행하면 곧바로 비슷한 영화가 등장하는데, 영화계에서는 이를 표절로 비난하기보다는 장르라는 산업적 약속으로 긍정적으로 평가하고 있다. 이런 관례를 참고하면서, 기존 천만 영화가 지니고 있는 특징을 〈극한 직업〉이 어떻게 보여주고 있는지 비교하기도 하고 대조하기도 하면서 고유한 특징을 포착하려는 것이다.

　기존의 천만 영화와 비교했을 때도 〈극한 직업〉은 유별난 영화이다. 기존 천만 영화와는 꽤나 다른 코드로 진행되었기 때문이다. 한국의 역사를 다루면서 '민족적 알레고리(national allegory)'를 작동하게 만든 일련의 영화들, 예컨대 〈실미도〉(강우석, 2003), 〈태극기 휘날리며〉(강제규, 2004), 〈괴물〉(봉준호, 2006), 〈변호인〉(양우석, 2013), 〈명량〉, 〈국제시장〉(윤제균, 2014), 〈암살〉(최동훈, 2015), 〈택시 운전사〉(장훈, 2017) 등의 영화와는 전혀 다른 이야기를 하고 있기 때문이다. 그렇다면 〈극한 직업〉은 어떤 코드로 진행되고 있는가? 겉으로 드러난 특징은 코미디이다. 그런데 이것이 이상한 것은 천만 영화 가운데 코미디는 딱한 편, 〈7번방의 선물〉(이환경, 2013)밖에 없기 때문이다. 〈7번방의 선물〉을 제외한 영화 가운데 윤제균이 감독한 〈해운대〉와 〈국제시장〉, 추창민 감독의 〈광해, 왕이 된 남자〉(2012)의 전반부에 코믹한 요소가 있을 뿐이지 다른 영화는 대부분 비극이다. 엄밀히 말하면 〈해운대〉, 〈국제시장〉, 〈광해, 왕이 된 남자〉도 극의 초반에는 코믹한 설정이 강하지만 후반으로 가면 노골적으로 눈물을 자아내는 비극으로 마무리된다. 이런 상황임에도 〈극한 직업〉은 처음부터 끝까지 코믹한 분위기로 재현되는데, 이것은 〈7번방의 선물〉과 매우 비슷하다.

〈7번방의 선물〉과 〈극한 직업〉의 공통점은 한정된 공간에서 발생하는, 다소 어이없는 이야기의 코미디라는 점이다. 전자는 교도소라는, 극단적으로 한정된 공간에서 진행되고, 후자는 코믹과는 거리가 먼, 치킨집이라는 상업적 공간에서 웃음이 발생한다. 이렇게 특정 공간에서 웃음을 유발한다는 공통점이 있지만, 웃음을 만들어내는 방법은 매우 다르다. 전자에서는 일상적인 사람들과는 전혀 다른 특이한 인물을 정상적인 사람들 사이에 집어넣음으로써 웃음을 유발한다. 영화의 감동은 바보 같은 인물이 결국 가장 순진하고 인간다운 인물이라는 것을 알게 되면서 주변인들이 그를 포용하고 응원함으로써 발생한다. 후자에서는 형사들이 잠복근무를 위해 치킨집을 운영하면서 발생한다. 그들의 목적은 의심 받지 않고 잠복근무를 하는 것인데, 손님이 많이 오고 맛집으로 소문나면서 정작 잠복근무를 할 수도 없고, 치킨집을 운영하기에도 벅차게 되면서, 그 모순적 상황에서 웃음이 발생한다. 체인점 사업을 하게 되면서 자연스럽게 그들이 원하던 마약 밀매 조직과 연결되어 문제를 해결하는 결말로 가기까지 영화는 코믹한 분위기로 계속 진행된다.

그런데 두 영화의 웃음 유발 방법은 다르다. 〈7번방의 선물〉은 오로지 여섯 살 지능의 용구(류승룡)가 웃음과는 거리가 먼 교도소에 들어가면서 발생한다. 일상인이 생각하는 것과는 전혀 다르게 행동하는 그를 보면서 죄수들은 어이없어 하지만 관객은 웃게 된다. 결국 영화는 거의 류승룡의 원맨쇼에 가깝게 진행된다. 그러나 〈극한 직업〉은 상황이 웃음을 유발하는 코미디, 즉 시츄에이션 코미디(시트콤)에 가깝다. 통상적으로 생각하는 가게의 '대박'을 잠복하는 형사들이 반기지 않을 뿐 아니라 점점 더 장사가 잘 되니 관객은 웃음이 난다. 이때 웃음은 특정 정보를 관객들만 알고 있기 때문에 발생한다. 관객들은 홀의 손님들과 달리 왜 형사들이 화를 내는지 알고 있다. 이렇게 정보를 관객들에게 알게 함으로써 코믹한 설정은 강화되는데, 이런 것은 고 반장(류승룡)이 아내(김지영)와 이야기할 때에 극대화된다. 퇴직금을 써버린 고 반장에게 아내가 이제 형사 생활 그만하라고, 가진 건 없지만 퇴직금은 있으니 그 걸로라도 성실히 살아가면 된다고 할 때, 고 반장은 울면서 아내의 품에서 아니라고 말한다. 이때 류승룡의 본심을 모르는 아내는 진심으로 그를 위로하지만 관객들은 이 진지한 상황에서 웃음을 참을 수 없게 된다. 이렇게 정보의 차이를 통해 두 사람의 마음이 어긋날 때 웃음이 발생한다.

여기서 류승룡에 대해 이야기하지 않을 수 없다. 두 영화에서 공히 류승룡이 주연을 맡았다. 코미디인 두 천만 영화에서 류승룡이 주연이라는 것은 그의 스타 페르소나가 코미디와 가깝다는 것을 의미할 것이다. 물론 그가 차가운 악인의 이미지도 지니고 있음에도 능청스러운 연기를 소화할 수 있다는 것은 큰 장점이다. 〈7번방의 선물〉에서 '딸바보' 역할을 천연덕스럽게 해내었고, 〈극한 직업〉에서는 우직한 형사 반장을 코믹한 연기로 소화했다. 〈최종병기 활〉(김한민, 2011), 〈광해, 왕이 된 남자〉, 〈명량〉 등과는 전혀 다른 연기였지만, 그는 현재 한국 영화계에서 매우 드물게 코미디 연기와 잔혹한 악인의 연기를 모두 할 수 있는 연기자이다.

그럼에도 불구하고 〈극한 직업〉과 〈7번방의 선물〉은 확연한 차이가 있다. 〈극한 직업〉과 달리 〈7번방의 선물〉은 비극적 요소를 지니고 있다. 극이 시작되면 예비 검사가 된 예승(박혜신)이 억울하게 사형을 당한 아버지의 해원을 위해 모의재판을 한다. 과거의 상황에서는 코믹한 설정이 이어지지만, 결국 용구는 사형되고, 현재의 예승에 의해 해원된다. 이렇게 비극적 요소를 엔딩에서 강조한 〈7번방의 선물〉과 달리 〈극한 직업〉은 통쾌하고 상쾌한 결말을 지닌다.

3. 통쾌한 형사물: 〈베테랑〉의 데자뷰

선이 악을 응징하는, 통쾌하고 상쾌한 결말을 지니고 있다는 점에서 〈극한 직업〉은 또 다른 천만 영화인 〈베테랑〉(류승완, 2015)과 닿아 있다. 두 영화 모두 형사가 주인공이다. 흔히 형사물이라고 할 수 있는 두 영화를 한 포털에서는 〈극한 직업〉은 코미디로, 〈베테랑〉은 액션/드라마로 분류했지만, 두 영화의 스토리 라인이 비슷하다는 사실까지 부정할 수는 없다.

형사물의 스토리는 매우 단순하다. 대동소이하겠지만, 법치주의를 해치는 사건이 발생하면 주인공 형사가 온갖 고초 끝에 해결한다는 내용. 대부분은 범인을 검거하면서 끝이 난다. 〈베테랑〉에서는 노동자가 투신하면서 사건이 발생한다. 그 노동자와 친분이 있던 광역수사대의

서도철 형사(황정민)는 후안무치한 재벌 3세 조태오(유아인)와 그 사건이 연관되어 있음을 직감하고 수사를 벌인다. 당연하게도 언론과 고위 경찰, 검찰의 방해를 이겨내고 문제의 재벌 3세를 검거하면서 끝이 나는데, 이 부분에서 류승완의 영화답게 경쾌한 액션이 등장한다. 〈극한 직업〉은 마약수사대의 고 반장이 팀원들과 마약반을 검거하기 위해 잠복 수사를 하는 등의 고생 끝에 결국 검거한다는 내용이다. 물론 그 사이에 잠복 수사를 위해 치킨집을 열었다가 겪는 황당한 에피소드가 등장하기도 한다. 이렇게 보면 〈베테랑〉은 재벌 문제를, 〈극한 직업〉은 폭력배와 그들의 마약 거래를 사회적 악으로 설정했다는 점에서 조금은 차이가 난다.

두 영화 모두 뛰어난 무술 실력을 겸비한 미모의 여성 형사가 등장한다는 점은 매우 흥미롭다. 〈베테랑〉의 미스 봉(장윤주), 〈극한 직업〉의 장 형사(이하늬)가 그 주인공인데, 이들은 남성 형사들에 비해 결코 뒤지지 않는 무술 실력을 지니고 있고, 작전 수행 능력에서도 매우 탁월하고, 입도 걸다. 거칠고 극한 직업 가운데 하나인 현장의 형사 역을 여성이 맡음으로써 여성의 사회 진출을 은유적으로 그린 것인지, 아니면 남성들만 출연하면 비판을 받을 것 같아 남성 같은 성향의 여성을 설정한 것인지는 좀 더 지켜봐야겠지만, 두 인물로 인해 극의 재미가 더해진 것은 사실이다. 강한 여성의 설정이라는 면에서는 〈극한 직업〉은 더 극단적이다. 마약 거래의 주범 이무배(신하균)의 보디가드로 선희(장진희)가 등장하는데, 테드 창(오정세)의 아지트에 쳐들어갔을 때 그녀 혼자 테드 창의 무수한 보디가드들을 물리친다. 이무배와 고 반장이 마지막 대결을 벌이기 직전의 싸움이 장 형사와 선희의 대결인 것도 흥미롭다.

그런데 강한 여성을 설정한 것과 달리, 전통적인 아내의 역할을 고수한 점에서도 두 영화는 같다. 영화에서 아내들은 고민이 많다. 남편의 월급은 신통치 않고 언제 칼을 맞을지 몰라 고민하고 고민한다. 그럼에도 부인은 남편을 지극히 사랑하고 남편은 부인의 말에 따른다. 이렇게 보면 형사의 구성이나 가족의 구성에서 비슷한 특징을 지니고 있다고 할 수 있다. 다만 〈극한 직업〉에서 장 형사와 마 형사(진선규)의 멜로적 감정을 서브플롯으로 설정해 놓아 좀 더 코믹한 느낌을 주고 있는 것은 사실이다.

두 영화에서 가장 통쾌한 장면은 (많은 형사물이 그런 것처럼) 마지막 대결 장면이다. 〈베테랑〉은 조태오를 추적하다가 거리 액션 씬을 만들어 내고, 〈극한 직업〉은 이무배와 테드 창이 부두에서 거래할 때 마약반이 덮치면서 거대한 액션 씬이 벌어진다. 〈베테랑〉은 액션/드라마라고 스스로 장르 구분한 것처럼, 마지막 대결 장면 전에도 액션 장면을 수시로 편집했다. 심지어 오프닝도 액션 장면이다. 이에 비해 〈극한 직업〉은 마지막 장면에서 액션 상황이 발생하지만, 대부분은 코미디에 치중했다. 오프닝 장면도 액션 상황이지만 코미디적 요소를 강조하고 있다. 그래서 두 영화의 엔딩은 다른 의미를 지닌다. 〈베테랑〉은 악인 조태오를 처절한 폭력으로 응징하도록 액션의 강도가 진하게 구성되었고, 〈극한 직업〉은 액션 상황에서도 여전히 코믹한 요소를 강조한다. 결말도 〈베테랑〉은 조태오가 구속되어 재판을 받을 것이라는 영화 속 뉴스릴로 끝나지만, 〈극한 직업〉은 형사들의 포상으로 끝난다. 때문에 선이 악을 응징하는 스토리 라인은 같지만, 각 영화는 다른 감성으로 다르게 이야기하고 있다고 할 수 있다. 결국 〈극한 직업〉은 〈베테랑〉과 비슷한 지점이 있지만, 단지 그것에 그치지 않는 고유한 특징을 지니고 있는 것이다. 그것은 〈7번방의 선물〉이라는 코미디와 비교했을 때도 마찬가지였다. 그렇다면 〈극한 직업〉은 어떤 특징 때문에 천만 영화가 된 것일까?

4. 비극적 정서의 아버지

'민족적 알레고리'적 상황을 담고 있지 않은 천만 영화에서 우리는 무엇을 보아야 하는가? 기존의 천만 영화를 유심히 살펴보면 기이하게도 아버지라는 모티프를 집중적으로 활용하고 있음을 알 수 있다. 〈실미도〉, 〈태극기 휘날리며〉, 〈괴물〉, 〈해운대〉, 〈도둑들〉(최동훈, 2012), 〈7번방의 선물〉, 〈국제시장〉, 〈암살〉, 〈택시 운전사〉, 〈신과 함께 - 죄와 벌〉(김용화, 2017), 〈신과 함께 - 인과 연〉(김용화, 2018) 등의 영화는 주로 아버지의 부재와 이로 인한 고통이나 그리움을 스토리의 주요소로 삼고 있고, 〈명량〉, 〈변호인〉, 〈베테랑〉, 〈광해, 왕이 된 남자〉, 〈부산행〉(연상호, 2016) 등의 영화는 강한 아버지에 대한 욕망을 그리고 있다. 〈왕의 남자〉(이준익, 2005)를 제외한 대부분의 영화가 아버지를 모티프로 삼고 있는 것이다.

그런데 정말 흥미롭게도 정반대되는 두 경향 모두 비극적 정서를 극대화하고 있다. 전자의 경향은 대부분 부재한 아버지를 그리워하거나 존재하지 않는 아버지 때문에 고생했다는 이야기, 또는 아버지이지만 아버지라고 말하지 못하거나 딸과 떨어져서 그리워하는 아버지의 이야기를 통해 신파적 정서의 눈물을 자아내게 만든다. 만약 이런 경향이 아니라면 아버지의 복수를 하거나(〈도둑들〉, 〈7번방의 선물〉), 아버지에게 복수를 하거나(〈암살〉), 아버지에게 사죄하는(〈신과 함께 - 인과연〉) 내용인데, 이 역시 눈물을 자극한다. 후자의 영화들은 나라를 구하거나, 정의롭거나, 백성의 어버이인 왕이거나, 좀비로부터 딸을 구해내거나, 무소불위의 힘을 지닌 재벌 회장으로 아버지가 재현되지만, 이들은 죽음 같은 전쟁을 겪거나 독재 정권의 공포에 떨어야 한다. 아니면 가짜 왕이라서 도망을 가야 하거나, 결국 좀비가 되고 말거나, 비열한 아버지가 되어야 한다. 후자의 경향 역시 전반적으로 비극과 깊이 닿아 있어 영화의 정서는 어둡고 비장하다.

아버지라는 포커스로 〈극한 직업〉을 보면, 영화에서 아버지는 강한 존재라기보다 나약한 존재이다. 비록 성실하고 정직한 것은 분명하지만 그는 말년 반장의 무능한 형사이다. 게다가 딸에게 아버지는 부재한 존재에 가깝다. 어릴 적 딸의 장래희망이 아버지를 자주 볼 수 있을 것 같아 용의자였을 정도이다. 부인도 무능한 남편에게 화가 나지만, 혹 칼 맞아 죽을까 봐 더 걱정이다. 그래서 치킨집을 한다고 할 때 적극적으로 찬성했다. 그런데 재미있는 것은 치킨 가게를 운영하는 고 반장은 여전히 사회적 약자의 위치에 있다는 것이다. (사회적 인식과 달리) 지점이 아니라 본점의 사장임에도 그렇다. 마지막 장면에서 고 반장과 이무배가 대결할 때 소상공인은 다 목숨 걸고 장사한다고 고 반장이 말하는 것은 자신을 소상공인으로 치부한다는 것을 의미한다. 결국 영화는 가난하지만 악전고투하는 아버지 이야기를 하고 있는 것이다. 아버지의 수입이 곧 가정의 경제적 안정과 직결되기 때문에 아버지의 고통은 가중된다. 그래서 고 반장의 싸움은 가족의 싸움이고 고 반장의 하루

수입은 가정의 수입이 되니 고 반장의 삶은 가족의 삶이다. 이렇게 보면, 〈7번방의 선물〉의 아버지와 딸, 〈베테랑〉의 노동자 아버지와 아들의 관계는 〈극한 직업〉의 아버지와 딸의 반복이 된다. 결국 천만 영화 성립에서 중요한 것은 장르 문제가 아니라 스토리 문제다.

〈극한 직업〉에서 가족은 고 반장의 개인적인 가족에 국한되지 않는다. 마약반이라는 팀이 유사(類似) 가족이 된다. 그래서 강력반과 대결을 할 때에도 단순히 경찰서 내의 팀의 대결이 아니라 가족의 대결이 된다. 이들이 치킨집을 차렸을 때에는 노골적으로 유사 가족이 형성된다. 가게를 인수하면서 서로를 아예 가족이라고 소개한다. 남편과 부인, 도련님과 매형, 전 남편이라는 구성원인 유사 가족의 마약반은 정말 가족처럼 행동한다. 치킨 가게에서 라쿠라쿠 침대에서 자면서 그들은 식구(食口)가 되어 또 다른 식구인 조폭들과 대결을 벌인다. 모든 사건이 해결된 후 마약에서 깨어난 재훈(공명)이 자신 대신 총을 맞은 고 반장에게 이제부터 아버지라고 부르겠다고 말하는 장면은 이 유사 가족의 연대가 얼마나 끈끈한지 알게 만든다. 의사(pseudo) 아버지인 고 반장이 유사 가족을 이끌면서 함께 고생하는 내용이 〈극한 직업〉에 생생하게 그려져 있다고 보면, 결국 〈극한 직업〉은 가족의 변형 버전이 된다.

극단적으로 비유하자면, 〈극한 직업〉은 〈국제 시장〉의 코미디 버전이다. 고 반장이라는 아버지가 죽을 고생을 하면서 가족과 유사 가족인 팀원을 먹여 살리는 이야기. 고 반장은 딸을 제때 볼 수도 없고, 딸에게 잘 해주지도 못한다. 부인에게도 만년 반장이라고 구박을 받는다. 한참이나 어린 후배들이 과장으로 승진할 때에도 그는 과장에 머물기 때문에 과장들은 그를 무시한다. 그는 집에서도, 직장에서도 인정받지 못한다. 그러나 그는 성실하고 정직하고 열심히 살아간다. 퇴직금으로 치킨 가게를 차려서 하루하루가 전쟁 같은 나날을 보내지만, 그는 가족을 위해, 팀원을 위해 일한다. 이런 설정은 기존의 천만 영화의 설정과 정확히 겹친다. 〈명량〉의 이순신은 아들과 백성을 위해 전투를 하고, 〈변호인〉의 주인공은 가족과 정의를 위해 자신의 길을 가고, 〈7번방의 선물〉의 용구는 딸을 살리기 위해 죽는다. 이기적인 〈부산행〉의 아버지도 딸을 구하기 위해 죽고, 〈택시 운전사〉의 아버지도 딸에게 가기 위해 고생한다. 〈괴물〉의 아버지는 딸을 구하기 위해 목숨을 걸고, 〈해운대〉의 아버지는 딸을 살리고 자신은 죽는다. 이렇게 보면 코미디의 형식으로 진행되는 〈극한 직업〉의 코미디 외피를 살짝 벗겨내면 가족애에 바탕을 둔 신파적 정서로 구성되어 있음을 알 수 있다. 〈극한 직업〉이 천만 관객을 동원한 것은 코미디이기 때문이 아니라(코미디의 외피를 하고 있다는 점에서 특이한 천만 영화인 것은 분명하지만), 그 안에 가족애와 비극적 정서를 내장하고 있기 때문이다. 소상공인이나 자영업자들을 비롯한 소시민들의 삶과 깊은 연관 속에서 진행되었기 때문이다.

5. 어떤 선택을 할 것인가?

만약 〈극한 직업〉의 흥행 성공이 가족애에 바탕을 둔 비극적 정서의 강조에서 나왔다고 하더라도 질문을 멈춰서는 안 된다. 왜 수많은 소재 가운데 아버지의 부재나 강인한 아버지에 대한 욕망을 소재로 비극적 정서를 강조하는지 다시 질문해야 한다. 참으로 이해하기 어려운 것은 〈괴물〉 같은 영화에서 왜 할아버지도 죽고 딸도 죽고 마는지, 그 이유이다. 할리우드의 재난영화라면 재난을 극복한 뒤에는 온 가족이 다시 모여 행복하게 살아감에도 한국 영화는 그렇지 않다. 〈부산행〉에서도 아버지와 남편은 죽고 만삭의 아내와 어린 딸만 살아서 부산으로 갈 뿐이다.

일단 현실적인 측면에서 이런 진단을 할 수는 있다. 영화에서 어머니가 아니라 아버지를 강조하는 것은, 그래서 아버지의 부재를 강조하거나 강인한 아버지를 욕망하는 것은 신자유주의 시대의 특정 정서를 표상한다고. 무슨 말이냐면, 사회 보장 장치가 제대로 구축되어 있지 않은 상황에서 아버지가 존재하지 않으면 경제적 곤란이 생겨 생계 문제가 발생하니 강인한 아버지를 욕망한다고 할 수 있다는 말이다. 어머니보다 아버지가 경제적 권력을 여전히 지니고 있는 이곳에서는 어쩌면 당연한 현상인지도 모른다. 이런 아버지의 죽음을 통해 슬픔을 극대화하려는 전략의 소산이다.

그렇다고 하더라도 왜 천만 영화는 전반적으로 비극을 강조하고 있는 것인지, 다르게 말하면 대부분의 천만 영화는 죽음의 모티프를 활용하거나 죽음의 정서를 바탕으로 하고 있는지 묻는다면, 명확하게 답하기 어렵다는 것을 솔직하게 고백해야 한다. 소크라테스가 이미 언급한 것처럼 비극의 매력인 강한 카타르시스의 효과를 모르는 것은 아니지만, 그것만으로 이 현상을 설명하기는 어렵다. 이 부분에 대해서는 다른 지면에서 본격적으로 다루어야 할 것 같다는 말을 하면서, 다만 이런 지적은 할 수 있을 것 같다. 가족애를 토대로 비극적 정서를 강조함으로써 한국 영화는 할리우드 영화와 현저히 구분되는 특징이 있어 할리우드 영화에 익숙한 관객들에게는 매우 낯선 영화가 되어버린다는 사실을. 이 말을 다르게 하면, 해피엔딩에 익숙한 관객에게 비극으로 끝나는 한국 영화의 흥행이 쉽지 않다는 것이다. 한류가 지금 세계 시장을 휩쓸고 있는 상황에서, 즉, K-팝, K-드라마, 게임 등이 세계 시장에서 주목 받고 있는 상황에서, 유독 한국 영화만 수출이 저조한 이유를 여기서 찾아야 하지 않을까?

이제 고민을 해야 한다. 해외 수출을 위해 그들에게 익숙한 해피엔딩의 영화를 만들 것인가, 국내 흥행을 위해 비극적 정서를 여전히 강조할 것인가? 전자의 길을 간다면, 해외의 성공 보장도 없는 상황에서 국내 흥행이 실패할 가능성이 있고, 후자의 길을 간다면, 국내 성공은 보장될 수 있지만 수출의 미래는 어두울 수밖에 없다. 이 기로에서 봉준호의 〈옥자〉(2017)가 리트머스 시험지가 될 것 같다. 〈옥자〉는 해외에서는 좋은 평가를 받고 흥행도 괜찮았지만, 국내에서는 그렇지 않았다. 한국 영화는 어떤 길을 갈 것인가?

실천이 증거한 신앙의 아름다움

— 김동원 감독의 〈내 친구 정일우〉(2017)

1. 김동원에게 정일우라는 존재가 갖는 의미

나는 몹시 궁금했다. 정말로 김동원은 다큐를 만들기 위해 국립 영상원의 교수 자리를 그만두었던 것일까? 물론 그의 진의를 의심한다는 뜻은 아니다. 영상원의 교수가 된 이후 그는 다큐 작업을 하지 못했다. 〈송환〉(2004)이 그의 최근작이 되어버린 지 무려 10년도 더 되는 시간이 지나갔으니, 본인은 오죽이나 답답했겠는가? 사정을 잘 모르는 사람들이 볼 때에는 일 년에 무려 다섯 달이나 방학을 하기 때문에 다큐 작업을 충분히 할 수 있을 것 같지만, 정작 학교 안에 있으면 그렇지 않다. 교육과 연구와 행정, 게다가 학생 지도까지 하게 되면 작품에 집중할 정도로 여유 있는 시간을 내기는 어렵다. 사람 좋은 김동원은 분명 아버지처럼 자상하게 학생들을 지도했을 것이다. 그러니 시간이 있겠는가!

엄청난 고민 끝에 내린 결정이겠지만, 그 소식을 듣고 나는 한편으로는 놀랐고 한편으로는 김동원답다는 생각을 했다.

내가 아는 김동원은 좋은 자리에 연연하는 사람이 아니라 자신이 하고픈 일을 하는 사람이다. 그가 〈상계동올림픽〉을 촬영하면서 상계동 빈민들과 함께 살아간 것도 그가 하고 싶어서 한 것이고, 이후 여전히 빈자와 함께 공동체 생활을 한 것도 같은 이유라고 생각한다. 우연히 공동체 생활에 합류한 장기수들의 삶을 담은 오랜 기록이 다큐 〈송환〉이 된 것처럼 그의 생활과 다큐는 떼려야 뗄 수 없는 관계에 있다. 그런 그가 학교 일에 치여서 다큐를 만들지 못하고 있으니 얼마나 답답하겠는가!

한편으로는 몹시 궁금했다. 교수직을 그만두고 만든 다큐는 도대체 어떤 것일까? 아니면 어떤 큰 계기—다큐를 촬영할 만한—가 있어 그만두었을 것인데, 과연 그것이 무엇일까? 〈내 친구 정일우〉(2017)를 보면서 그 의문은 곧바로 풀렸다. 〈내 친구 정일우〉는 김동원, 또는 그의 다큐가 품고 있던 모든 것이 집약되어 있는 다큐였다.

언젠가 나는 김동원의 다큐를 정리하는 키워드로 '휴머니즘', '가톨릭', '진보'를 꼽은 적이 있다. 인갑답게 살 권리로서 휴머니즘, 신이 창조한 세상의 존귀함과 신학의 실천적 임무로서의 가톨릭, 더 좋은 세상을 위한 희망으로서 진보라는 키워드가 김동원의 다큐에 녹아 있다고 해석한 것인데, 〈내 친구 정일우〉를 보면서 그 해석이 틀리지 않았다는 생각이 들었다. 이 다큐의 기본적인 내용은 고인이 된 정일우 신부님을 기리는 내용이다. 한국에서 평생 빈민 구제 활동을 펼친, 미국 국적의 가톨릭 신부 정일우의 삶은, 가난한 이들이 사람답게 살 수 있도록 싸웠다는 점에서 휴머니즘을, 평생 민중 신학을 이 땅에 실천했다는 점에서 가톨릭을, 가난한 자와 부자가 평등하게 살 수 있는 세상을 만들기 위해 노력했다는 점에서 진보를 담고 있다.

이런 것들을 넘어서, 김동원이 왜 학교를 그만두면서까지 이 다큐를 만들고자 했는지 알 수 있는 지점이 있다. 김동원을 상계동으로 안내한 이가 바로 정일우 신부이기 때문이다. 사회 운동과는 거리를 둔 채 충무로 영화판에서 조감독을 하던 김동원이 우연히 정일우 신부의 부탁으로 상계동 철거 현장을 촬영하게 되었고, 그 현장에서 충격을 받은 김동원은 정일우 신부와 함께 상계동 철거민들의 삶 속으로 들어가 직접 생활하면서 그들의 삶과 투쟁을 자신의 카메라로 담아냈다. 그러니까 김동원에게 정일우는 영적 스승이면서 영화적 모델이고 무엇보다 뜻을 함께하는 동지이며 종교적 도반이었다. 영화 제목에서는 '내 친구'라고 하지만 단순한 친구를 넘어서는 관계이다. 그런 정일우를 김동원이 영화로 기록하고 추모하기 때문에 이 글은 정일우의 행적을 김동원이 어떻게 소개하고 있는지 그 내용과 방식을 살피는 것에 할애하지 않을 수 없다.

2. 행적의 기록, 다큐의 구성

인물을 다룬 김동원의 다큐가 대부분 그런 것처럼, 영화는 이제는 고인이 된 정일우 신부의 삶을 추적한다. 이 과정에서 여러 인물의 인터뷰를 하고, 과거 자신이 촬영한 영상이나 타인의 파운드 푸티지(found footage)를 활용하는 점에서 다른 다큐와 공통점이 있지만, 특이하게도 영화는 정일우 신부의 삶을 네 명의 내레이터를 통해 회상한다. 때문에 영화는 네 내레이터가 회상하는 정일우의 삶을 연대기처럼 엮어나가는데, 그 순서가 서강대학교에 부임한 이후 겪은 일을 교수와 신부의 시각에서 다룬 첫 챕터, 고 제정구 의원의 부인이 내레이터가 되어 빈민운동 시기를 설명하는 두 번째 챕터, 김동원 감독이 직접 내레이터가 되어 상계동 투쟁 시기의 철거민들과 함께하는 챕터, 마지막으로 충북 괴산으로 내려가 유기농법으로 농사를 짓는 시기를 다룬 챕터 등으로 구성된다. 정일우와 함께 생활한 경험이 있는 수사, 빈민 운동가, 영화감독, 농촌 운동가 등이 내레이터가 된 것만 봐도 우리는 정일우의 삶을 능히 짐작할 수 있다. 가톨릭교인, 빈민, 농민들과 격 없는 영적 교감을, 말 그대로 마음의 공감을 나누었던 것이다.

자연스럽게 첫째 챕터에서는 교수로서의 정일우의 삶을 돌아보기도 하지만 신부로서의 영성에 중점을 두고 그를 해석하고 해부한다. 많은 신부들이 왜 정일우 신부를 좋아했는지, 그에게 무엇을 배우고자 했는지 파악하는 것이 핵심이다. 여러 신부와 사도들이 정일우 신부와의 영적 경험을 이야기하는데, 영화에서 가장 울림 깊은 부분은 정일우의 영결 미사를 주관하는 신부가 하는 말(일 것)이다. 그는 이렇게 말했다.

정일우 신부님의 영혼을 위해 기도할 필요가 있을까, 그런 생각을 합니다. 정일우 신부님이 하나님 곁에 못 간다면 우리 중에 하늘나라에 갈 사람은 아무도 없습니다. 불쌍한 저희 예수회 회원들을 위해서 기도해 주시기를 부탁드립니다. 예수회 회원들이 정일우 신부님처럼 그런 삶을 살아갈

수 있도록, 정말 자유롭고 가난하고 온전히 사랑할 줄 아는
그런 삶을 저희 후배들이 살아갈 수 있도록 기도해 주시기
를 청합니다.

　이 말은 단지 정일우의 영성을 보여주는 것이 아니라 그의 삶을 대변
하기도 한다. 정일우 신부가 천국에 가지 못하면 어느 누구도 갈 수 없
다는 것은 그의 영성이 대단했다는 것을 의미하기도 하고, 한편으로는
실천적 삶을 살았다는 의미이기도 할 것이다. "자유롭고 가난하고 온전
히 사랑할 줄 아는 그런 삶"을 살았다는 평가는 최고의 평가가 아닐까!
어느 누가 죽은 후 이런 평가를 받을 수 있을까 싶을 정도로, 누구도 받
지 못할 찬사를 받은 것. 영화 도중에 인터뷰이(interviewee)가 예수의
삶을 살았다고 한 것도 이와 다르지 않다. 특정 종교를 발생하게 한 이
와 같은 삶을 살았다는 찬사보다 더한 극찬은 세상에 없다. 더구나 종
교인에게는 더욱.

　정일우 신부가 왜 예수의 삶을 살았다고 하는지 알려면 두 번째 챕터
를 봐야 한다. 교수 생활을 그만둔 정일우 신부는 청계천으로 들어가
쪽방을 하나 얻어 살아간다. 당시 (그러나 지금은 완전히 다른 삶을 살
고 있는) 김진홍 전도사가 활빈교회를 만들어 빈민 선교를 하고 있을
때 제정구는 이 교회에서 학당을 꾸리고 있었다. 서로의 진심을 알아보
고 바로 의기투합한 정일우와 제정구는 평생의 동지가 되었다. 청계천
이 철거된 후 둘은 양평동으로 가서 살다가, 다시 양평동이 철거되어 이
번에는 시흥으로 가 복음자리마을을 만드는 과정은 결코 쉽지 않았다.
최고 학부라는 서울대를 나온 멀쩡한 제정구와 서강대 교수를 하다가

그만둔 미국인 신부가 왜 빈민촌에 들어와 그들과 함께하는지 진의를 의심하던 철거민들은 이들을 의심하면서 매일 같이 싸움을 벌였다. 정일우 신부가 김수환 추기경에게 부탁해 돈을 빌려 사업을 벌일 수 있었지만, 그들은 엄청난 육체노동을 감당하고 정신적 싸움을 하면서 이 일을 완성했다.

복음자리마을이 성공하자 한독주택, 목화마을 등을 만들면서 강제철거에 대한 대안으로서 공동체 마을이라는 하나의 모델을 만들었다. 영화에서 가장 푸근하고 슬픈 장면은 이 챕터에 다 들어 있다. 보금자리 마을에서 열린 정일우의 회갑연은 그가 얼마나 '잘 살았는지' 보여주는 대표적인 장면이다. 연대기적으로는 정일우의 회갑 시기에 이미 정일우는 괴산으로 내려갔기에 그곳에 살고 있지 않았지만, 감독은 편집으로 이 시기의 정겨움과 아름다움을 기념한다. 한복을 곱게 차려입은 정일우에게 마을 사람들이 단체로 큰 절을 하고, 김수환 추기경도 축하를 한다. 밤이 되면 큰 모닥불을 피우고 사물놀이가 흥겹게 펼쳐지는 가운데, 모두가 즐겁게 춤을 춘다. 제정구와 정일우가 함께 단상에서 노래를 부르기도 한다. 이때 건물의 옥상에는 "하느님 보시기 참 좋았다"라는, 마을 사람들이 만든 큰 글씨에 불이 붙어 타오르면서 분위기를 한껏 돋우고 있다. 이 시기가 정일우에겐 가장 행복했던 시기인 것 같다. 정겨운 공동체를 만들 수 있었고 또 만들었던 시기였으니.

회갑연이 끝나면 바로 제정구의 장례식으로 편집된다. 이 상반된 분위기. 1999년에 제정구가 사망했으니 빈민 운동을 하던 이 시기와는 한참 먼 미래의 일이고, 정일우 신부의 회갑연에서도 5년이나 지난 시기이다. 제정구의 죽음이 정일우에게 얼마나 큰 상처를 주었는지 영화는 인터뷰를 통해 보여준다. 제정구의 부인은 그의 남편이 죽은 후 정일우 신부가 제정구의 집 영정 사진 앞에서 매일 술을 먹고 꼬꾸라져 자다가 일어나 욕을 하고 다시 술을 마시고 자고를 반복했다고 한다. 어떤 욕을 했냐는 감독의 질문에 인터뷰이는 "씨발", "개 같은 놈" 등이라면서 웃을 때, 정일우의 인간적이면서 자유스런 면모에 관객들도 슬프게 웃게 된다.

　제정구와 정일우를 기리는 인터뷰가 끝나면, 김동원이 직접 내레이터가 되어 상계동 철거 현장으로 관객을 안내한다. 하루만 촬영해 달라는 부탁을 받고 갔던 김동원은 그곳에서 함께 생활하며 공동체의 일원이 되었다. 정일우는 아침저녁으로 미사를 드리면서 가난한 이들을 하나님의 나라로 안내한다. 영화에서 가장 빛나는 순간이자 정일우의 신학적 철학을 엿볼 수 있는 대목이 이 챕터에 있다. 정일우는 가난한 이들에게 가난의 미학을 다음과 같이 설교한다.

　　높은 자리 있는 사람, 교육 받은 사람, 돈 있는 사람, 힘
　　있는 사람, 권력 있는 사람이 이 나라를 올바르게 바로 잡아
　　야 하는데, 그런데 안 하기 때문에, 절대로 안 하기 때문에,
　　이 나라의 희망은 가난뱅이뿐이오.

　심지어 철거민이 쫓겨나지 않기 위해 텐트를 치고 잘 때 용역 깡패들이 쳐들어와 칼로 텐트를 다 찢어 놓았을 때에도 정일우는 더 가난해졌기 때문에 다행이라고 한다. 더 가난해졌으므로 하나님께 더 가까이 다가갔고, 그래서 하나님께 더 기대게 되었다는 것이다. 그리고 그날 밤

정일우는 그들과 함께 거리에서 잠을 잔다. 정일우의 이런 강론은 교인들에게 전해져, 영화에서 가장 감동적인 장면이라고 할 수 있는 또 다른 장면을 만들어낸다. 철거 당한 이들이 천막 교회에서 울면서 기도를 한다. 특히 한 남성은 눈물, 콧물을 흘리면서 자신들에게는 난관을 헤쳐 나갈 힘이 없기에, 아버지라고 하는 당신이 계신다면 다른 아무것도 말고 용기를 달라고 기도한다. 맞서 싸울 수 있는 용기만이 그들에게 필요했던 그 절박한 시기에 정일우는 그들과 함께했다.

상계동 주민들이 시흥에서처럼 함께 공동체를 형성하면서 살 것으로 기대했던 정일우는 이들이 뿔뿔이 흩어지자 큰 실망을 했고, 이에 그는 충북 괴산으로 내려가 유기농 농사를 지으면서 농촌 공동체 생활을 시작했다. 회갑이 다 되어가는 늦은 나이에 내려온 그는, 그럼에도 점점 마을의 구심점이 되어갔다. 마을 사람들이 따라주는 정성어린 술을 마다하지 않고 모두 받아 마시면서 연을 만들어 갔고, 명절이면 주민들과 풍물놀이를 직접 주도하면서 명절 분위기를 만들었다. 무엇보다 정일우는 유기농법을 이 마을에 심어 놓았다. 우렁이 농사를 지을 수 있도록 했고, 농산물의 판로를 개척했다. 정일우의 유명세가 여러 성당에 유기농산품을 팔 수 있도록 만들었던 것이다.

이 챕터에서 처음으로 정일우가 살았던 방이 보인다. 참으로 단출한, 좁은 방. 그는 정말로 단칸방에서 생활했다. 화장실도 재래식의 냄새나는 곳이었다. 그에게는 재산도 없고 소유물도 없었지만, 사람들은 끊임없이 정일우를 찾아왔다. 가끔은 외국인 신부가 농사를 지으니 그 풍경이 기이해 촬영하는 이들도 있었으나, 대부분은 영성 수련을 받으러 오는 젊은 수도사와 동료 신부들이었다. 이들에게 정일우는 존경 받는 신부였다. 결국 정일우는 다시 예수회의 중심이 있는 서울로 올라온다.

영화에서 내레이터가 없는 부분은 정일우가 서울로 올라온 이후를 촬영한 부분이다. 그는 상경한 지 얼마 지니지 않아 쓰러졌고 치매가 겹쳐 정상적인 생활을 할 수 없었다. 정일우의 병치레는 시간적으로는 꽤나 길지만 영화에서는 길게 편집하지 않았다. 특별히 기록할 만한 일도 없고 감독이 딱히 할 말도 없기 때문이겠지만, 그럼에도 정일우의 인간적인 면모를 보여주기 위해 나약한 병자의 모습을 보여주는 것은 포기하지 않았다.

작가론적 시각에서 보면, 김동원의 전작들 가운데 두 편이 강하게 다가온다. 첫째는 〈상계동올림픽〉이다. 김동원의 첫 다큐이자 그의 존재를 세상에 알린 이 영화는 〈내 친구 정일우〉 안에 녹아 있다(고 할 수 있다). 앞서 설명한 것처럼, 김동원이 내레이터를 맡은 세 번째 챕터가 리플레이 되듯 비슷하기 때문이다. 다만 〈상계동올림픽〉의 중심은 폭력적 철거에 대항하는 상계동 철거민이라면, 〈내 친구 정일우〉의 중심은 상계동 철거민과 함께하는 정일우 신부이다. 이 챕터가 영화에서 가장 생생하게 다가오는 것도 김동원이 정일우와 함께 살면서 이 시기를 온전히 그의 카메라에 담았기 때문이다. 이전 시기도, 이후의 시기도 영상은 많지 않고 사진이 대부분인 것과 비교하면 큰 차이가 난다. 영상의 힘과 사진의 힘은 차이가 난다는 것을 새삼 느낀다.

김동원은 상계동의 철거민들이 흩어진 후 그들의 연대가 옅어지는 것이 못내 아쉽다. 꾸준히 모임을 가지던 이들도 숫자가 줄다가 급기야 끊겨버리고, 심지어 정일우 신부의 다큐를 위해 인터뷰를 요청해도 아픈 시기의 기억을 떠올리기 싫다며 거절하는 상황이다. 정일우의 노고를 누구보다 잘 알기에 김동원은 이 부분을 아쉬워하고 괴로워한다. 그의 아파하는 고백과 독백이 흘러나올 때, 영상은 모임이 끝나고 모두 떠난 후의 텅 빈 자리를 비추는데, 이 장면에서 관객들은 많은 생각을 하지 않을 수 없다.

다음으로 떠오르는 영화는 〈한 사람〉이다. 정일우 신부와 마찬가지로 미국 출신이지만 평생을 한국에 살면서 한국의 사회적 문제에 적극적으로 참여하면서 실천했던 서 로베르토 신부를 추모하는 다큐. 두 다큐는 신부라는 종교인이 종교 안의 영성에만 머물지 않고 적극적으로 사회적 실천을 했다는 점에서, 죽음이라는 계기로 추억하고 추모하는 다큐의 주인공이라는 점에서, 그래서 많은 인터뷰와 사진 등이 사용된다는 점에서 비슷하다(고 할 수 있다). 다만 차이가 있다면, 〈한 사람〉은 서 신부가 사망한 뒤 그를 추모하기 위해 천주교에서 의뢰를 받아 만든 영화인 반면, 〈내 친구 정일우〉는 정 신부가 사망하기 전에 김동원이 스스로 만들고자 했던 영화라는 것이다. 때문에 후자가 훨씬 생생하고 직접적이고 애정 어린 것은 부정할 수 없다.

3. 예수의 삶, 성직자의 삶

〈내 친구 정일우〉가 관객들에게 감명을 준다면, 아마도 그것은 정일우 신부의 삶을 담은 내용에서 나올 가능성이 높다. 다시 말해 정일우 신부의 삶이 일반인이 가치를 두고 있는 삶과는 확연하게 달라 보는 이들에게 감명을 준다는 말이다. 부를 추구하는 것이 유일한 삶의 목적이 되어버린 세상, 서로간의 경쟁이 치열한 이 이기적인 세상에서 타인을 위해 모든 것을 바치는 종교인은 분명 만나기 쉽지 않다. 정일우는 자신이 가진 것을 전부 내려놓고 가난하고 힘없고 약한 민중들 속으로 뚜벅뚜벅 걸어 들어가 그들과 함께 살면서 정말로 진정한 친구이자 이웃이 되었다. 세계 최강국 미국에서 살다가 그곳의 보장된 행복을 포기하고 분단된 빈국 한국에서 교수 생활을 하다가, 그것마저 그만두고 사제가 되어 빈민들과 같이 살면서 그들의 울음과 웃음을 함께 나누는 생활은 아무나 할 수 있는 것이 아니다.

때문에 영화를 보며 두 가지 질문과 필연적으로 마주치게 되는데, 첫째는 가난이란 무엇인가, 라는 질문이고, 둘째는 성직자란 어떤 존재인가, 라는 물음이다. 이 물음은 결국 예수란 어떤 존재이며 어떻게 살았고, 그런 예수를 본받고자 하는 기독교는 어떠해야 하는지에 대한 물음으로 확대된다.

첫째, 가난이란 무엇인가, 라는 물음. 정일우는 미국 출신의 엘리트 신부이자 부가 보장된 교수 자리를 박차고 나온—그런 점에서 이 다큐를 만들고자 교수 자리를 박차고 나온 김동원도 비슷하다—사람이면서 가난한 이들의 벗이다. 김수환 추기경의 정신적 지주였던 정일우는 청계천 빈민촌에 처음 들어간 뒤 인간이 그런 곳에서 살아가고 있다는 사실에 큰 충격을 받은 후 평생을 가난한 곳에서 가난한 이들과 함께 살았고, 교회가 가난한 자들로 인해 구원을 받을 것이라는 강론을 했다. 때문에 다큐의 인트로에서는 평생을 살면서 아름다운 사람만 만났다고, 인복이 많았다고 고백하기도 했다. 가난한 이들이 작은 욕망 때문에 싸울 때에도 부자들이 뒤에서 '호박씨 까는' 것보다는 더 솔직하지 않느냐고 이들을 옹호한다.

감독인 김동원도 철거촌에 들어가서 빈민들과 함께 살아갔다. 이후 그는 가난한 동네에서 가난한 이들과 공동체를 이루면서 함께 살았다. 이런 점에서 정일우 신부와 김동원 감독은 뜻을 함께했다고 할 수 있다. 그들이 관여한 천주교도시빈민회는 빈자들과 함께했다. 그러나 다큐에서 감독이 고백하듯, 우리 사회의 가난은 구조 속으로 숨으면서 보이지 않게 되었고, 가난한 이들도 자신들을 점점 부끄러워하게 되었다. 더구나 천주교도시빈민회에 젊은이들이 점점 사라지는 것은 가난에 대한 우리 시대의 인식의 변화를 대변한다. 빈부 격차가 점점 더 벌어지고 있는 상황에서 가난에 대한 인식은 더욱 안 좋아지고, 이를 바꾸려고도 하지 않으니, 다큐를 보면서 착잡해지지 않을 수 없다. 무엇보다 가난하고 상처 받은 이들만이 이 나라를 위해 세상과 싸우고 있으니 더욱 암담하다.

둘째, 성직자란 어떤 존재인가, 라는 물음. 이상하게도 영화를 보면서 나는 개신교와 가톨릭을 비교하게 되었다. 가톨릭의 신부에게 술과 담배는 허용된 영역이지만, 개신교의 목사에게 술과 담배는 금지의 영역이다. 흥미롭게도 술과 담배에서 자유로운 신부는 결혼을 못하는데 ―복장도 규율적이다―, 술과 담배가 엄히 금지된 목사는 결혼을 할 수 있다. 왜 이렇게 되었을까? 성경 속의 예수는 술을 좋아했으나 결혼은 하지 않은 것으로 기록되어 있다. 그런 예수를 본받기 위해 초기 수도사들은 술은 마셨으나 결혼은 하지 않았지만, 가톨릭의 부정이 심해 개신교가 등장하면서 이런 규율도 변화했다. 술과 담배를 하지 못하게 할 정도로 청렴을 강조한 개신교가 목사의 결혼을 허용하면서 차츰 자식에게 부와 권력을 물려주기 위해 부정을 저지르고, 이와 반대로 신부는 물려줄 자식이 없고 노후도 종교 시설에서 보낼 수 있어 정화되기 시작했다. 같은 책을 경으로 받들고 있는 두 종교가 술과 담배, 결혼을 왜 이렇게 다르게 바라보는지 자세히는 모르지만, 명확한 것은 어떤 삶이 성경 속의 예수의 삶과 비슷한지 생각해야 한다는 것이다. 그것이 성직자의 본연의 역할이기 때문이다.

김동원이 가톨릭교도이기 때문에 그의 영화에는 자연스럽게 신부가 자주 등장한다. 〈한 사람〉도 그렇고, 이 다큐에서도 신부가 민중들과 현장에서 술을 마시고 담배를 피우면서 함께 아파하기 때문에 가톨릭에 대한 신뢰가 높아지는 것은 사실이다. 상계동에서 폭압적 철거를 당할 때 개신교의 목사는 왜 그들과 함께할 수 없었을까? 왜 목사들은 현장에 없고 교회 안에만 존재하는 것일까? 물론 모든 목사가 그런 것은 아니지만 개신교의 많은 목사들이 그렇기 때문에, 종교의 규모나 덩치는 엄청나게 커졌지만 오히려 사회적 고민거리가 되어버렸지 않은가?

오늘날의 예수는 과연 누구인가? 예수는 3년 동안 거리를 떠돌면서 가난하고 병들고 소외되고 핍박 받는 자들과 함께 생활했다. 율법을 입에 올리는 권력자들, 이방인을 차별하는 기득권자들, 여성을 차별하는 남성들에게 독사의 자식들이라고 욕하면서 핍박받는 자들에게 복이 있다고 했다. 부자가 천국에 가는 것이 낙타가 바늘 구멍을 통과하는 것만큼 어렵다고도 했다. 그런 예수를 받들고 있는 지금의 기독교는 어떻게 살고 있는지 이 다큐를 보면서 돌아보게 된다. 지금의 상황에서도 예수 정신을 지닌 이들이 있는지 물어본다면 정일우 신부를 예로 들면서 이 다큐를 보여주어야 할 것 같다. 그리고 아직 세상은 살만한 것이라고, 우리도 함께 노력하자고 해야 할 것 같다.

4. 귀천이 없는 세상을 그리다

다큐를 보면서 내가 의아하게 여겼던 것은 인터뷰이를 소개하는 자막이 없다는 점이다. 수많은 이들이 인터뷰를 하는데 그들이 누구인지 감독은 전혀 설명하지 않는다. 심지어 내레이션을 하고 있는 이에 대한 설명도 없다. 무척이나 당황해서 김동원의 영화를 다시 봤다. 비슷한 이야기의, 비슷한 구성을 지닌 〈한 사람〉에는 자막이 있었다. 역시 비슷한 구성의, 고 문익환 목사를 다룬 〈하나가 되는 것은 더욱 커지는 일이다〉에도 자막이 있다. 그런데 왜 이 다큐에서는 자막을 없애버린 것일까?

이런 생각을 해 볼 수 있겠다. 자막 자체가 인터뷰이의 본질적 특성을 한정해 버리는 장치이기 때문에 오히려 그것을 없애 편견 없이 영화를 보라는 감독의 의도가 아닐까, 라는 생각. 우리는 '어떤' 말을 하고 있는지보다 '누가' 말을 하는지에 더 관심을 갖고 있지 않는가. 때문에 정일우 신부가 사람을 차별하는 이가 아니었으니 그를 회고하는 다큐에서 자막으로 이름과 직책을 미리 알리는 것은 부당해 보일 수 있다. 그에 대한 평가보다 직책의 무게에 평가가 눌려 버릴 수 있으니. 규율에 얽매이지 않았고 자유로웠던 정일우를 평가하고 추모하는 다큐에는 이런 형식이 더 맞을 수 있다. 높은 사람/낮은 사람, 귀한 사람/천한 사람의 구분이 아니라 그들이 정일우와 함께 살면서 느낀 소중한 경험들이 중요하지 않겠는가. 만약 김동원이 이런 생각으로 그렇게 했다면 다큐는 성공적이었다고 할 수 있을 것이다.

마지막으로 필자의 작은 희망을 적고 글을 마치고자 한다. 오랜 시간을 기다려 김동원의 신작을 만날 수 있어 무척이나 기뻤던 만큼 다음 작품을 만나는 시간이 길지 않았으면 좋겠다. 이미 예전부터 말했던 〈송환 2〉도 보고 싶고, 봉천동 철거민을 다룬 다큐도 만나고 싶다. 다큐를 만들 때가 가장 행복한 사람이라고 알고 있는 김동원의 그 행복을 나는 한 사람의 관객이자 팬으로서 함께 나누고 싶다.

2부

작가론과 영화미학

봉준호는 왜 소녀를 죽이는가?

— 봉준호론

1. 〈기생충〉에서 왜 기정만 죽는가?

칸국제영화제에서 최고상인 황금종려상을 수상한 봉준호 감독의 영화 〈기생충〉(2019)을 보면서 의문이 들었다. 엔딩 부분에서 왜 하필이면 기정(박소담)을 죽이는 것일까? 영화가 끝이 나면서 기정의 가족은 해체되지만 기정을 빼고는 아무도 죽지 않는다. 아버지 기택(송강호)은 살인을 저지르고도 지하실에 숨어서 살아가고(심지어 아들과 모스 부호로 연락을 한다), 산수경석에 두 번이나 강하게 맞은 장남 기우(최우식)는 정신적 충격을 받았지만 살아남았고, 어머니 충숙(장혜진)은 기우와 함께 살고 있다. 당연히 의문이 발생한다. 왜 하필 기정만 죽은 것일까? 가정을 경제적 파탄으로 몰고 간 책임을 물으려면 가장 기택을 죽게 해야 하고, (그것도 아니라면) 가정부 문광(이정은)을 죽게 만든 충숙을 죽여 그 책임을 물어야 한다. 한발 양보하더라도 가족을 박 사장(이선균) 집으로 들어오게 한 계기가 되었던 기우가 죽었어야 한다. 기우는 박 사장의 어린 딸마저 꼬이지 않았던가! 그런데 이런 인물들은 모두 살아남고 가장 나약하고 힘없는 기정만 죽었다. 혹시 여성에 대한 봉준호의 '어떤' 시선이 이런 상황 속에 개입되어 있는 것은 아닐까, 라는 의심이 들지 않을 수 없다. 더욱 이상한 것은 이 문제에 대해 다른 평론가들이 이의를 제기하지 않는다는 것이다. 때문에 나는 더욱 강한 의문이 들었다.

군이 기정이 죽는 이유를 영화적 맥락에서 이해하자면 어려울 것도 없다. 기록적인 폭우가 내린 그날, 높은 언덕에 있는 대저택은 덕분에 공기가 맑아졌지만, 반지하인 기정의 집은 침수되어 체육관에서 하룻밤을 보내야 했다. 이런 상황에서 연교(조여정)는 아들의 생일 파티를 위해 집으로 오라고 한다. 기정을 부른 이유는 아들을 위해 '서프라이즈'한 이벤트를 준비했기 때문이다(말이 씨가 되었는지 이후 정말 서프라이즈한 상황이 전개된다). 기정이 생일 축하 케이크를 들고 등장할 때 인디언 분장을 한 기택과 박 사장이 마치 서부극의 한 장면처럼 기정을 습격하는 상황을 몰래 연출한 것. 때문에 기정이 살해당하는 상황이 영화적 맥락에서는 그리 동떨어지지 않는다. 그녀는 이미 인디언의 기습을 받아 죽게 되어 있었기 때문이다. 게다가 문광이 쫓겨날 때에도, 운전사가 해고당할 때에도 아이디어를 내고 실행한 것은 기정이었고, 기우의 가짜 재학증명서를 만들어준 것도 기정이었다.

평론가 이동진은 영화 속에서 기정만 죽은 것은 반지하에 살고 있는 기택 가족의 신분 상승 가능성을 차단했기 때문이라고 해석했다. 즉 기택 가족 가운데 박 사장의 벤츠 뒷자리에 앉아본 사람은 기정이 유일하고, 그녀는 충숙이 가정부로 들어온 뒤에도 자신만의 개성을 유지하면서 수업을 하고, 박 사장이 집을 비운 뒤에도 2층에서 마치 자신의 집인 것처럼 목욕을 한다. 무엇보다 그녀는 기택이나 기우, 충숙처럼 누군가의 자리를 대체함으로써 일자리를 얻지 않았다. 즉 다른 사람의 일자리를 뺏은 것이 아니라 자신의 능력으로 일자리를 구한 것이다. 그런 기정의 능력을 계급 상승의 가능성이라고 해석했고, 그런 기정이 죽음으로써 그 사다리가 사라진 것으로 해석했다. 그렇게 해석할 여지가 있지만 다르게 생각해 보면, 기정 역시 (스스로 그만두었지만) 다른 미술 교사의 일자리를 부정한 방법으로 차지했고(그녀는 자격이 없다), 기택과 충숙의 일자리 마련에 가장 적극적이었다는 것을 고려하면, 이런 해석에는 무리가 있다. 오히려 기정이야말로 '기생충'이라는 제목에 가장 잘 어울리는 사람이다. 그렇다고 죽어야 했던가?

논제의 핵심은 왜 기정이 그녀와 상관없는 근세의 칼에 죽어야 하는 것인가, 라는 지점이다. 문광의 복수를 하려는 근세는 기정을 죽일 이유가 없다. 그럼에도 기정만 살해당하고 다른 가족은 모두 살아남은 상황을 어떻게 이해해야 하나? 과연 이것이 영화적으로 이해할 수 있고, 현실적으로도 타당한 상황인가? 무엇보다 윤리적으로 수용할 수 있는 결말인가? 지금 내가 영화적 맥락을 떠나 현실적이나 윤리적인 문제를 거론하기 때문에 영화적 상황을 지나치게 확대해서 해석하고 있는 것이 아니냐고 반문할 수도 있다. 영화적 상황과 맥락은 작가나 감독에 의해 충분히 창조되거나 변용될 수 있는 허구의 것이기 때문에 더욱 그러하다. 그런데 가만히 생각해 보자. 정말 그러한가? 현실과 동떨어진 상황을 영화가 재현하고 있을 때 관객은 단지 극적 맥락으로만 받아들이는가? 상황이 그렇게 만만치 않다는 것을 쉽게 인지할 수 있(을 것이)다. 현실과 동떨어진 극은 관객의 동일시를 쉽게 이끌어내지 못한다. 현실에 토대를 둔 극적 상상력만이 관객의 공감을 이끌어낼 수 있다. 만약 이 명제에 동의한다면 기정의 죽음에 의문을 가지지 않을 수 없다. 왜 그녀만 죽어야 하는가? 같은 상황에 대한 다른 질문. 기정의 죽음을 통해 봉준호 감독은 어떤 효과를 노린 것일까? 이 의문을 풀기 위해 〈기생충〉 한 편만을 보지 않고 봉준호가 만든 전체 영화에 어떻게 소녀가 재현되었는지 살펴보는 작업이 필요할 것 같다.

2. 극단적 재현, 소녀의 죽음과 살림

놀랍게도 봉준호가 연출한 영화에서 소녀의 죽음을 재현한 작품은 〈기생충〉만이 아니다. 잠시 타임머신을 타고 2006년으로 돌아가 보자. 그해 최고 흥행 영화는 〈괴물〉이었고, 〈괴물〉에서 가장 논란이 되었던 것이 괴물에게 잡혀갔던 현서(고아성)가 꼭 죽어야 했는가, 라는 것이었다. 정신이 온전하지 않은 아버지 강두(송강호)는 그야말로 초인적인 힘을 발휘해서 괴물이 살고 있는 곳까지 찾아간다. 아무도 자신의 말을 믿어주지 않았기 때문에 딸을 살려야겠다는 그의 의지는 지독히도 강한 마취제를 투입해도 꺾을 수 없을 정도였다. 일자무식인 그는 심지어 "no virus"라는 말을 알아듣고 바이러스가 없다는 사실을 깨닫기도 한다. 자신의 잘못된 판단으로 아버지(변희봉)가 죽은 상황에서 안타깝게도 딸은 괴물의 입 안에 있다. 결국 한강 고수부지에서 괴물을 물리치고 입을 벌려 꺼내지만 현서는 이미 죽은 뒤다. 이것이 이상한 것은 현서와 함께 있던 남자 아이 세주(이동호)는 살아났기 때문이다. 여기서 당연히 의문이 들어야 한다. 왜 현서는 죽어야 하고, 세주는 살아야 하는가? 왜 강두는 현서 대신 세주를 키우면서 한강변에서 계속 살아가야 하는가?

〈괴물〉 직전에 만든 〈살인의 추억〉(2003)에서도 비슷한 상황이 나온다. 화성 연쇄살인 사건을 소재로 한 이 영화에서 정체가 드러나지 않는 살인범이 마지막으로 저지른 살인이 바로 여중생 살해였다. 밤에 다니는 여중생들에게 나름의 애정을 지니고 있는, 서울 시경에서 자원해 온 서태윤(김상경)은 바로 그 소녀, 김소현(우고나)이 살해당하면서 비이성적으로 돌변해 버린다. 심지어 미국에서 온 서류도 믿지 않으면서 용의자 박현규(박해일)를 죽이려 할 정도이다. 왜 살인범은 홀로 가는 여중생과 상대적으로 나이가 꽤 있는 곽설영(전미선) 가운데 여중생을 살해한 것일까? 다르게 말해서 왜 감독 봉준호는 홀로 가는 여중생 김소현과 상대적으로 나이가 꽤 있는 곽설영 가운데 김소현을 살해하게 만든 것일까? 이것은 〈괴물〉의 현서를 죽게 만든 것과 너무도 비슷하다. 단지 감정적 극대화를 위해 소녀를 죽어야만 했을까?

〈마더〉(2009)에서는 노골적으로 여고생 아정(문희라)의 죽음으로 영화를 시작한다. 이것이 의아한 것은, 앞서 언급했던 〈살인의 추억〉과 〈괴물〉에서는 마지막에 가서야, 즉 결정적인 순간에서야 여중생을 죽게 만들어 극적 슬픔을 극대화하는 전략을 선택했다면, 〈마더〉에서는 아정이라는 여학생에 대해 어떤 정보도 주지 않은 상태에서 바로 죽게 만들어 전작들과는 다른 맥락에서, 그러나 같은 모티프로 사용했기 때문이다. 온전한 정신을 지니고 있다고 할 수 없는 스물여덟의 도준(원빈)이 아정의 살인범으로 몰리면서 영화는 억울한 누명을 쓴 이가 쫓기는 스릴러의 공식을 따라가지만, 가난한 아정의 사연이 밝혀지고 더불어 도준의 과거가 밝혀지면서 전혀 다른 결말로 치닫게 된다. 그런데 이 부분에서 깊이 생각해야 할 것은 어린 아정이 왜 살해당해야 하는 것인가, 라는 점이다. 아주 식상하게 말해서 성적 순결함을 잃었기 때문에 살해당한 것일까? 그 어느 감독 못지않게 사회적 의식이 높(다고 평가 받)은 봉준호 감독이 이런 영화적 재현을 했기 때문에 쉽게 받아들이기 어렵다. 또 다른 질문. 어머니 혜자(김혜자)는 살인을 하면서까지 아들을 구해야만 했을까? 〈마더〉는 보면 볼수록 질문이 꼬리를 무는 영화이다.

　이해하기 어려운 일은 이후 일어났다. 〈살인의 추억〉, 〈괴물〉, 〈마더〉에서 여학생을 살해하는 영화적 설정을 취했던 봉준호가 이후 영화에서는 전혀 다른 길, 정반대의 영화적 재현을 선택했기 때문이다. 기상 이변으로 지구가 꽁꽁 얼어붙은 상황에서 살아남은 이들은 모두 설국열차에 타고 있다. 그러니까 설국열차에 탑승한 이들이 인류의 전부인 것이다. 그렇게 17년을 달려온 기차에는 계급 질서가 철저하리만큼 완고해서 꼬리 칸에 있는 하층민은 반란을 일으켜 점점 앞으로 나아간다. 그들의 목표는 엔진 칸을 장악해 계급 해방을 이루는 것. 그런데 이상하게도 엔진 칸에 도착한 젊은 지도자 커티스(크리스 에반스)는 절대 권력자 윌포드(에드 해리스)와 모종의 타협을 하는데, 이런 상황에서 열차의 보안설계자 남궁민수(송강호)는 열차를 폭파시켜 궤도를 이탈하게 만든다. 이탈 후 살아남은 이는 남궁민수의 딸 요나(고아성, 바로

〈괴물〉의 그 고아성)와 흑인 소년뿐이다. 이제 요나는 추위가 서서히 물러가고 생명이 살고 있는 지구에서 자신보다 어린 소년과 함께 마지막 인류이자 새로운 인류로 살아가야 한다. 〈설국열차〉(2013)가 이전 영화와 다른 것은 이전 영화에서 소녀들이 죽는 것에 비해, 이 영화에서는 소녀와 소년만 살아남는다는 점이다. 〈괴물〉에서 고아성이 분했던 현서는 소년을 살리고 자신은 죽지만, 〈설국열차〉에서 요나는 흑인 소년과 함께 살아남아 인류를 책임져야 할 위치에 서게 되었다. 고래 뱃속에 들어갔던 바로 그 요나로 설정된 것. 거꾸로 된 질문. 왜 요나만 살아남고 다른 이들은 모두 죽는가?

　〈옥자〉(2017)의 상황도 〈설국열차〉와 비슷하다. 강원도 산골에서 살아가는 미자(안서현)에게 슈퍼 돼지 옥자는 10년간 함께 자란 친구이면서 가족이다. 글로벌 기업 미란도가 옥자를 뉴욕으로 끌고 갔을 때, 미자는 기어이 뉴욕으로 가서 옥자를 데리고 다시 산골로 돌아온다. 이 과정에서 이권을 둘러싼 인간들의 탐욕스런 욕망이 영화 속에 전면적으로 재현되지만 미자는 이 모든 것을 뒤로 하고, 오로지 친구이자 가족인 옥자를 살려서 데려온다. 여기서 중요한 것은 할아버지(변희봉)가 아니라 미자가 옥자를 구출한다는 사실이다. 이렇게 보면 〈옥자〉의 미자는 〈설국열차〉의 요나와 비슷한 측면이 있다. 어린 소녀가 고난을 이겨내고 살아남았을 뿐 아니라 문제를 해결했기 때문이다. 다만 차이가 있다면 〈설국열차〉와 달리 〈옥자〉는 미자라는 어린이의 관점에서 영화가 전개되고 있어 다소 순진한 면이 있다는 점이다. 그럼에도 두 영화에서 어린 소녀는 문제를 해결하거나 인류의 미래를 책임져야 하는, 그야말로 막중한 임무를 지녔다.

결국 봉준호의 영화는 소녀를 죽이거나 소녀를 새로운 희망으로 추앙하고 있다. 〈살인의 추억〉, 〈괴물〉, 〈마더〉, 〈기생충〉에서는 소녀를 죽이는 선택을 했고, 〈설국열차〉, 〈옥자〉에서는 소녀가 미래의 희망이라는 선택을 했다. 봉준호는 왜 이렇게 극단적인 재현을 자신의 영화 속에서 하고 있는 것일까? 이제 의문은 〈기생충〉에서의 기정의 살해만이 아니라 봉준호 영화 전반으로 확대되었다. 결국 내가 궁금한 것은 이것이다. 이런 영화적 재현을 어떻게 이해할 것인가?

3. 왜 죽이고 언제 살리는가?

개인적인 고백을 해야겠다. 사실 나는 〈설국열차〉에서 요나와 흑인 소년이 살아남는 것을 보면서, 혹독한 계급 질서를 상징하는 열차의 운행을 멈추고 그곳으로부터 이탈하는 설정을 신자유주의의 무한한 생존 경쟁 체제에 대한 봉준호식 비판으로 해석했었다. 다른 인물이 아니라 요나와 흑인 소년만 살아남는 것 역시 이미 자본적 속성에 물든 (백인 중심의) 기성세대를 버리고 그로부터 자유로운 세대에게 희망을 제시하기 위한 설정이라고 생각한 것이다. 무엇보다 눈여겨본 것은 이전 영화와 달리 소녀를 죽이지 않고 살리는 것이, 비극적 설정에서 희극적 설정으로 변화한 봉준호 영화세계의 변화로 보았다. 〈옥자〉에서 자본주의 종주국인 미국의 심장부 뉴욕으로 가서, 그 처절한 자본의 학살 현장을 고발한 후 다시 자본주의로부터 상대적으로 자유로운 강원도 산골로 미자가 돌아오는 것을 보고 내 생각이 맞았다고 생각했었다. 그러나 〈기생충〉을 보면서 내 생각이 성급했음을 깨달았다. 그리고 더 큰 고민을 하게 되었다. 봉준호의 영화는 자본과 계급, 지배 이데올로기의 문제를 끊임없이 재현하고 있지만, 그의 영화세계는 균질적이지 않고 이질적인 면이 있는데, 그 핵심이 소녀를 재현하는 것에서 발생한다는 사실이었다. 이제 그 이야기를 해야 할 차례이다.

소녀의 살해와 미래의 희망이라는 극단적인 재현에 앞서 언급해야 할 것은 봉준호 영화 속 소녀들은 대부분 부모가 없거나 존재해도 경제적으로 무능하다는 점이다. 〈괴물〉의 현서는 자신을 낳자마자 어머니가 도망을 가서 비정상적인 아버지와 함께 한강 둔치의 매점에서 살았다. 〈마더〉의 아정 역시 부모는 존재하지 않고 치매인 할머니와 살아가고 있어 자신이 경제적 활동을 해야만 했다. 어머니가 존재하지 않은 〈설국열차〉의 요나도 17년 동안이나 감옥에 강제로 갇혀 있어야 했고, 역시 부모가 존재하지 않는 〈옥자〉의 미자도 할아버지와 함께 산골에서 살아가고 있으며, 〈기생충〉의 기정은 가족 경제가 파탄이 나서 끼니 걱정을 해야 하는 처지이다. 〈살인의 추억〉의 소현도 아버지가 없는 것처럼 보인다. 용의자를 추격하는 서태윤을 만난 그녀는 아버지 없는 집에서 친구와 저녁을 먹고 있다. 이렇게 보면 봉준호가 그린 영화의 소녀들은 대부분 불우한 환경에서 살아가고 있다는 것을 알 수 있다.

정말 특이하게도 이처럼 가난하거나 불우한 환경에 처한 소녀들을 재현하고 있음에도 봉준호의 영화는 기본적으로 '가족 영화'이다. 여기서 말하는 가족 영화라는 말은 스토리의 기본 단위가 가족이고, 스토리의 장애물 역시 가족의 평온과 화합을 막는 것으로 설정되며, (당연하게도) 그 장애물을 넘어서면 문제가 해결되는 스토리라는 의미이다. 때문에 영화의 감정적 리듬도 필연적으로 가족이라는 정서에 바탕을 두고 발생한다. 〈괴물〉에서 어린 현서가 괴물에게 잡혀가자 가정의 평온은 일시에 무너지고, 밖에서 살던 가족들도 모두 모여 현서를 구하는 데 힘을 쏟는다. 〈마더〉에서 정신이 온전하지 않은 도준이 아정의 살인범으로 구속되자 어머니는 모든 것을 걸고 진짜 살인범을 찾아다니게 되고, 무엇보다 도준을 빼낼 수 있는 방법을 어떻게든 찾으려 한다. 아버지 역할을 제대로 하지 못하는 〈설국열차〉의 남궁민수에게도 딸에 대한 애정이 각별한 것은 부정할 수 없다. 결국 남궁민수는 딸을 살리고 자신은 죽는다. 옥자에게 미자는 친구이자 가족 구성원이다. 그녀는 할아버지와 잠을 자지 않고 밖에서 옥자와 함께 잠을 잔다. 그런 옥자를 강제로 끌고 가자 미자는 옥자를 찾아서 뉴욕까지 가서 결국 데리고 온다. 〈기생충〉에서 파산한 기정의 가족은 그럼에도 훈훈하게 온 가족이 반지하에서 살고 있다. 사실 〈기생충〉의 이런 설정은 그리 현실성이 있다고 하기 어렵다. 경제가 파탄이 난 가정은 〈버닝〉의 상황처럼 뿔뿔이 흩어지게 마련인데, 〈기생충〉의 가족은 같이 모여 그리 즐겁지는 않지만 괴롭지도 않게 살아가면서 자신들의 앞날을 모색한다. 논의를 조금 확대하면, 〈살인의 추억〉의 소현도 서태윤이 의사(pseudo) 아버지의 역할로 설정되어 있다는 것을 언급해야 한다. 밤길에서 아버지처럼 잔소리를 하고, 학교에서도 아버지처럼 상처에 밴드를 발라준다. 소현이 죽었을 때 이성을 잃어버린 것도 소현이 서태윤의 의사 딸이기 때문이라고 해석할 수 있다.

봉준호의 영화에서 풋풋함이나 애절함을 느낀다면 그것은 대부분 가족적 정서에서 발생한다. 비정상적인 아버지와 똘똘한 딸의 부녀 관계는 풋풋한 분위기를 만들어내고, 그런 딸이 괴물에게 잡혀 갔을 때 가족들의 비애가 관객에게 바로 전달된다. 의사 딸이 죽었을 때 형사가 비이성적으로 돌변하는 것도 가족적 정서에 토대를 두고 있기 때문이고, 정신이 온전치 않은 아들이 살인범으로 구속돼 감옥에 있을 때 어머니가 애타는 것을 관객들이 바로 느낄 수 있는 것도 이 때문이다. 친구 같은 돼지 옥자와 산골에서 평안하게 지낼 때 자연의 평안을 함께 느낄 수 있고, 그 친구를 찾아 뉴욕에 갈 때 안타까움을 공유할 수 있다. 가난하지만 서로를 욕하지 않고 이해하려고 하는 대책 없는 가족을 관객들은 불편하면서도 기분 나쁘지는 않게 포용할 수 있다. 이처럼 봉준호의 영화는 틀림없이 가족 영화의 틀 안에서 작동하고 있다.

가족의 평안을 깨뜨리는 요소로 등장한 것이 그래서 봉준호의 영화에서 중요하다. 의사 딸이 살해당하고, 딸이 괴물에게 납치되고, 아들이 살인범으로 누명을 쓰고 감옥에 갇히고, 무한히 달리기만 하지 내릴 수 없는 열차에 자신과 딸이 타고 있고(즉 열차에 갇혀 있고), 친구 같은 슈퍼 돼지가 업자들에게 잡혀 가고, 온 가족이 졸지에 살인범이 되어 버렸다. 결국 영화의 핵심은 이 부분이다. 이제 어떻게 해결할 것인가? 〈살인의 추억〉, 〈괴물〉, 〈마더〉, 〈기생충〉에서는 소녀를 죽이는 선택을 통해 비극적 정서를 극대화했고, 〈설국열차〉, 〈옥자〉에서는 소녀를 살리는 선택을 택해 희극적(해피엔딩적) 정서를 강화했는데, 이 선택은 어떤 효과를 불러오고 그 차이는 어디서 발생하는 것일까?

결론부터 말하자면, 그 차이는, 다소 허무하지만, 비극과 희극의 차이에서 발생한다. 소녀를 죽인 〈살인의 추억〉, 〈괴물〉, 〈마더〉, 〈기생충〉은 비극적 정서를 강하게 내포하고 있고(그래서 원래의 가족으로 돌아갈 수 없고), 소녀를 살린 〈설국열차〉, 〈옥자〉는 희극적 정서를 지니고 있다(그나마 〈옥자〉는 원래의 평화로 돌아갈 수 있다). 〈살인의 추억〉에서 소현이 죽고 범인은 잡지 못한 채 영화는 끝이 난다. 인물들은 경찰복을 벗고 각자 흩어졌다. 〈괴물〉의 강두는 아이와 함께 둔치 매점에서 살아가고 있을 뿐이다. 〈마더〉는 도준이 감옥에서 나왔기 때문에 겉으로는 희극처럼 보이지만 어머니는 살인을 저질렀고 진범이 도준으로 밝혀져 더욱 강한 비극적 정서를 띤다. 〈기생충〉에서 가족은 흩어졌고 작은 희망마저 논할 수 있는 상황이 아니다. 그래서 기우의 꿈은 한낱 꿈에 그칠 뿐인데, 이때 관객이 느끼는 안타까움은 배가된다. 왜 이렇게 봉준호는 비극적 정서를 영화 안에 담는 것일까? 답은 명확하다. 봉준호는 영화를 통해 하고픈 이야기가 분명하기 때문이다. 그는 가족영화의 틀 안에서 서사를 진행하고 있지만, 비극적인 정서를 통해 〈살인의 추억〉에서는 어떻게 군부 정권이 살인범을 잡는 것보다 정권의 안위를 위해 경찰을 이용했는지 고발하고(그래서 약한 여성들은 살인범에게 죽어야 하고), 〈괴물〉에서는 미국의 영향 아래 있는 남한의 정치·환경·언론 등을 비판하며, 〈마더〉에서는 작은 지방이 얼마나 폭력적으로 폐쇄되어 있는지 고찰했고, 〈기생충〉에서는 첨예한 양극화가 하층민들에게 얼마나 심한 고통을 가하는지 재현하고 있다. 가족 가운데 가장 약한 소녀의 죽음을 통해 비극적 정서를 극대화하니 그의 영화는 더욱 강한 흥행 효과를 불러올 수 있었다. 게다가 사회적 메시지까지 쉽게 녹여낼 수 있으니 그는 소녀의 죽음을 영화 속에 그려 넣었던 것이다.

그렇다면 〈설국열차〉와 〈옥자〉의 희극적 정서를 어떻게 이해해야 할 것인가? 전반적으로 비극적 정서를 지닌 영화와 먼 거리에 있지는 않은 두 영화는 다만 결말에서 희극적 정서를 보여줄 뿐이다. 계급적 질서로 이루어진 열차에서 혁명을 일으켜 앞 칸으로 나아가지만, 일 년에 지구를 한 바퀴 도는, 그 안에서 모든 것을 해결해야 하는 설국열차에서는 이미 한계가 명확해서 인구조차 조절해야 했다. 결국 궤도를 이탈해 두 청소년을 제외하면 모두 죽기 때문에, 게다가 영화의 주요 인물인 커티스와 남궁민수가 죽기 때문에 비극적 정서가 강한 것은 분명하다. 이것을 희극으로 볼 것인지 비극으로 볼 것인지 해석의 여지가 있지만, 그럼에도 다른 영화에 비해 소녀를 살림으로써 비극적 정서를 극대화하지 않았다는 것을 고려하면 다른 영화와는 확연히 구분된다. 무엇보다 빙하기가 끝나고 새로운 시대가 열렸음을 영화는 확실히 보여준다. 〈옥자〉의 미자는 뉴욕까지 가서 온갖 고난을 극복한 뒤 결국 옥자를 구해 온다. 봉준호 영화에서 가장 평화롭고 안정적인 엔딩이라고 할 수 있는 〈옥자〉의 엔딩은 그래서 매우 의아하다. 과연 봉준호가 만든 영화가 맞는지 의구심이 들 정도. 때문에 〈옥자〉는 봉준호의 필모그래피에서 가장 이해하기 어려운 영화가 되었다.

이런 상상을 해 볼 수 있다. 만약 〈옥자〉에서 미자가 옥자를 구하지 못하는 장면으로 영화가 끝이 난다면 어떻게 될까? 또는 옥자를 구하기 위해 미자가 죽었다면 어떻게 되었을까? 같은 상황에 대한 다른 질문. 봉준호는 왜 〈옥자〉에서는 기존 영화와는 다른 결말을 맺었을까? 옥자를 구하지 못한다면 영화적 슬픔은 배가될 것이 분명한데, 이런 비극적 정서는 봉준호 영화를 지배하는 거대한 기둥이었다. 봉준호의 영화에서 유일하게 평온한 결말을 맺은 이 영화를 설명할 수 있는 방법은 하나밖에 없다. 거대 미국 자본이 투입된 영화라는 것. 미국의 재난영화는 대부분 별거하던 부부가 재난을 함께 극복해 가면서 다시 하나의 가정으로 거듭나는 상황을 그린다. 물론 이 과정에서 자식과의 연대도 자연스럽게 강해진다. 그러나 봉준호의 영화는, 가령 〈괴물〉에서 보는 것처럼 재난을 통해 오히려 가족은 해체되고 자식은 죽어 버린다. 전 세계 시장을 상대해야 하는 미국으로서는 이런 스토리를 받아들이기 어려울 것이다. 때문에 봉준호의 영화는 (〈옥자〉마저도) 거대한 미국의 자본주의를 비판하고 있음에도 정작 미국 영화 자본이 원하는 스토리로 영화화했을 가능성이 높다. 이 아이러니가 〈옥자〉를 기이하게 만들었고 (미자는 결국 원더우먼이다), 봉준호의 영화세계를 균질하지 않게 만들었다. 같은 시각에서 440억 원의 제작비가 투입되고, 외국 배우가 주연을 맡았으며, 해외 시장에 의지해야 하는 〈설국열차〉도 마찬가지다. 〈괴물〉의 해외 흥행 실패를 반면교사로 삼아 소녀를 통해 미래의 희망을 이야기했다. 이렇게 보면 〈설국열차〉와 〈옥자〉는 쌍둥이처럼 거대 자본을 비판하지만 거대 자본에 복종했다고 하지 않을 수 없다. 더 중요한 것은 봉준호의 영화세계가 이질적이 되어 버렸다는 점이다.

4. 소녀 컴플렉스

여기서 소녀를 죽이는 영화와 소녀를 살리는 영화의 특징들을 비교하기 위해 〈괴물〉의 부성과 〈마더〉의 모성을 살펴보려 한다. 〈괴물〉에서 강두는 현서를 살리기 위해 동분서주(東奔西走)하고, 〈마더〉에서 어머니는 아들을 구치소에서 빼내기 위해 동분서주한다. 부녀, 모자라는 관계는 바뀌었지만, 비슷한 이야기가 펼쳐지고 있는 것. 그런데 이상하게도 〈괴물〉에서 딸은 죽고 아버지는 고통스러워하지만, 〈마더〉에서 어머니는 다른 사람을 죽여서 기어이 아들을 빼내고 만다. 이 차이는 어디서 오는 것일까? 다르게 질문하면, (여성의 재현이라는 면에서 보면) 어린 소녀는 죽어서 슬픔을 배가하게 만들고, 나이 먹은 어머니는 괴물처럼 살해자가 되어 버린다. 이에 비해 (남성의 재현이라는 면에서 보면) 정신이 온전하지 않은 아버지는 딸을 위해 동분서주하고(그래서 강두의 그 부성이 안타까울 뿐 전혀 이상하지 않고, 마지막 장면에서 세주에게 밥을 줄 때는 지극히 정상적 인간이 되었다. 〈괴물〉은 강두의 성장 영화인가?), 역시 정신이 온전하지 않은 아들은 자신의 살인을 기억하지 못한 채 아이처럼 투정을 부린다(그러던 그가 어머니가 현장에서 흘리고 온 도구를 주면서 조언까지 한다). 결국 아버지의 부성은 안타까움을 자아내고, 어머니의 모성은 괴물로 변화한다. 소녀는 죽어서 슬픔의 정서를 유발하고, 아들은 어머니의 살인을 일깨워주는 존재가 되어 버린다. 여기에 〈설국열차〉를 보태보자. 눈이 녹기 시작했다는 것을 알고 있는 현명한 보안설계자인 남궁민수는 기어이 열차를 이탈하게 만들어 자신은 죽고(희생하고) 딸은 살린다. 이런 주장이 단편적으로 보일 수 있는 위험이 있지만, 같은 부모의 마음을 그리고 있음에도, 그리고 같은 자식의 상황을 그리고 있음에도 봉준호는 남성과 여성을 다른 시선으로 재현하고 있다.

　논의를 위해 다시 소녀에게로 돌아가 보자. 봉준호는 자신의 영화에서 소녀나 여성에게 특정 역할을 하도록 만들어 자신이 원하는 감정을 자아낸다. 무엇보다 어린 소녀를 죽게 만들어 비극적 정서를 극대화한다. 봉준호 영화 속 살해당하는 여학생들은 대부분 교복을 입고 있다.

〈살인의 추억〉에서, 〈괴물〉에서, 〈마더〉에서 모두 그러했다. 가장 나약한 여성이라고 할 수 있는, 즉 서발턴(subaltern) 같은 여성들이 남성의 범죄에 죽어갈 때 그녀들은 저항하지 못한다. 화사한 옷을 입은 〈기생충〉의 기정은 어린 소녀들의 미래의 모습이다. 그리고 이와 정반대로 〈설국열차〉의 요나와 〈옥자〉의 미자를 통해 앞의 영화들과는 전혀 다른 감정을 기대하게 만들면서, 동시에 소녀들에게 과중한 짐을 지운다. 이러한 봉준호의 극단적 영화 재현을 나는 '소녀 콤플렉스'라고 칭하고 싶다. 나약한 여학생을, 그것도 교복을 입은, 청순한 여학생을 죽여 가족 영화의 고통을 극대화하고, 한편으로는 그 또래 어린 소녀들에게 과중한 짐을 지우고 있다. 결국 봉준호는 소녀를 중심으로 한 이야기를 여러 영화로 반복하고 있을 따름이다.

여기까지 읽은 독자들은 궁금한 것이 있을 것이다. 그렇다. 데뷔작 〈플란다스의 개〉(2000)를 언급하지 않았다. 어쩌면 〈플란다스의 개〉는 봉준호의 영화가 기본적으로 내장하고 있는 코믹과 스릴러적 요소를 적절히 배합하고 있는 원형 같은 작품이다. 이 영화에서 죽은 것은 강아지이다. 통상적으로 이해하는 것처럼 강아지를 약자라고 한다면, 당연히 강아지는 여성의 은유가 되고 비유가 된다. 남편을 교수로 만들기 위해 퇴임한 은실(김호정)의 애정 대상이 강아지인 것도 그렇다(이름마저 '순자'이다). 그런데 강아지를 살해한 윤주(이성재)를 추적하는 이가 소녀 이미지의 현남(배두나)이다. 나이로는 성인이지만 극중 역할을 보면 아직은 온전하게 성장하지 않은 소녀. 결국 〈플란다스의 개〉에는 소녀를 표상하는 강아지의 죽음, 이를 추적하는 실제 소녀를 재현한다는 점에서 봉준호가 후에 그린 영화 속 소녀의 이분적인 모습이 모두 녹아 있음을 알 수 있다.

짧은 요약. 봉준호는 자신의 영화에서 소녀 이야기를 창조하거나 활용하거나 변용하고 있는데, 그것이 부담스러운 것은 사회적 힘이 없는 소녀들에게 너무도 무거운 짐을 지우기 때문이다. 그게 아니라면 가장 쉬운 비극적 방법을 선택하고 있기 때문이다. 봉준호 영화에 나타난 비극적 슬픔이나 해피엔딩의 결말이 반갑지만은 않은 것도 이 때문이다. 마지막 질문. 봉준호는 왜 소년들에게는 그렇게 하지 않는가? 나는 봉준호의 영화를 볼 때마다 이것이 궁금하다.

비평의 '자세'에 대한 진중한 물음

─ 정성일의 비평집을 읽고

1

고백하자면, 나는 정성일의 영화평을 읽으며 영화 공부를 시작했다. 또는 정성일이 게스트로 나오는 라디오 방송을 들으며 영화에 대한 지식을 쌓았다. 한때 그의 글과 말은 영화에 대한 나의 판단기준이었다. 마치 소설가 박완서가 유홍준의 답사기를 읽으며 답사를 했다는 것과 마찬가지였다. 정성일은 현란한 인문학적 지식, 누구보다도 강한 영화에 대한 깊은 애정, 영화 이론과 감독에 대한 박식한 지식, 특유의 리듬과 톤으로 말하는 호소력 있는 달변 등을 무기로 영화 문화가 척박하던 시기에 '영화 전도사'로 활동했다. 적어도 1990년대, 그러니까 1980년대라는 거대한 '이념의 시대'가 저문 뒤 불현듯 찾아온 미세한 '문화담론의 시대'에 영화가 주인공이 될 수 있었던 가장 중요한 역할을 정성일이

했다고 감히 말할 수 있다. 이 시기에 영화를 공부한 이들 대다수가 정성일의 글을 읽으며 영화에 대한 꿈을 키웠다. 영화가 '딴따라'가 아니라 인문학적 지식의 총체가 될 수 있다는 것을 그는 증명해 보였다. 나역시 1990년대 초중반, 《한겨레신문》에 실린 그의 영화평을 읽으려고 신문을 구독할 정도로 그에게 빠져 있었다. 그만큼 그의 영화평은 힘이 있었다.

그런데 이상한 일이 있(었)다. 정성일은 영화평론집을 출간하지 않았다. 정성일과 동년배 세대의 평론가들이(사실 당시 나의 눈으로 보기에 정성일에 비해 그리 탁월해 보이지 않는 이들도) 자신의 짧은 영화 비평에서부터 에세이, 긴 논문에 이르기까지 기존에 발표한 글을 모아 책으로 출간할 때 정성일은 그렇게 하지 않았다. 오히려 그는, 지금은 폐간된 영화 월간지 《키노》의 창간과 출간에 매진했고, 이 잡지의 판매가 어려움을 겪을 때에도 평론집을 발간하지는 않았다. 대신 정성일의 열성팬이 그의 모든 글과 방송 출연 내용까지 모두 정리한 웹사이트를 운영했다. 정성일이 정리한 것이 아니라 그의 팬이 만든 사이트에 들어가 정성일의 글을 봐야 하는 미묘한 상황. 나는 그의 영화평론집은 언제 나올지 몹시도 궁금했다. 아니면 영영 나오지 않는 것은 아닌지 두려웠다. 독자들이 잡지를 뒤지거나 사이트에서 글을 읽게 하는 것보다 일목요연하게 정리한 한 권의 책을 선물하는 것이 팬에 대한 도리가 아닌가 하는 생각도 들었다. 정성일에 의하면, 그는 "책을 낼 때 무언가 그 자리에 머물게 될지도 모른다는 생각이 들었기 때문"에 책을 내지 않았다고 한다. "글을 쓰는 것은 생활의 리듬이지만 책을 내는 것은 삶 속에서 사건이기 때문"(『언젠가 세상은 영화가 될 것이다』, 9쪽)에, 다시 말하면,

정성일은 영화를 보며 글을 계속해서 쓰고 싶지, 그래서 자신의 영화관(觀)을 점점 더 발전시켜 나가는 작업을 하고 싶지, 기존에 쓴 글들을 모아 책을 내는 '정지'의 작업을 하고 싶지 않다는 것이다. 그렇게 생각이 멈추는 것은 죽음에 다름 아니라는 것이다.

지나친 감이 없지 않다. 사실, 기존에 발표한 글을 모아서 책을 출간하는 것을 두고 이런저런 입장의 차이들이 없는 것은 아니지만, 독자들이 원하는 책을 자신의 발전을 위해 내지 않는 고집(물론 그 고집은 정성일의 고집이다)은 기이하다고 하지 않을 수 없다. 특히 출간하면 어느 정도 판매가 예상되어 경제적으로도 도움이 되는데, 그는 그렇게 하지 않았다(그는 교수가 아니기 때문에 생활의 여유가 그렇게 많지는 않을 것이다. 그 스스로도 교수가 아닌 자신이 '안티조선'을 선언할 때에는 매우 큰 결심을 필요로 했다는 말을 하는 것을 보면, 사실 이렇게 따질 필요도 없이 평론가라는 직함만으로는 먹고 살기 어렵다는 것을 고려하면 그렇다).

그런 정성일이 『언젠가 세상은 영화가 될 것이다』(이하 『세상 영화』)와 『필사의 탐독』이라는 두 권의 평론집을 동시에 출간했다. 그것도 두 권 모두 500쪽이 넘는, 매우 두꺼운 책을 냈다(물론 그의 활동 기간에 비하면 그리 두껍다고만 할 수는 없다). 전자는 그의 비평관과 영화관, 그리고 대부분 외국의 감독론을 기록한 것이고, 후자는 한국 감독들이 만든 영화의 작품론을 집중적으로 조명한 것이다. 다시 말해, 전자는 그리 길지 않은 분량으로 영화에 대한 다양한 생각과 외국 감독론을 다루고 있다면, 후자는 한국 감독의 작품론을 매우 세세하면서도 길게 분석하는 글들을 모아 두었다.

책을 읽기 전에 먼저 정성일에 대해 짧게라도 더 논해야 할 것 같다. 그가 정말로 대단한 것은 오로지 영화만 생각하는 사람이라는 점 때문이다. 이게 무슨 말이냐 하면, 이제까지 그는 영화 외에는 다른 어떤 것도 관여하거나 탐하지 않았다. 이런 사실은 정성일과 비슷한 세대의 비평가들과 비교하면 쉽게 드러난다. 그들은 대부분 비평 현장을 떠났다. 강한섭, 조희문, 정재형, 이효인, 이용관, 유지나, 김소영 등 한때 왕성하게 활발했던 평론가들은 대부분 학교에 자리를 잡으면서 현장과는 멀어졌다. 이렇게 모두가 안정적인 대학에 안주하고 있을 때 정성일은 글을 썼다. 그들이 영화진흥위원회라는 권력의 중심부로 들어갈 때에도 오직 그만이 글을 썼다. 전주영화제와 시네마디지털서울(CinDi)의 프로그래머로 활동했지만, 그것은 영화를 관객들에게 소개하는 비평의 연장선에 있는 작업이다. 물론 정성일과 동세대 평론가들 가운데 몇은 지금도 간간이 활동을 하지만, 더 이상 담론을 만들어낼 만큼 왕성하게 활동하지는 않는다. 솔직히 말해 미약하다고 하지 않을 수 없다. 시사회 현장에서도 이들의 모습을 발견하기는 쉽지 않다. 그런데 정성일만은 지금도 중요한 영화는 빼놓지 않고 본다. 그리고 자신만의 '개성적인' 발언을 한다. 그래서 기어이 담론을 만들어낸다(아직도 그는 가장 강한 영향력을 지닌 평론가이다). 어쩌면 그는 '영원한 현역' 평론가이다. 우리 시대 정성일의 아우라는 분명 여기서 나온다. 우리 시대에 정성일 같은 평론가가 있다는 것은 축복이다.

정성일 평론의 핵심은 어느 누구도 하지 않았고, 어느 누구도 할 수 없는, 그리고 어느 누구의 눈치도 보지 않는 치열한 정신이(라고 해야 할 것 같)다. 책의 이력에도 나와 있고, 본문의, 장철 감독에 대한 애정 고백에도 나와 있는 것처럼, 초등학교 4학년생이 영화를 보고 반해 매일 극장을 가고, 심지어 영화의 쇼트들을 순서대로 전부 외우기 위해 학교까지 빼먹었다는 것을 보면, 아무리 낭만적인 시선으로 보더라도, 그 또래의 자식이 있는 나로서는 당황하지 않을 수 없다. 1980년 광주의 학살 때문에 대학생들이 변혁을 꿈꿀 때에도 그는 영화를 통한 지적 변혁을 생각했다(그래서 그가 가장 좋아하는 영화들은 마르크스주의와 어떤 형태로든 관계가 있다). 이런 자세가 영화평론가의 지위를 넘어 영화감독으로까지 발전한 것이 아닌가 싶다. 영화를 통해서만 세상과 대화하려는 자세.

사실 이런 것을 떠나 정성일은 영화 비평을 위해 매우 꼼꼼하게 준비하고 치열하게 고민하는 것 같다. 가령 그는 특정 감독에 대한 글을 쓰려면 감독의 전작(全作)을 보고 감독의 영화세계에 대한 기존의 글을 많이 읽은 후 논하는 것 같다. 그래서 그는 게으른 비평가들에게 일갈한다. "대부분 내가 알고 있는 영화평론을 쓰는 동료들조차 전작을 섭렵하는 이들은 매우 드물다. 그들은 그저 '대표작이라고 일컬어지는' 몇 편의 영화를 본 다음 그 감독에 대해서 대담무쌍하게 이야기하기 시작한다. 그러나, 그러나 정말 그러면 안 된다."(『세상 영화』, 368쪽) 나로서는 참으로 얼굴이 뜨거워지는 지적이다. 또한 정성일은 자신만 본 것을 자랑하지 않는다. 그는 이렇게 말한다. "영화는 결국 보는 것이기 때문에 본 것을 자랑하고 싶어진다. 그러나 남이 보지 못한 것을 본다는 것은 말 그대로 남이 보지 못한 것을 자랑할 때 유치해진다. 반대로 정말 말해야 하는 것은 함께 그 영화를 보았는데 미처 남이 보지 못한 것을 내가 보았다고 생각할 때 거기 그 영화에 대한 견해가 있다고 말할 수 있으며, 그 견해를 통해서 대화가 시작되는 것이다."(『세상 영화』, 86쪽). 물론 정성일의 책에 나와 있는, 영화를 전문적으로 공부하지 않은 이들에게는 이름조차 생소한 감독과 작품의 나열에 당황할 수도 있지만, 정성일은 그 영화를 관객들이 보지 '않은' 목록이지 보지 '못한' 목록은 아니라고 생각한다.

2

약간 과장을 하자면, 한국 영화평론계는 정성일 등장 이전과 이후로 구분할 수 있다. 신문 기자나 에세이스트가 주로 담당했던 영화평론가가 '정성일 세대'에서는 영화과 출신이거나 해외에서 영화를 공부한 이들로 바뀌었다. 그리고 해외의 다양한 영화 이론과 걸작들을 발 빠르게 수입하면서 그들은 영화가 문화의 중심이 될 수 있도록 했다. 물론 그 중심에 정성일이 있다. 그 누구도 정성일만큼 많은 지식을 자랑하지 못했고 정성일만큼 화려한 언변을 구사하지 못했다. 서구의 영화 이론과 감독의 영화세계, 게다가 마르크스주의, 구조주의, 후기구조주의, 페미니즘 등의 문화이론에도 그는 무척이나 밝았다.

(이런 비유가 가능하다면) 아마 정성일은 영화 비평계의 김현을 꿈꾸었던 것 같다. 실제 그는 글에서 가끔 김현을 거론한다(이는 정성일과 가까운 평론가 허문영도 마찬가지다). 그래서 영화 비평을 문학 비평과 같은 수준으로 올려놓는 것이 정성일의 목표였던 것 같다. 즉, '딴따라'인 영화를 비평하는 것을 유독 이곳에서만 지독히도 숭배 받는(?) 문학 비평과 같은 지위에 올려놓는 것, 그 역할을 문학계의 김현이 했다면 영

화계에서는 정성일이 하고 싶었던 것 같다. 특히 김현의 지적 배경과 그의 문장은 정성일에게도 큰 영향을 끼쳤던 것 같다. 김현의 문장을 더 극단적으로, 현학적으로 밀어붙이면 정성일의 글과 조우하게 된다.

그래서인지 정성일은 영화를 오락의 대상으로 삼지 않는다. 그에게 "그 영화를 사랑하는 건 그 영화가 세상을 다루는 방식을 사랑하는 것이다. 그러므로 그 영화를 사랑하는 건 세상을 사랑하는 그 방법이다. 그리고 또 다른 영화를 사랑하는 건 세상을 사랑하는 또 다른 방법이다."(『세상 영화』, 55쪽) 이를 다르게 말하면, 정성일은 영화에는 세상을 다루는 감독들의 고유한 방식이 있고 이 방식을 통해 세상을 바라보기 때문에, 그리고 그렇게 바라본 세상 역시 또 하나의 세상이기 때문에 감독들이 영화를 통해 세상을 다루는 방식을 중히 여긴다. 그러므로 정성일의 글을 읽는 것은 감독의 그런 세상을 배우는 과정이다. 그의 글은 언제나 화두를 던진다. 영화가 무엇인지 다시 고민하게 만든다. 그도 기꺼이 이것을 인정한다. "모든 예술 장르는 그 자체로 배워야 한다. 배움 없이 예술을 감각적으로, 즉흥적으로, 본능적으로 알 수 있다는 말은 거짓말이다. 왜냐하면 예술은 결국 규칙 안에서 벌이는 놀이기 때문이다. 그러므로 규칙을 알지 못하면 놀이를 할 수 없다."(『세상 영화』, 370~371쪽)

이제 영화를 분석하는 여러 방법과 도구들이 등장해야 한다. 여기서 정성일은 마르크스주의와 프랑스의 《카이에 뒤 시네마》, 이후 68혁명의 영향들, 그리고 그 결과물로 나온 여러 감독들의 영화에 주목한다. 물론 이렇게 단순하게 말하는 것은 지나치게 단정적일 수 있다. 그는 이외의 할리우드 영화(특히 존 포드, 알프레드 히치콕)나 아시아 영화

(특히 허우샤오시엔, 오즈 야스지로)에 대해서는 깊은 애정을 지닌다. 그러나 철학적, 이론적 배경을 보면 그렇다는 것이다. 『세상 영화』에 등장하는 감독을 보면 이는 선명하게 드러난다. 장 뤽 고다르, 알랭 레네, 피터 왓킨스, 더글라스 서크, 릴리언 기시, 로베르 브레송, 에릭 로메르, 클로드 샤브롤, 자크 리베트, 장 마리 스트로브와 다니엘 위예, 테오 앙겔로풀로스, 찰리 채플린. 이 가운데 이런 자장에서 자유로울 수 있는 감독이 단 한 명이라고 있는가? 하나의 글로 구분해서 거론하진 않았지만 그의 책에서 끊임없이 경배를 바치는 장 르느와르, 칼 드레이어, 안드레이 타르코프스키, 프랑수아 트뤼포, 세르게이 에이젠슈테인 등을 보면 그가 선호하는 감독의 경향은 쉽게 드러난다.

　정성일이 이들의 영화를 통해서 보고자 한 것은 세상의 "재현이 아니라 세계의 발견이다."(『세상 영화』, 503쪽) 이 말을 다르게 하면, 어떻게 하나의 세상을 영화라는 다른 세상으로 매끄럽게 만들어내는가의 문제이다. 정성일은 세상이 없는 영화는 존재하지 않는다고 생각한다. 영화는 어차피 세상의 반영이기 때문에 감독이 아무리 세상을 벗어나려고 해도 지구상에 존재하는 한 벗어날 수가 없다. 벤야민의 말을 인용한 정성일의 글처럼 쓰면, 영화는 "집단적인 정신을 통해서 시대와 세상을 연결하는 다리"(『세상 영화』, 436쪽)이다. 문제는 그들이 만든 영화를 통해 관객들이 또 하나의 '세계를 발견'하려면 먼저 감독이 영화만의 고유한 방식으로 그것을 창조해야 한다. 이런 창조에서 정성일이 가장 중시하는 것이 바로 편집이다. 편집이란 무엇인가? 쉽게 말하면 그것은 테이크를 이어가는가(롱테이크), 자르는가(컷)의 문제이고, 그것을 어떻게 연결하는가의 문제이다. 길게 촬영한다는 것과 잘라서 이어 붙인다는 것은 매우 간단한 문제 같지만, 내러티브의 상황, 카메라의 위치, 세트의 문제, 조명의 문제 등 많은 조건과 만나면 그리 쉽게 결정할 수 있는 것이 아니다. 이렇게 되면 결국 편집의 문제는 카메라의 문제이고, 더 나가 미장센의 문제이며, 결국 영화 자체의 문제가 된다.

그래서 정성일은 하나의 세상을 창조한 감독의 영화에서 또 다른 세계를 발견하는데, 그것을 찾기 위해 그들의 영화에 집중한다. 그리고 그들의 영화에서 왜, 어떻게 새로운 세상이 등장했는지 분석한다. 여기서 정성일 영화 비평의 중요한 두 가지 점이 드러난다. 첫째, (너무나 당연한 말이지만) 정성일은 영화 자체를 분석한다. 영화가 영화 전문가가 아니라 미학, 철학, 정신분석학, 사회학, 역사학, 문학 등 다방면에서 영화를 분석하고 비판하는 것이 오늘의 현상인데(사실 이들의 연구를 영화 전문가들은 쉽게 능가할 수 없다. 어떻게 영화학자가 영화 속 인물의 욕망을 정신분석학자보다 더 잘 분석할 수 있겠는가), 정성일은 철저하게 영화 자체의 이야기를 한다. 그가 숱한 철학자와 미학자와 사회학자의 이론을 영화 안에 가지고 들어오지만 결국 그가 하고자 하는 이야기는 영화 자체의 이야기이다. 초기의 영화에서부터 현재의 영화에 이르기까지 중요한 사조와 감독의 영화세계에서 왜 그들이 중요한지 철저히 분석한다. 가령 그가 오즈의 〈오차즈케의 맛 お茶漬の味〉(1952)의 후반부의 부엌 씬에서 왜 롱테이크를 사용하지 않고 편집을 했는지 설명할 때 영화를 전공하지 않은 이들은 답하기 어렵다. 허우샤오시엔 영화에서 사용된 카메라가 동양적인 사고의 예의라고 이야기할 때 누가 쉽게 반박할 수 있겠는가.

둘째, 정성일은 편집을 중시하기 때문에 누구보다 쇼트와 쇼트의 연결을 잘 기억하고, 이를 매우 꼼꼼히 분석한다. 이렇게 보면 정성일은 형식주의자다. 『필사의 탐독』을 보면 그의 기억력이 비상하다는 것을 알 수 있다. 영화를 한 번 봤을 뿐인데도 〈생활의 발견〉(홍상수, 2002), 〈해안선〉(김기덕, 2002), 〈오아시스〉, 〈극장전〉(홍상수, 2005), 〈친절한 금자씨〉(박찬욱, 2005), 〈괴물〉, 〈외출〉(허진호, 2005), 〈님은 먼 곳에〉(이준익, 2008), 〈이리〉(장률, 2008), 〈호수길〉(정재훈, 2009) 등의 영화를 명확히, 아주 정확하게 기억한다. 단지 쇼트의 연결만 기억하는 것이 아니라 처음부터 끝까지 카메라의 위치, 배우의 동선, 음악의 사용 여부까지 기억한다. 나는 이 부분에서 놀라고 또 놀란다. 이런 능력은 아무나 타고난 것이 아니다. 몇 번을 봐도 쉽게 기억할 수 없는, 영화 한 편의 전부를 기억하는 괴물 같은 능력. 정성일의 힘은 여기서 나온다. 장철의 〈심야의 결투 金燕子〉(1968)를 처음부터 끝까지 장면의 연결을 기억하기 위해 초등학교 4학년생이 일주일 동안 학교가 끝나면 몇 번이고 영화를 본 것도 모자라 마지막 금요일에는 학교를 빼먹고 아침부터 마지막 상영 때까지 봤다는 말을 듣고 나는 그를 진심으로 존경하게 됐다. 이것은 정말 대단한 능력이다. 평론가 가운데서도 이렇게 쇼트의 연결을 기억하는 사람은 정성일 외에 보지 못했다.

3

정말이지 정성일은 독보적인 존재이다. 이제까지 많은 평론가들을 만나 보았지만, 정성일 같은 평론가를 만나보지는 못했다. 그는 비상한 기억력과 영화에 대한 무한한 애정을 지니고 있는 사람이다. 진정으로 그는 '영화인'이다. 그런데 그런 정성일의 글을 나는 요즘은 그리 즐겨 읽지는 않는다. 예전에는 맹목적으로 읽던 정성일의 글인데 요즘은 그렇게 열심히 찾아서 읽지는 않는다. 이제 그 이유를 설명하고자 한다.

　정성일이 영화에서 가장 중시하는 것은 결국 편집을 통해 세계를 창조한 감독이다. 그래서 정성일은 사조를 이야기하지만, 결국 그는 감독을 중심으로 이야기한다. 즉 작가주의 시선을 그는 열렬히 옹호한다. 물론 내가 여기서 작가주의 이론의 맹점을 이야기하려는 것은 아니다. 이론적으로야 작가라는 것이 존재하기 어렵지만, 그러나 현실에는 명확하게 작가가 존재한다. 그리고 나 역시 작가주의를 신뢰하는 사람이다. 그러나 정성일은 작가주의에 대한 신뢰가 맹신으로 이동한 것 같은 느낌을 받는다. 그는 철저하게 자신이 좋아하는 감독과 싫어하는 감독을 구분해 어떤 이론과 이유를 붙여서라도 이들의 영화를 판단하고 평가하고 비평한다. 가령 한국 감독 가운데 정성일은 임권택, 홍상수, 김기덕, 윤종찬의 영화는 거의 대부분 긍정적으로 평가한다. 이들의 영화를 부정적으로 평가한 것은 보지 못했다. 심지어 정성일은 임권택이 한국 영화사 자체라고 생각하는 것 같다. 반대로 이창동, 박찬욱, 곽경택, 허진호, 임상수, 이준익 등의 영화를 그리 좋아하지 않는다. 그래서 (미안하지만) 그의 글을 읽지 않아도 그리 좋은 평을 하지 않았을 것이라는 점을 이미 알고 있다.

　그런데 문제는 이것이 아니다. 대부분의 평론가들이 이렇게 비평을 한다. 문제는 그들의 시선과 잣대이다. 정성일은 작가주의를 절대적인 비평 방법으로 생각하다 보니 비평가의 존재를 감독의 영화 비밀을 캐내는 것이라고 생각하는 것 같다. 정성일이 브레송에 대한 글을 쓰면서

"브레송에 대한 이해라기보다는 영화적 복종으로 읽어 주었으면 고맙겠다."(『세상 영화』, 345쪽)라고 이야기한 것은 농담이 아니다. 그의 글을 읽으면, 비평가는 감독의 뒤에서 감독의 영화세계를 캐내는 존재, 즉 감독보다 떨어진 위치에 있는 존재라는 인상을 받는다. 그의 글을 읽으면 오로지 동서양 감독의 다양한 영화세계의 비밀을 캐기에 바쁘다. 그리고 좋아하는 감독에게 경배를 바친다. 그것이 비평가의 역할이라고 생각하는 것 같다.

나는 비평가가 감독의 영화를 분석하는 존재인 것은 맞지만 감독의 뒤에 있는 존재는 아니라고 생각한다. 감독이 세상이라는 질료로 영화라는 창조물을 만드는 존재라면, 비평가는 감독의 창조물을 통해 다시 자신의 세상을 창조하는 존재라고 생각한다. 그래서 감독과 비평가의 존재는 대등하다고 생각한다. 흔히 영화계에서 감독이 되지 못한 사람이 비평을 한다는 우스갯소리가 있는데, 나는 그것이 진정으로 우스갯소리라고 생각한다. 트뤼포가 한 말. 영화를 두 번 보고, 영화를 비평하고, 마지막에는 영화를 만드는 것이 영화광의 순서라고 한 말을 나는 신뢰하지 않는다. 혹 최고의 평론가 정성일이 〈카페 느와르〉(2009)로 감독이 된 것도 이런 사고의 반영 때문일까? 만약 그렇다면 '필사의 탐독'이 왜 필요한가? 그것보다 필사의 연출이 더 필요한 것 아닌가?

정성일의 글을 그리 열심히 읽지 않는 또 다른, 그러나 정말로 중요한 이유는 그의 비평이 현학적이고 관념적이고 추상적이며 비약이 심하기 때문이다. 솔직히 말하면 정성일의 글은 어렵다. 온갖 철학자와 이론가들이 등장해서 그런 것이 아니다. 쉽게 접하기 어려운 감독의 영화들을 거론하기 때문도 아니다. 정성일의 글은 추상어와 관념어의 나열과 비약이 심하다. 그리고 상세하게 설명을 하지 않는다. 논제도 명징하지 않다. 그래서 나는 정성일의 책에 대한 헌사에 가까운 글을 읽으면서 답답했다. 많은 글들은 추상적인 언급만 할 뿐, 구체적인 이야기를 하지 않는다. 좀 더 솔직히 말하자면, 두 권의 두꺼운 책을 다 읽고 평을 하는 것인지도 의문이 들었다. 특히 책이 나온 지 얼마 되지 않은 시기에 나온 글들은 더욱 그러했다(물론 이 책이 영화 책으로는 매우 드물게 꽤나 팔렸다는 점은 지적해야 할 것 같다. 그 시절 정성일의 평을 읽으며 영화를 공부한 세대나, 지금 공부하고 있는 세대들이 많다는 증거 아니겠는가. 그런 점에서 아직까지도 영화 비평계에는 희망은 있는 것 같다).

물론 이것을 두고 정성일을 비판만 할 수는 없다. 정성일은 그런 글투가 편하다고, 그런 글을 이해하지 못하는 이는 영화를 이해하기 위해 공부를 해야 하는 것처럼 공부를 더 해야 한다고 말할 것이다. 그것이 자신의 비평관이라고 강변할 수도 있다. 물론 맞는 말이다. 비평가는 자신의 비평관이 있고, 그 비평관에 맞는 문체를 사용한다. 그러나 정성일의 글이 좀 더 현실적 흡입력을 가졌으면 좋겠다는 생각을 나는 한다. 좀 더 많은 독자들에게 읽혔으면 하는 바람이 있다. '필사의 탐독'이 오해의 장(場), 또는 불독(不讀)의 장이 되면 지은이는 얼마나 불행한가. 여전히 나는 정성일에게 많이 배운다.

천만 영화가 변하고 있다

1. 2019년, 천만 영화의 분수령

2019년 영화계에는 주목할 만한 일들이 여럿 있었는데, 그 가운데 하나가 천만 영화에 나타난 어떤 경향이었다. 정확히 말하면, 천만 영화의 경향이 이전과는 확연히 다르게 변화하기 시작한 것에 나는 주목했다. 노파심에 말하자면, 천만 영화는 천만 명 이상의 관객을 동원한 영화를 말한다. 그러니까 엄청난 흥행을 기록한 천만 영화는 2018년까지 총 22편 탄생했는데, 그 가운데 외국 영화(미국 영화)는 단 5편뿐이었고 절대 다수인 17편이 한국 영화였다. 단순 수치만 보면, 무려 77%가 한국 영화인 것이다. 그야말로 한국 영화시장에서 절대 강자는 한국 영화라는 것을 알 수 있다. 현재 전 세계에서 미국 영화와 맞서서 자국 시장을 꿋꿋이 지키는 몇 안 되는 나라 가운데 한국이 포함되어 있다는 것. 당연한 말이지만, 한국 영화를 제외한 여타의 천만 영화는 모조리 미국 영화이다.

그런데 이상한 일이 발생했다. 처음으로 한 해 총 다섯 편이나 천만 영화가 나온 2019년에는 이 비율이 변화한 것이다. 2019년에 천만 흥행을 기록한 영화를 개봉 순서대로 나열하면, 〈극한 직업〉, 〈어벤져스 : 엔드 게임 Avengers: Endgame〉(안소니 루소, 조 루소, 2019), 〈알라딘 Aladdin〉(가이 리치, 2019), 〈기생충〉, 〈겨울왕국 2 Frozen II〉(크리스 벅·제니퍼 리, 2019) 등으로, 한국 영화가 두 편이고, 미국 영화가 세 편이다. 이 기록이 놀라운 것은 이제까지 이런 수치가 전혀 등장하지 않았기 때문이다. 2억 명 선에 머물러 있던 총 관객 수가 2억 2천만 명 가량으로 증가하면서 전체 영화시장의 파이가 커진 결과라고 할 수도 있지만, 2019년의 천만 영화는 한국 영화시장이 매우 급격하게 변화하고 있다는 것을 증명한다. 이것은 한국의 영화산업이 변화한다는 것을 의미하고, 영화를 소비하는 세대가 변화한다는 것을 의미한다.

왜 갑자기 이런 변화가 일어난 것일까? 아무래도 영화 내적인 특징을 먼저 들어야 할 것 같다. 천만 영화에 등극한 〈어벤져스 : 엔드 게임〉, 〈알라딘〉, 〈겨울왕국 2〉 등은 모두 할리우드 영화이면서 디즈니가 제작한 영화이다. 잘 알려진 이야기지만, 현재 미국 영화를 대표하는 제작사는 디즈니이다. 디즈니는 픽사, 루카스 필름, 마블, 심지어 20세기 폭스까지 모두 삼켜버려 할리우드의 거대 공룡이 되었다. 애니메이션만 만들던 과거의 디즈니가 아니라, SF 판타지에서 극영화까지 모든 장르를 아우르고 있다. 문제는 디즈니 외에는 천만 영화를 만들지 못하고 있다는 것이다. 왜 디즈니의 영화만이 천만 영화에 등극하는지, 그것을 어떻게 볼 것인지 고민해 보는 것이 이 글의 첫째 목적이다.

천만 영화는 쉽게 나올 수 있는 기록이 아니다. 5천만 명이 조금 넘게 살고 있는 이 좁은 시장에서 5분의 1의 인구가 '극장'에서 영화를 봐야만 성립할 수 있는 천만 영화라는 타이틀은 결코 쉽게 얻을 수 있는 것이 아니다. 엄청난 쏠림 현상이나 획일화라고 비판받지 않을 수 없는 것이 천만 영화 현상이다. 그런데 그런 영화가 일 년에 무려 다섯 편이나 등장했고, 더 중요한 것은 경향도 확 바뀌어 버렸다는 것이다. 기본적으로 천만 영화는 그 사회의 집단 무의식을 반영한다고 보지 않을 수 없다. 천만 영화가 중요한 의미를 지니는 이유는 매우 단 시간에, 그러니까 거의 3주 정도에 천만이 넘는 거대한 인구가 같은 영화를 극장에서 관람하기 때문이다. 다른 어떤 매체도 감히 할 수 없는 일을 영화는 너무도 쉽게 해내는데, 그런 일이 가능한 것은 천만 명 이상이 관람할 수 있는 '집단 무의식적 내용'이 특정 영화 속에 내재하기 때문이다. 그 내용에 관객들이 공감하기 때문이다. 이런 잣대로 보면 천만 영화는 미국 영화보다 한국 영화에서 더 자주, 쉽게 등장해야 한다. 미국 영화는 보편적인 신화적 구조를 가지고 있음에도, 외피를 걷어내면 미국 중심의 이데올로기를 영화 속에 담고 있지만, 한국 영화는 한국에 살고 있는 사람들의 감정, 생각, 사상, 관념 등을 영화 속에 담고 있기 때문이다. 바로 이런 이유 때문에 압도적으로 많은 수의 한국 영화가 천만 영화에 등극할 수 있었는데, 바로 지금 그런 경향이 바뀌고 있는 것이다. 나는 이 변화가 매우 큰 변화라고 여겨 주목한다.

여기서 질문이 발생한다. 이런 현상의 이면에는 영화를 소비하는 세대의 변화가 놓여 있는 것일까? 아니면 관객들의 기호가 변화한 것일까? 영화를 소비하는 세대가 바뀌면서 영화에 대한 취향이 변화한 것인가? 그것도 아니라면 천만 영화를 보는 세대들이 각각 분화되어서 자신들이 선호하는 영화만 봐도 천만 영화가 될 만큼 시장이 커진 것인가? 혹자는 이런 질문을 하기도 한다. 단지 오락에 그치는 영화에 큰 의미를 부여할 필요가 있느냐고. 정말 그러할까? 방금 설명한 것처럼 영화는 한 사회의 사상과 감정을 담고 있는 문화이기 때문에 그런 문화를 받아들이는 이들의 기호가 변화했다는 것은 결코 무시할 수 없는 일이다. 내가 2019년의 천만 영화의 경향이 변화한 것에 주목하는 것은 이 때문이다. 결국 나는 이 질문을 품고 천만 영화의 시작과 변화 양상, 이를 통해 앞으로의 영화가 어떻게 변화할 것인지 고민하기로 했다.

2. 한국 천만 영화의 특징: 아버지, 가족주의, 눈물, 스펙터클

천만 영화의 시작은 2003년의 〈실미도〉였다. 그리고 2018년까지 총 22편의 천만 영화 가운데 한국 영화가 무려 17편이나 된다고 앞서 언급하였다. 천만 영화가 등장했다는 것은 한국 영화시장이 거대하게 성장했다는 것을 의미한다. 다르게 말하면, 산업으로서 영화가 굳건히 성립되었다고 할 수 있다. 천만 명이 영화를 관람한다면 수익이 엄청나기 때문에 영화는 하나의 산업으로서 자리를 잡게 된 것이고, 그런 영화가 계속해서 만들어진다는 것은 영화가 수익을 창출하는 하나의 산업으로 자리를 확고하게 잡았다는 반증이 된다. 스크린 독과점이나 한국 영화의 획일화 등 천만 영화에 대한 여러 비판이 있지만, 적어도 천만 영화 때문에 한국의 영화산업이 더욱 성장했고 굳건해졌다는 것은 기꺼이 인정해야 한다.

이제까지 나온 한국의 천만 영화를 보면 일정한 경향이나 특징이 있는데, 먼저 주목할 것은 대부분의 영화가 '아버지'의 문제를 다루고 있다는 사실이다. 가령 이런 식이다. 〈실미도〉, 〈태극기 휘날리며〉, 〈괴물〉, 〈해운대〉, 〈도둑들〉, 〈7번방의 선물〉, 〈국제시장〉, 〈암살〉, 〈택시운전사〉, 〈신과 함께-죄와 벌〉, 〈신과 함께-인과 연〉, 〈기생충〉 등의 영화는 주로 아버지의 부재와 이로 인한 고통이나 상처, 그리움을 스토리의 주요소로 삼고 있는 반면, 〈명량〉, 〈변호인〉, 〈베테랑〉, 〈광해, 왕이 된 남자〉, 〈부산행〉, 〈극한 직업〉 등의 영화에서는 세상의 모든 고난을 이겨내는 강한 아버지를 욕망하는 내용을 다루고 있다. 전자는 아버지가 부재하기 때문에 자식들이 고통 받거나 무척이나 힘들었던 내용을 이야기한다. 영화 속 주인공은 대부분 아버지의 부재로 인한 상처를 안고 살아가면서 현실적 상황에 고통스러워하거나, 아버지를 대신해 생계를 책임지는 아버지가 되어 힘들게 살아가거나, 아버지 역할을 하는 인물이 아버지 역할을 제대로 할 수 없어 고통스러워한다. 후자는 세상의 어떤 이보다 강한 아버지가 등장해서 세상을 구원하거나 정의를 실현하거나 자식을 구하고 죽기 때문에 강한 아버지에 대한 욕망이 노골적으로 드러난다. 그런데 두 가지의 재현은 다른 듯하지만 사실은 같다. 아버지의 부재로 인한 상처를 그리거나 강한 아버지를 욕망하는 영화는 결국 같은 지점을 바라보고 있기 때문이다. 아버지의 부재로 인한 고통의 이면에는 강한 아버지가 등장해 자신의 상처를 씻어주길 바라는 욕망이 존재한다. 결국 한국의 천만 영화는 대부분 아버지라는 키워드로 설명될 수 있다.

천만 영화에서 찾을 수 있는 두 번째 특징 역시 아버지와 연관되는데, 강한 가족주의가 배경에 깔려 있다는 사실이 그것이다. 아버지가 부재해서 가족이 고생을 하고, 강한 아버지가 등장해서 고난에 맞서 싸우는 내용의 영화 주인공은 아버지이거나, 부재한 아버지를 그리워하는 인물이 될 수밖에 없다. 수많은 천만 영화에서 여성 캐릭터가 주인공인 경우가 거의 없거나, 있다고 하더라도 아버지를 그리는 딸이나, 아버지에게 기대는 딸에 그치는 것은 이 때문이다(이런 점에서 딸이 아버지에게 복수하는 〈암살〉은 매우 특이한 영화이다). 여기서 우리가 생각할 수 있는 것은 왜 아버지가 영화의 키워드가 되어야 하는가, 라는 의문이다. 영화를 보면 아버지가 없어 가정의 생계가 위험에 처해 고생을 하고, 아버지가 주인공이 되어 고난을 이겨낸다. 두 흐름을 통해 알 수 있는 것은 아버지가 가족의 중심이라는 사실인데, 여기서 한발만 더 나아가면 우리는 가족주의라는 단어와 만나야 하고, 다시 가부장적 가족주의와 대면해야 한다. 천만 영화가 그린 가족 제도는 가부장적 가족주의였고, 그 중심에 가부장인(가장이 아니다) 아버지가 존재한다. 경제력을 비롯해 가정의 모든 것을 아버지에게 기대는 가족의 형태가 천만 영화 안에 재현되어 있다. 이 부분에서 눈여겨봐야 할 것은 아버지 때문에 상처 받는 아들이 영화 속에 주로 등장하지만, 어머니의 존재는 아예 등장하지 않거나 등장하더라도 매우 작은 역할에 그친다는 것이다. 그렇게 됨으로써 천만 영화는 자연스럽게 가부장적 가족주의의 자장 안에서 작동하게 된다.

셋째, 대부분의 영화가 비극으로 끝난다. 이 특징은 아버지의 부재나 강한 아버지의 존재라는 첫 번째 특징과, 어머니의 부재라는 두 번째 특징을 고려하면 충분히 예측할 수 있다. 아버지가 존재하지 않아 고생하는 상황에서 어머니마저 부재하면 당연히 주인공은 고통스러울 수밖에 없다. 그런 고통 속에서 인물들은 불행한 결말을 맞게 된다. 한국의 천만 영화를 할리우드 영화와 비교했을 때 가장 크게 차이나는 지점은 바로 이 부분이다. 할리우드 영화 역시 아버지 문제를 그리거나 가족주의 정서 안에서 작동하지만, 대부분의 영화는 해피엔딩의 결말로 쉽게 달려간다. 문제가 해결된 후 인물들은 만나서 서로 웃음을 나누면서 그동안 적적했던 관계를 가족주의 정서로 단단하게 결속한다. 그러나 한국 영화는 다르다. 재난이나 고난에 맞서 싸우던 인물들은 죽거나 뿔뿔이 흩어지거나, 아니면 아예 현재에서 죽음을 확인한 뒤에 플래시백 형태로 과거로 돌아가 눈물을 흘린다. 〈실미도〉가 전자의 대표적인 영화라면, 〈태극기 휘날리며〉는 후자의 대표적인 영화라고 할 수 있다. 비극으로 영화가 끝이 나니 대부분은 가족주의 정서에 바탕을 둔 눈물을 자극하는 신파라는 비판을 받는다. 심지어 초반에는 웃음을 목표로 코믹한 상황을 전개하다가도 후반부로 가면 눈물에 기반한 신파적 가족주의 정서를 극대화한다. 〈해운대〉나 〈7번방의 선물〉 같이 코믹한 요소가 강한 영화가 그러했고, 심지어 좀비영화인 〈부산행〉의 아버지는 딸을 위해 죽으면서 관객의 눈물샘을 자극했다. 결국 한국의 천만 영화는 눈물샘을 자극하는 영화이다.

넷째, 한국의 천만 영화는 불특정한 다수의 관객들에게 소구하기 위해 스펙터클을 강조하는데, 이런 이유 때문에 재난영화라는 장르와 쉽게 결합한다. 가령 한강에 괴물이 나타나거나, 해운대에 쓰나미가 몰려오고, 한국전쟁이 일어나 동생이 강제로 징집되거나, 광주에서 학살이 일어나 아버지가 서울의 집으로 돌아오지 못한다. 좀비들이 갑자기 창궐하거나, 왜적이 쳐들어오기도 하고, 갑자기 죽어서 기이한 재판을 받아야 한다. 재난영화는 재난을 이겨내는 가족들의 이야기를 영화의 주요 스토리로 삼지만, 한국의 천만 영화는 이런 재난 속에서 아버지가 없거나 아버지와 떨어져 있거나 아버지가 죽기 때문에 그 상황을 통해 눈물샘을 자극한다. 그리고 이런 재난을 시각적 스펙터클로 강조해서 관객들의 눈요깃거리를 만들어낸다. 천만 영화가 많아질수록 한국 영화의 CG기술이 날로 발전하는 것을 보는 것은, 긍정적으로 생각하면 무척이나 대견한 일이다. 물론 부정적으로 생각하면 볼거리로 관객을 호도하면서 정작 영화의 스토리는 점점 빈약해지거나 획일화되고 있다는 평가를 내릴 수도 있다. 그럼에도 불구하고 재난영화의 형식 안에 가족 이야기를 담아 눈물샘을 자극하고, 재난 상황을 시각적 스펙터클로 재현해 관객들의 시각적 욕구를 충족시키는 전략을 무작정 비판만 할 수는 없다. 지금까지도 성공적으로 행해지고 있는 전략이기 때문이다.

이렇게 보면, 한국의 천만 영화는 마치 하나의 공식처럼 작동한다는 것을 알 수 있다. 가족주의와 결합한 아버지라는 표상이 눈물샘을 자극하는 비극의 재난영화와 만난다. 물론 〈왕의 남자〉 같은 영화는 아버지를 그리지 않고 (이준익의 영화가 그런 것처럼) 패배하거나 비천한 두 남자의 이야기를 비극적인 정서로 시각화하지만, 그렇다고 하더라도 〈왕의 남자〉 역시 비극적 결말로 끝이 나고, 광대들의 공연이라는 볼거리를 제공하고 있다는 점에서는 공통적인 특징을 지니고 있다고 할 수 있다. 다만 비극을 불러오는 것이 연산군의 모정, 그러니까 아버지의 부재가 아니라 어머니의 부재와 어머니에 대한 복수라는 점에서는 다른 천만 영화와 반대 상황이라는 점이 다를 뿐이다.

간략하게 요약하자면, 한국의 천만 영화는 대부분 비극으로 끝이 난다. 비록 〈명량〉이나 〈변호인〉처럼 비극이 아니라고 하더라도 영화를 지배하고 있는 정서는 비극적이다. 이를 다른 말로 하면, 코미디나, 통쾌한 해피엔딩을 그린 영화가 천만 영화가 되는 일은 극히 드물다는 것이다. 영화가 비극으로 끝나는 이유는 아버지의 부재나 강한 아버지에 대한 욕망 때문이고, 그런 정서에 기반하기에 가부장적 가족주의에 토대를 둔 신파적 정서로 눈물샘을 자극하는 영화라는 비판을 받아야 했다. 결국 한국의 천만 영화는 아버지라는 키워드의 신파적 정서, 눈물샘을 자극하는 비극, 화려한 스펙터클의 재난영화 컨벤션 등이 결합해 하나의 흐름을 형성해 대세를 이루었다.

3. 미국 천만 영화의 특징: 해피엔딩, 권선징악, 슈퍼 히어로

할리우드 영화 가운데 처음으로 천만 영화에 등극한 영화는 〈아바타 Avatar〉(제임스 카메론, 2009)이다. 만드는 영화마다 새로운 흥행 기록을 세우는 '테크놀로지의 광신도' 제임스 카메론은 현재 할리우드에서 가장 영향력 있으면서 자신만의 세계를 구축한 몇 안 되는 감독이다. 그의 영화 가운데 전 세계적으로 가장 흥행한 영화는 〈아바타〉이다. 그런데 이 영화는 한국의 천만 영화와는 전혀 다른 스토리를 지니고 있다. 지구의 에너지 고갈 문제를 해결하기 위해 판도라 행성으로 간 제이크 설리(샘 워싱턴)가 원주민인 나비족과 한편이 되어 야만적인 인간의 침략에 맞서 결국 승리한다는 내용. 심지어 마지막에 그는 인간임을 포기하고 나비족이 되는 길을 선택한다. 이런 스토리는 미국의 입장에서 봤을 때 미국 원주민을 잔혹하게 학살한 것에 대한 반성적 의미의 수정 웨스턴 서사를 반복하는 것처럼 보여 발전으로 여겨지지만, 이국의 우리가 봤을 때에는 주인공이 고난을 극복하고 결국에는 승리를 쟁취하는 해피엔딩의 이야기에 더 가깝다. 물론 그 과정에서 원주민 추장이 죽고 제이크와 함께하는 백인 동료들도 죽지만, 그렇다고 해피엔딩이라는 결말이 변하는 것은 아니다. 선과 악의 선명한 대결과 해피엔딩이라는 서사를 꾸준히 반복해온 할리우드의 특징을 〈아바타〉 역시 반복하고 있는 것이다.

이런 스토리는 〈겨울왕국〉(2013)에서도 이어진다. 특이하게도 〈겨울왕국〉은 애니메이션이다. 통상적으로 애니메이션이라고 하면 어린이들이 선호하는 장르로 여겨 천만 고지를 밟는 것은 불가능할 것으로 생각되었다. 그도 그럴 것이 어린이들만 관람해서는 도저히 천만 영화를 달성하기 어렵기 때문이다. 게다가 어린이의 전체 인구는 눈에 띄게 줄어들고 있는 상황 아닌가. 그런데 놀랍게도 〈겨울왕국〉은 이런 어려움을 극복하고 천만 영화가 되었다. 모든 것을 얼려 버리는 기이한 힘을 지닌 엘사는 그 힘이 두려워 왕국을 떠나고, 저주를 풀기 위해 동생 안나가 언니를 찾아 떠나는 내용. 물론 영화는 해피엔딩으로 끝이 난다. 〈겨울왕국〉에서 더욱 놀라운 것은 장르가 뮤지컬이라는 점이다. 기술적으로는 애니메이션이지만 장르로서는 뮤지컬, 즉 지금 할리우드에서도 거의 사라진 장르로 천만 영화에 등극한 것이다. 뮤지컬이기 때문에 주제곡이 유명세를 탈 수 있는 상황을 만들었고, 이런 여세를 모아 〈겨울왕국 2〉 역시 가뿐히 천만 영화가 되었다.

〈어벤져스 : 에이지 오브 울트론 The Avengers: Age of Ultron〉(조스 웨던, 2015)에 대해서는 긴 설명이 필요하지 않을 것 같다. 연이어 천만 영화에 등극한 〈어벤져스 : 인피니티 워 Avengers: Infinity War〉(안소니 루소·조 루소, 2018), 〈어벤져스 : 엔드 게임〉 등 이 시리즈는 "개봉 ＝천만 영화"라는 공식을 만들어갔고, 그 속도는 점점 빨라지고 있다. 1편인 〈어벤져스 The Avengers〉(조스 웨던, 2012)만 700만 정도의 관객을 동원했을 뿐 다른 시리즈는 모조리 천만 영화가 되었다. 마블의 원작 만화를 영화화한 이 시리즈는 각각의 슈퍼 히어로를 소재로 한 영화도 흥행했지만, 〈어벤져스〉 시리즈로 함께 등장할 때 가히 폭발적인 힘을 보여주었다. 선과 악의 명확한 구분과 대결, 인간의 한계를 뛰어넘는 슈퍼 히어로들의 놀라운 활약, 슈퍼 히어로의 연대와 협력이 만들어 내는 쾌감, 신화적 구조가 지닌 보편적인 이야기의 힘, 할리우드 영화의 장기라고 할 수 있는 놀라운 스펙터클의 재현 등이 이 시리즈를 보는 이유라고 할 수 있을 것이다. 무엇보다 골수팬을 다수 보유하고 있는 〈어벤져스〉 시리즈는 앞으로도 천만 영화의 고지를 계속 점령할 것으로 보인다.

〈알라딘〉 역시 〈겨울왕국〉 시리즈와 비슷한 맥락에서 이해해야 할 것 같다. 〈알라딘〉의 천만 영화 등극은 '디즈니'라는 단어와 떼어 놓을 수 없다. 이미 알려진 것처럼 〈알라딘〉은 원작 애니메이션이 존재한다. 이 원작을 실사로 만들었고 게다가 뮤지컬로 화려함을 더했다. 어떻게 보면 〈알라딘〉이야말로 환상적인 장르인 영화의 특징을 잘 보여주는 영화라고 할 수 있다. 모험 이야기의 근원적 쾌감, 선남선녀의 사랑 이야기, 애니메이션과 실사를 넘나드는 화려한 스펙터클, 사랑의 감정을 표현하는 아름다운 뮤지컬, 남녀의 사랑을 가로막는 강력한 적대자의 등장과 매력적인 동료들의 협력, 결국 성취하는 해피엔딩, 언제나 함께 하는 가족주의 정서의 강화 등 이 모든 것이 〈알라딘〉에 들어 있다.

간단하게 정리한 미국산 천만 영화는 〈아바타〉, 〈겨울왕국〉 시리즈, 〈알라딘〉, 〈어벤져스〉 시리즈 등이다. 이 영화들은 한국의 천만 영화와는 너무도 명확히 구분되는 특징을 지니고 있다. 일단 모든 영화가 해피엔딩의 서사를 지닌다. 단 한 편도 예외가 없다. 선과 악의 대립 구도도 명확하다. 한국 영화는 선과 악의 대립 구도가 명확한 경우도 있지만 그렇지 않은 경우가 더 많다. 재난영화의 특성상 재난이 악이 될 수는 없기에 그러하다. 그러나 할리우드 영화 가운데 재난영화가 천만 영화가 된 경우는 없다. 선과 악의 구분과 대립은 명확하고, 선이 결국에는 악을 응징하고 승리한다. 그렇지 않은 경우는 하나도 없다.

이런 할리우드 영화들의 천만 등극, 또는 결국 한국 영화를 넘어서는 가속의 할리우드 천만 영화를 보면서 생각이 복잡해진다. 가령 이런 것이다. 할리우드 영화는 단지 미국만의 영화가 아니라 인간이라면 누구나 지니고 있는 신화를 매우 보편적인 서사로 펼쳐 보이는 것은 아닌가, 라는 생각. 그래서 미국의 시각만 들어 있다고 비판하기에는 무리가 있는 것이 아닌가 하는 생각. 가령 〈아바타〉에서 백인은 나비족에게 패하고, 〈알라딘〉은 중동의 어느 지역을 배경으로 하는 유색 인종의 이야기이다. 〈어벤져스〉 시리즈에도 흑인이 등장하고 여성들도 등장한다. 여러 지역의 여러 인종을 배경으로 하면서도 선과 악이라는 인간의 보편적인 신화 구조를 현대의 신화인 영화 속에 구현해 전 세계를 대상으로 흥행을 구가하고 있는 것은 아닌지 의문이 들 때가 있는 것이다. 지금도 충분히 막강한 힘을 지닌 디즈니가 앞으로도 엄청난 영향력을 발휘할 것이라는 생각이 든다. 물론 아이언맨처럼 노골적인 백인 우월주의를 행동으로 옮기는 캐릭터가 있는가 하면, 캡틴 아메리카처럼 원초적으로 미국 이데올로기를 선전하는 캐릭터가 등장하기도 한다. 그럼에도 분명한 것은 한국의 천만 영화와 미국산 천만 영화는 전혀 다른 이야기를 다른 방식으로 시각화하고 있다는 사실이다.

이렇게 정리하면 눈치 빠른 독자들은 의문을 제기할 것이다. 그렇다. 나는 의도적으로 〈인터스텔라 Interstellar〉(크리스토퍼 놀란, 2014)〉에 대해 언급하지 않았다. 〈인터스텔라〉의 천만 영화 등극은 여러 모로 이해하기가 쉽지 않다. 왜냐하면 영화의 본고장인 미국에서도 이 영화는 한국처럼 큰 흥행을 기록하지 못 했기 때문이다. 블랙홀 이론이나 중력 이론, 상대성 이론 등 최신의 난해한 과학 이론이 영화에 등장해, 오히려 시각적인 화려함 때문에 드라마에 몰입하기 어려웠다. 그런데 주목해야 할 것은 〈인터스텔라〉의 서사는 우주로 떠난 아버지와 지구에 남은 딸의 애증에 집중하고 있다는 점이다. 이런 시각에서 보면 〈인터스텔라〉의 천만 등극은 한국의 천만 영화와 비슷하다. 아버지의 부재가 아버지에 대한 강한 욕망을 만들어내고, 이런 상황에서 신파적 상황이 전개되었으며, 죽기 직전의 딸을 젊은 아버지가 만나면서 눈물샘을 자극했고, 결국 비극적으로 헤어지는 결말을 맞아야만 했다. 이렇게 보면 〈인터스텔라〉는 외양적으로는 화려한 우주과학 이론을 총동원했지만 실상은 "아버지라는 키워드의 신파적 정서, 눈물샘을 자극하는 비극, 화려한 스펙터클의 재난영화 컨벤션"을 지닌 영화였다. 여기서 우리는 미국에서 왜 〈인터스텔라〉가 큰 흥행을 할 수 없었는지, 반대로 왜 한국에서 이 영화가 천만 영화에 등극할 수 있었는지 이해할 수 있다. 그리고 이런 이해와 오해가 천만 영화에 대한 나의 가장 큰 의문이다.

4. 어떤 영화가 천만 영화가 될 것인가?

이제 내가 가진 의문으로 돌아가야 한다. 간략하게 정리하자면, 해피엔딩의 미국산 천만 영화와 비극의 한국산 천만 영화는 전혀 다른 방식으로 관객에게 수용되었는데, 예전에는 한국의 천만 영화가 압도적으로 많았지만, 2019년부터 미국산 천만 영화가 더 많아진 이 현상을 어떻게 볼 것인가? 단지 일시적인 현상인가, 아니면 영화를 보는 관객들의 기호가 바뀐 것인가, 그것도 아니라면 두 층으로 나뉜 관객층 가운데 미국산 영화를 선호하는 이들이 점점 증가하고 있는 것인가? 예언가가 아닌 이상 정확하게 답할 수 없지만, 지금의 상황으로서는, 그리고 장기적으로 봐서는 마지막 입장을 옹호하고 싶은 심정이다. 2019년은 한국 영화의 관객층이 늘어난 해이다. 예전에 비해 대략 2천만 명 정도의 관객이 더 극장을 찾으면서 처음으로 천만 영화가 5편이나 양산되었다. 그런데 관객이 늘었다는 것은 청년층의 관객이 증가했다는 것을 의미할 확률이 높다. 영화를 보지 않던 중년층이 갑자기 영화를 보는 관객으로 변화하지는 않으니, 어린이나 청소년이 영화를 보는 관객으로 성장했다는 것을 의미한다. 여기서 중요한 사실을 인지해야 하는데, 이렇게 증가한 젊은 관객들은 어릴 때부터 디즈니 애니메이션을 습관처럼 보아왔고, 마블 영화를 무척이나 좋아했다는 사실이다. 마블 영화의 시작점인 〈아이언맨 Iron Man〉(존 파브로, 2008)이 2008년에 개봉했으니, 지난 12년 동안 마블의 영화를 보며 자란 이들에게 〈어벤져스〉 시리즈 관람은 생활의 일부분이며 일상의 확장이자 확인이었다. 그래서 앞으로도 마블과 픽사, 루카스 필름까지 보유한 디즈니가 점점 더 힘을 발휘할 것은 명약관화(明若觀火)하다. 물론 2019년의 디즈니 라인업이 근래에 보기 드물게 화려했다는 것, 당분간 그런 라인업이 등장하기는 어렵다는 것을 고려하면, 2020년도 2019년과 같은 결과가 발생할 것이라는 예측은 분명 성급하다.

그럼에도 확인해야 할 것이 있다. 〈어벤져스〉 시리즈에 빠져 있는 세대에게 아버지를 토대로 한 신파적 가족주의를 다룬 영화는 그리 매력적이지 않다는 것. 오히려 그들은 아버지의 부재에 공감하거나 강한 아버지를 욕망하지 않고, 아이언맨의 명철한 두뇌와 엄청난 부, 그리고 뛰어난 유머 센스를 더 갈망한다. 그들은 아버지의 이야기가 아니라 자신이 상상하는 슈퍼 히어로가 되어 '헬조선'에서 벗어나기를 갈망한다. 그래서 나이든 세대가 과거에 비해 요즘 세상은 살기 좋아졌다며, 영화를 보면서 그들이 겪은 과거의 고난과 고통에 눈물로 공감한다면, 젊은 관객들은 여전히 헬조선의 현실이 그들을 기다리고 있기에 슈퍼 히어로의 능력을 통해 그곳에서 벗어나기를 갈망한다. 젊은 세대들은 암울했던 눈물의 과거를 영화로 보고 싶어 하지 않는다. 천만 영화 가운데 남녀의 사랑을 그린 멜로드라마가 없거나, 있다고 하더라도 그들의 사랑이 실패하고 마는 것은 한국 영화가 현실을 지독히도 어둡게 바라보고 있는 것은 아닌지 반문하면서 젊은 관객들은 〈알라딘〉의 노골적일 정도로 환상적인 사랑에 매혹되고, 아이언맨의 바람기 많은 사랑을 긍정한다. 이런 상황에서 미국산 영화가 미국의 이데올로기를 담고 있다는 비판은 그들에게는 고리타분한, 하나마나한 비판에 그치고 만다. 그들에게 '미제'는 나이든, 유식한 척하는 세대의 고루한 관념일 뿐이다.

영화에 대한 젊은 세대의 태도 변화는 이미 한국의 천만 영화에서도 드러난다. 〈극한 직업〉은 류승룡이 나왔던 코미디 경향의 〈7번방의 선물〉과 달리 통쾌한 승리의 해피엔딩을 그리고 있고, 형사물인 〈베테랑〉과 달리 한국의 사회 구조적인 이야기를 하지 않는다. 전반부는 코믹한 상황으로 웃음을 유발하다가 후반에는 말도 안 되는 액션으로 결국 문제를 해결하는 선과 악의 대결과 승리를 그린다. 게다가 반장의 뒤에는 딸과 아내가 있어 가족주의 정서를 은근히 밑바탕에 두고 있고, 심지어 남녀 형사의 멜로 코드도 가미되었다. 이런 정서는 천만 영화가 되지는 못했지만, 943만 명을 동원한 〈엑시트〉(이상근, 2019)에서도 그대로 드러난다. 가족주의 정서를 바탕으로 결국 재난을 이겨내는 남녀 이야기가 영화의 서사지만, 〈엑시트〉가 특이한 것은 할리우드 영화처럼 고난을 극복하면서 서로의 사랑을 확인하고 마침내 연인이 되는 내용이 아니라, 가족을 먼저 구한 뒤 남녀는 죽을 고생을 하며 무조건 위로 올라가야만 살 수 있는 무한경쟁 시대 헬조선의 청년상을 보여준다는 것이다. 겨우 살아남은 두 남녀는 연인이 되지 못한 채 '해피엔딩'을 맞는다. 〈백두산〉(이해준, 김병서, 2019)도 해피엔딩이라는 측면에서는 비슷하다. 〈부산행〉이 결국 아버지가 죽는 것으로 끝난다면, 〈백두산〉은 조인창(하정우)이 남한으로 돌아와서 리준평(이병헌)의 아이와 함께 가족을 이루어 살아가는 해피엔딩으로 끝난다. 이렇게 보면 비극을 통해 눈물샘을 자극하던 한국의 천만 영화는 서서히 변화하고 있는 건 아닐까. 모든 인물이 죽는, 또는 죽으면서 그 지독한 비극성에 울부짖는 내용이 아니라 적어도 겉으로 보기에는 해피엔딩을 맞지만, 무언가 석연치 않은 슬픔을 지닌 영화들이 천만 영화가 되고 만다. 여기서 주목할 지점은 한국 천만 영화의 정서가 점점 더 밝아지고 있다는 것이다.

이제 〈기생충〉에 대해서도 짧게 이야기해야 한다. 〈기생충〉은 기이한 영화다. 기존의 천만 영화처럼 아버지의 부재나 아버지의 무능을 직접적으로 거론했고, 전반에는 코믹한 정서를 지니고 있지만 끝내 비극으로 막을 내리며, 화려한 부잣집을 시각적으로 잘 보여주었다. 그런 점에서 〈기생충〉은 기존 천만 영화의 반복적 성향을 지니지만, 이 영화에는 가족의 멜로적 정서나 신파적 눈물이 존재하지 않는다. 그러니까 〈기생충〉은 기존의 천만 영화의 특징을 지니고 있으면서 한편으로는 다른 정서의 천만 영화이다. 총 관객이 10,087,888명으로, 가까스로 천만을 돌파했다는 것은 무엇을 의미하는 것일까? 과거에는 천만 영화가 되기 어려운 정서의 영화가 이제는 천만 영화가 되었다는 것이고, 디즈니처럼 밝은 영화가 아니기 때문에 2019년에 겨우 천만 영화가 되었다는 의미가 아닐까? 아무래도 칸국제영화제 황금종려상의 후광이 크게 작용했다고 하지 않을 수 없다. 이제 천만 영화의 경향은 변화하기 시작했다.

수용보다는 창조, 이식보다는 토착화

― 한국적 영화 미학의 탐구

1. 왜 한국적 영화인가?

영화는 1895년 12월 28일 파리의 그랑카페에서 처음 상영되었다. 이 단순한 문장은 여러 의미를 지니는데, 그 가운데 하나는 영화가 유일하게 탄생 날짜를 알 수 있는 예술, 즉 현대 예술이라는 의미일 것이다. 이 논의를 좀 더 확대하면, 영화라는 예술을 가능하게 했던 것이 사진술의 발달이라는, 과학의 발전이었고, 이런 과학의 발전은 산업화와 깊은 연관이 있다. 그렇게 만들어진 영화를 단순하게 상영한 것이 아니라 유료로 상영했다는 의미에서 영화는 탄생부터 산업적 속성을 지닌다는 의미도 있을 것인데, 다시 이것은 필연적으로 도시화와 깊은 관련을 지니지 않을 수 없다. 사람이 많은 대도시에서 상영해야 더 많은 돈을 벌 수 있는 조건을 지닌 영화는 자연스럽게 도시를 배경으로 하는 장르를 상대적으로 많이 만들어 냈다. 어떻게 보더라도 영화는 현대 예술이고 과학의 산물이며 산업화의 부산물이자 동반자였다.

한편으로 영화가 식민주의와 제국주의의 강력한 무기로 식민지에 등장했다는 사실도 고려해야 한다. 산업화에 성공한 국가는 과학의 절정과도 같았던 영화를 식민지에서 상영하면서 그들의 발달된 기술을 자랑했다. 기묘하게도 초기 영화가 대부분 현대 도시를 촬영한 다큐라서, '미개한' 식민지 피지배자들은 영화라는 매체의 매력 못지않게 영화의 내용에도 열광했다. 피식민지의 지식인들은 영화 속에 그려진 현대 도시를 자신들의 나라에서 구현하자고 꿈꾸었고(그것을 개화나 개혁이라고 생각했고), 민중들은 이제까지 봤던 것과는 차원이 다른 놀라운 구경거리로 타국의 영화를 바라보았다. 이렇게 보면, 영화는 식민지 지배자들의 도구적 속성이 강한 매체였음에도 식민지 피지배자들조차 결코 싫어할 수 없는, 미묘한 힘을 지닌 것이었다.

한일병합 직전 조선에서 일반화된 영화는, 거의 20년가량 제작은 되지 않은 채 상영만 되었다. 영화를 제작할 기술도, 자본도, 인력도 없었고, 심지어 촬영기도 존재하지 않는 조선에서 민중들은 오로지 외국에서 제작한 영화를 보는 것으로 영화적 즐거움을 누려야만 했다. 물론 조선에서 직접 영화를 만들 수 없도록, 자본을 통제하던 식민지 지배국, 일본의 전략도 한몫했음은 두말하면 잔소리다. 그러나 20년 뒤에는 조선의 영화를 만들지 않을 수 없었다. 조선 영화를 원하는 조선 관객들이 존재하기에, 그들을 상대로 돈을 벌어야 하는 일본과 조선의 영화인들은 조선 영화를 만들어야만 했다. 산업적으로 영화를 냉정하게 정의하면, 영화는 손익분기점을 넘겨야만 생존할 수 있는 매체이다. 이 명제에 충실하기 위해 초기 영화인들이 만든 영화는 조선인들에게 친숙한 고소설을 영화화한 것이었다. 맨 처음 〈춘향전〉(하야카와 마쓰지로, 1923)이 불려나오는 것은 너무도 당연했다. 다음으로 〈장화홍련전〉(김영환, 1924) 역시 불려나오지 않을 수 없었다. 그러다가 동시대 현대 소설, 가령 이광수의 소설을 영화화하면서 점차 조선의 현실을 영화 속에 담으려고 노력했다.

영화가 매력적인 이유 가운데 하나는 영화가 지역적이면서 동시에 세계적이기 때문이다. 미국 영화가 전 세계를 지배할 수 있는 이유를 분석할 때, 보편적인 3막 구조에 입각한 스토리에서 원인을 찾기도 하지만, 한편으로는 그런 이야기를 인간적 정서에 맞게 촬영하고 편집하는 기술에 있다고 보기도 한다. 그런 이유 때문인지 미국만의 현상인 서부극은 전 세계를 지배하는 장르가 되었다. 이렇게 보면 영화는 특정 지역의 정서를 담을 수도 있지만, 전 세계인이 공감하도록 만들기도 한다. 전 세계 시장에 통용되는 영화를 만든다는 생각을 일제강점기 조선 영화인들이 하지 않은 것은 아니다. 놀랍게도 1930년대 중후반의 영화인들이 가장 깊이 고민한 것이 바로 조선 영화로 세계 시장에 진출하는 것이었다. 이때부터 조선(한국) 영화인들은, 아니 지금까지도 그들은 자신의 영화로 세계 시장에 진출하고, 국제영화제에서 수상하는 것을 목표로 하고 있다. 이것을 '조선적(한국적) 영화 찾기'라고 해야 할지, '한국 영화 미학의 탐구'라고 해야 할지는 모르겠지만, 필자가 아는 한국 영화사에서 이 목표가 지워졌던 시기는 없었다. 해서 이 글에서는 지난 100년 동안의 노력을 몇 부류로 거칠게 나누어 각 담론들의 진행 과정, 결과와 한계 등을 살펴보려고 한다.

2. 한국적 영화 미학 찾기의 흐름들

출발점은 나운규의 〈아리랑〉(1926)이 되어야 한다. 평론가이자 감독인 서광제는 일제강점기 조선 영화의 절반은 나운규의 작품이라고 할 정도로 일제강점기 나운규의 존재감은 대단한데, 그의 대표작은 단연 〈아리랑〉이다. 〈아리랑〉이 개봉하면서 비로소 일제강점기 조선 영화가 시작되었다고 할 수 있을 정도이다. 그렇다면 왜 〈아리랑〉은 이처럼 대단한 영화가 되었을까? 매우 단순하게도 〈아리랑〉이 조선의 현실을 영화 안에 담고 있었기 때문이다. 임화가 〈아리랑〉에 조선 사람의 고유한 감정, 사상, 생활의 진실이 적확하게 들어 있다고 한 것도 같은 의미이다. 심지어 임화는 그 시대를 휩싸고 있는 시대적 기분이 〈아리랑〉에 영롱하게 표현되어 있다고도 했다. 개봉 당시 많은 평자들이 〈아리랑〉이 있으므로 조선 영화가 존재한다고 했던 것도 같은 맥락이다. 〈아리랑〉은 식민지 현실을 소작농의 억압적 상황으로 알레고리화 했고, 식민지 수탈을 제국주의의 식민지인에 대한 성적 수탈로 환원한 뒤, 그 수탈에 상징적으로 저항하는 이야기를 만들어내 조선의 현실과 관객들의 소망을 영화 속에 담아내는 데 성공했다. 결국 패배하고 말지만 그 패배가 단순히 지는 패배가 아니라 의미를 남기는 패배가 되도록 설정해 놓은 것이다.

나운규가 〈아리랑〉에서 구사한 전략은 단지 조선의 현실을 영화 속에 그리는 것만은 아니었다. 그는 영화가 산업이라는 것을 누구보다 잘 알고 있었다. 그래서 대중들이 선호하는 장르적 경향을 영화 속에 담아

냈다. 당시 유행하던 신파의 공식에 선과 악의 활극적 요소를 강하게 가미한 것. 여기에다가 몽타주 기법을 활용해 강렬한 효과를 더했고, 상징적인 비유를 통해 검열 문제를 해결하면서 영화적 깊이를 더했다. 결국 나운규는 서구의 장르적 장치 안에 조선적 상황을 담아 토착화했다. 〈아리랑〉이 카프계 평론가들에게 사회적 리얼리즘의 혁명성이 없다고 비판받거나, 1990년대의 좌파 평론가에게 신파적 속성을 지니고 있다고 비판받은 이유는 비슷하지만, 그럼에도 〈아리랑〉이 일제강점기의 검열을 통과하면서 조선 영화를 토착화했다는 사실은 부정되어서는 안 된다. 〈아리랑〉은 서구의 영화를 조선적 상황 속에 담아 조선의 영화를 만들려고 했던 최초의 시도이자 큰 성공을 거둔 작품이라고 하지 않을 수 없다. 〈아리랑〉이 있었기에 일제강점기에 비슷한 평가를 받았던 〈임자 없는 나룻배〉(이규환, 1932)가 등장할 수 있었다. 때문에 한국 영화사의 첫 페이지에 〈아리랑〉이 존재하는 것은 지극히 당연하다.

1930년대 조선 영화계에는 새로운 영화 세대가 등장했다. 나운규를 비롯해 1920년대에 활동했던 감독들은 대개 학력이 그리 높지 않았고 대부분 도제 시스템 안에서 힘들게 영화를 배웠다면, 1930년대 초중반에 등장한 이들은 학력도 높고 대부분 유학파였다. 이들이 등장할 수 있었던 배경에는 영화적 패러다임의 변화, 즉 무성영화에서 유성영화로의 변화가 있었다. 이런 변화에 맞게 새로운 영화사가 등장하고, 배우들도 등장했다. 신문과 잡지에는 새로운 담론들이 넘쳐났고 영화 잡지도 만들어졌다. 이런 분위기에서 등장한 젊은 세대들은 무성영화에서 유성영화로 변화한 환경에 적응하면서도 한편으로는 고민을 하기 시작했는데, 그 고민은 배 이상 늘어난 제작비를 감당하기 위해서는 좀은 조선 시장만으로는 부족하다는 사실을 깨닫게 되었기 때문에 발생했다. 조선을 넘어 일본, 만주, 대만까지(당시 이런 나라들은 모두 일본의 내지거나 외지, 즉 같은 나라였다) 영화를 수출할 방법을 모색하던 그들이 눈여겨본 것은 〈나그네〉(이규환, 1937)라는 영화였다. 일본에서 유학한 이규환이 연출한 〈나그네〉는 '내지'에서도 환영을 받았는데, 그 이유를 조선적 상황을 적절하게 영화 속에 그렸기 때문이라고 결론 지었다. 그때부터 '로칼 칼라' 담론이 등장하게 되었다.

이 담론의 핵심은 조선적인 것을 영화에 담아야 한다는 것이었다. 당시 가장 큰 영화제작사인 조선영화사의 최남주와 고려영화협회의 이창용이 모두 이를 주창하였다. 최남주는 "외국의 풍속이나 생활양식을 모방하는 것보다는 우리에게만 있을 수 있는 고유한 것을, 즉 조선의 정서를 나타내는 것을 제작해야 할 것"이라고 강조했고, 이창용은 "첫째 조선적이오. 둘째 조선적이오. 셋째 조선적"이라고 강조했다. 그런데 문제는 조선적인 것이 무엇인지 쉽게 정의하기 어렵다는 것이다. 당시 논의를 보면, 조선적인 것을 그려야 조선인이 먼저 소비할 수 있다는 당위성을 이야기하기도 하고, 조선적인 것이란 조선의 빛과 냄새와 소리를 독특하게 가지는 동시에 사회진화 원칙에 의한 일반성을 지녀야 한다는 리얼리즘의 담론으로 발전하기도 했지만, 이런 경향이 결국 이그조티시즘(exotism)에 어필하는 악영향에 빠질 수 있다는 우려를 낳기도 했다. 활발했던 담론은 〈한강〉(방한준, 1938), 〈어화〉(안철영, 1939), 〈성황당〉(방한준, 1939) 같은 몇 작품을 남겼지만 이 영화들이 흥행에 실패하면서 군국주의의 흐름 속으로 귀착되고 말았다.

해방 후 분단과 전쟁을 치르면서 초토화되었던 영화계는 1950년대

중반이 되면서 서서히 살아나기 시작했다. 1955년의 〈춘향전〉(이규환)과 1956년의 〈자유부인〉(한형모)이 엄청난 흥행을 기록하면서 충무로를 중심으로 영화 거리가 만들어지는 등 놀라운 성장세를 보였다. 그러나 당시 비평계는 이 상황을 그리 달갑게만 바라보지는 않았다. 당시 흥행하던 영화가 전후 피폐한 상황을 외면하면서 서구적 욕망만을 재현했기 때문이다. 이런 시기에 등장한 담론이 '코리안 리얼리즘'이다. 잡지《영화세계》의 1957년 2월호 특집인「코리안 대 이탈리안리즘의 비교」에서 허백년과 유두연은 이탈리아의 네오리얼리즘을 거론하면서 "일제 하의 굴종의 역사 속에서 '레지스탕스' 의식을 가져야 했던 한국인의 '진실'을 포착하는 것이 리얼리즘의 내용"이고, 이를 "로컬 컬러 스타일"로 담아내야 한다고 주장하면서 〈아리랑〉과 〈임자 없는 나룻배〉를 정전으로 삼았다.

코리안 리얼리즘은 네오리얼리즘과 뗄 수 없는 관계에 있다. 전후 피폐한 현실에서 살아가는 민중의 고단한 현실과 레지스탕스 정신을 네오리얼리즘이 담고 있기 때문에 전후 남한 영화도 그런 길을 가길 원했던 것이다. 코리안 리얼리즘은 주류 영화인 할리우드를 비판했고, 신파성이 다분한 멜로드라마도 거부했다. 작가정신이 들어 있는 예술영화이자 대안영화로서 코리안 리얼리즘을 제창했는데, 이것은 일제강점기 카프가 주창했던 프롤레타리아 리얼리즘에서 혁명적 사회주의를 뺀 것이고, 1980년대의 사회주의적 리얼리즘에서 사회주의를 삭제한 것이었으며, 일제강점기 로컬 칼라 담론의 리얼리즘적 변용이자, 1970년대 '영상시대'의 한국적 영화의 리얼리즘적 버전이라고 할 수 있다. 코리안 리얼리즘은 유현목의 〈오발탄〉을 정전으로 만들면서 이후 오랫동안 영화계의 주류 담론이 되었다. 적어도 2000년대까지 남한 영화는 리얼리즘의 잣대로 평가 받았다.

코리안 리얼리즘의 비평 대상이 된 영화들이 크게 흥행을 한 것은 아니라서 산업적으로 주목받지 못하고, 시기적으로는 1970년대 유신 독재 시기가 되어 전반적으로 영화계가 위축되자, 또 다른 세계화 담론이 등장했다. 당시 젊은 흥행 감독과 새로운 평론가들이 '영상시대'라는 집단을 구성해, 새로운 시대의 새로운 영화를 주창한 것이다. 미국에서 유학하고 돌아온 감독이자 평론가인 하길종, 주목 받던 평론가 변인식 등이 주축이 된 이 집단이 주장한 것은 한국 영화의 세계화였다. 이들이 한국 영화를 세계화하기 위해 주장한 것은 한국적이면서 세계적인 소재의 영화를 만들어야 한다는 것이었다. 그것이 어떤 영화인지 하길종의 목소리로 직접 들어보자.

만일 한국적이라는 현상이 우주적으로 소통되지 않을 때는 진정한 의미에서 한국적이란 의미를 상실하게 된다. 그것은 한국 내에서 단지 한국적 현상으로 그치고 만다. 한국적이란 항시 상대적일 때 쓰이는 언어이다. (중략)

우리에게는 숱한 소재가 있다. 한국적이며 동시에 우주적인 제재(題材)가 얼마든지 있는 것이다. 서구의 집시와 이 땅의 장돌뱅이 그리고 심신산골에서 오로지 매잡이 생활을 하면서 그것을 천직으로 삼으며 개화문명에 밀려 죽어가는 매잡이 노인의 모습에서 우리는 한국적이며 우주적으로 소통할 수 있는 우리의 것을 보여줄 수 있을 것이다. 하길종,

『사회적 영상과 반사회적 영상』, 전예원, 1982, 331쪽.

위의 주장처럼 서구의 집시나 한국의 장돌뱅이, 매잡이 노인에서 한국적이며 우주적으로 소통할 수 있는 우리의 것을 볼 수 있을지는 장담할 수 없지만, 이들의 담론이 오로지 조선적인 것을 영화 안에 담아야 한다고 했던, 일제강점기의 로칼 칼라 담론과는 다르다는 것은 알 수 있다. 구로사와 아키라의 〈라쇼몽 羅生門〉(1950)과 같은 영화를 만들기를 바랐던 하길종은 한국적이면서 동시에 해외에서도 통용될 수 있는 소재를 영화화하기를 원했다. 실제 그는 〈한네의 승천〉(하길종, 1977)에서 그러한 실험을 했다. 심심산골을 배경으로 불교적 윤회 사상과 무속 사상을 바탕으로 한 이 영화는 1인 3역의 배역, 칼라 톤의 변화, 탈춤의 응용 등 영화적 실험을 하면서 인간의 원초적인 비극을 다루고 있지만, 흥행에서 처참하게 실패하였고 이 집단의 다른 영화 역시 실패하면서 이런 논의는 사그라들고 말았다.

'영상시대'가 논의했던 영화를 만든 감독은 의외로 임권택이었다. '영상시대'가 활발히 활동하던 1970년대 내내 반공영화를 만들면서 생계를 이어가던 임권택은 1970년대 후반부터 자신의 영화를 만들기 시작했다. 임권택의 영화세계를 요약하라면, 그의 영화는 이 땅에서 벌어진, 전통과 근대의 충돌을 문제 삼고 있다. 그는 서구의(또는 외세의) 근대화가 가파르게 진행되면서 우리의 전통과 정신세계가 어떻게 파괴되었는지에 초점을 맞추었는데, 그런 경향의 영화로는 〈서편제〉(1993)가 대표적이다. 근대와 전통의 충돌에서 임권택은 또 다른 한 축으로, 전통을 무너뜨린 외세의 침입과, 외세로 인해 이데올로기의 대리전이 되어 버린, 분단된 현실의 모습을 충실하게 영화 속에 그린다. 그리고 분단이 반공으로 이어지면서 군부독재가 가능했던 쓸쓸한 현대사를 살피는데, 그런 경향의 영화로는 〈개벽〉(1991)이 대표적이다.

외세가 불러온 분단과 전쟁 상황, 그 안에서 스스로 멀리했던 전통에 대한 안타까움을 임권택은 한국적 상황이자 소재로 삼는 동시에 이를 식민주의 피지배국의 공통된 경험으로 승화할 수 있도록 영화화 했다. 그는 '판소리 3부작'을 통해 우리 고유의 연행예술을 서구에서 건너온 영화와 접합하려고 했다. 단순히 접합하는 것이 아니라 판소리 스타일을 영화 매체 안에 녹여내려고 노력했다. 전통 가옥에 맞는 카메라 구도를 깊이 고민했고, 상대의 예를 존중하는 한국적 인간관계를 카메라로 담으려고 했다. 임권택의 영화가 '영상시대'의 담론을 이었다고 생각한 이유는 그가 다루는 소재가 한국적이면서 동시에 우주적인 것이고, 또한 지난 100년의 이데올로기적 대립의 현장을 리얼하게 다루고 있기 때문이다. 영화에는 이미 익숙한 플래시백 등의 스타일을 고유한 스토리 안에 녹여내서 그만의 스타일로 표현했기 때문이기도 하다.

한국적 영화 미학을 거론할 때 빼놓을 수 없는 작품 중 하나가 〈달마가 동쪽으로 간 까닭은?〉(배용균, 1989)이다. 로카르노영화제에서 그랑프리를 수상한 이 기이한 작품은 한 명의 장인이 정성 들여 만든 멋진 수공예품이다. 이 영화가 한국적 영화 미학을 거론할 때 반드시 거론되어야 하는 이유는 스토리와 스타일에서 '한국적'이라는 단어와 무척이나 잘 맞아떨어지기 때문이다. 여기에서 한국적이라는 형용사의 정의에 대해서 깊이 논의하지는 못하지만, 적어도 이 형용사가 '서구적'과는 반대 개념이라는 것을 이야기해야 할 것 같다. 이런 시각에서 보면 이 영화는 기승전결이 뚜렷한 할리우드의 장르적 개념과는 전혀 다른 스토리를 지니고 있다는 것을 알 수 있다. 깊은 산사에서 각자의 화두에 몰입하고 있는 세 스님의 이야기를 대과거, 과거, 현재의 시각에서 자유자재로 편집해서 이어가는 영화는 '의식의 흐름'이라는 용어 외에는 달리 설명할 길이 없다. 세 스님의 시각이 아닌 불교라는 주제와 깊이 연관된 컷들이 연결될 때에는 더욱 그러하다.

의식의 흐름이라는 난해해 보이는 편집 기법을 활용하면서도 한국적 영화 미학을 탐구하고 있다고 이야기할 수 있는 이유는 먼저 삶의 의미를 진지하게 탐구하는 세 스님의 이야기를 불교적 가르침 안에서 그리고 있기 때문이다. 그러나 그보다는 카메라가 불교적 세계관, 또는 노장적 세계관인 물아일체의 주제를 영화 속에 담아내고 있기 때문이다. 가령 스님이 거대한 바위 옆에서 수련을 할 때 카메라는 스님을 비추다가 줌 아웃하면서 자연과 하나가 된 수도승을 화면에 담는다. 만약 한국의 삶과 죽음에 대한 세계관을 다룬 영화가 한국적인 영화라면, 또 만약 한국인의 삶과 죽음을 다룬 세계관과 맞는 카메라 스타일을 구사한 영화가 한국적인 영화라면, 게다가 두 경향이 반할리우드적 기법으로 전개된다면, 〈달마가 동쪽으로 간 까닭은?〉은 한국적인 영화 미학을 탐구한 영화라고 하지 않을 수 없다.

코리안 리얼리즘의 변형은 '한국형 블록버스터'에서 나왔다. 1990년대 초반까지 박광수와 장선우의 영화를 리얼리즘의 잣대로 평가하던 시각은 1990년대 후반에서 2000년대로 넘어오면서 급격하게 변화했다. 〈쉬리〉의 성공 이후 한국 영화 점유율이 높아지고 해외 수출 실적이 좋아지면서 산업적 성공과 해외 수출에 대한 논의가 본격화될 무렵 등장한 것이 한국형 블록버스터 담론이다. 한국형이라는 수식어와 블록버스터라는 피수식어가 만들어내는 이 이상한 조합은 의외로 단순하다. 커진 규모에 맞게 한국적인 내용을 할리우드식 장르 컨벤션 안에 담아내자는 전략이었다. 〈쉬리〉처럼 액션 첩보물이라는 장르에 분단 상황을 넣어 조화를 이루도록 만들려는 것이었다.

이 전략은 코리안 리얼리즘과 닿아 있는 것 같지만 꽤나 먼 거리에 있다. 코리안 리얼리즘에서 방점이 찍힌 것은 '리얼리즘'이었다. 전후의 피폐한 현실을 리얼리즘의 스타일로 그려 고발하듯이 스크린 속에 재현하는 것이었다면, 한국형 블록버스터에서 방점이 찍힌 것은 '한국형'이었다. 한국적인 소재를 할리우드 스타일로 만드는 것. 그러므로 두 담론은 매우 비슷한 것 같지만 사실 전혀 다른 주장을 하고 있다. 코리안 리얼리즘은 내내 주류를 형성했던 리얼리즘을 이야기하고, 한국형 블록버스터는 리얼리즘과는 완전히 다른, 또는 리얼리즘 담론이 경멸에 가깝게 싫어했던 장르를 전유하는 전략을 택했다. 내 생각으로 한국형 블록버스터 전략을 가장 잘 구사한 감독은 강제규인데, 〈태극기 휘날리며〉처럼 한국전쟁을 전투 영화의 장르 속에 담아 큰 성공을 거두었다. 그 시기 강제규는 한국적 소재나 사상, 상황을 할리우드 장르 안에 녹여내는 데 귀재였다.

3. 어떤 영화를 만들 것인가, 또는 주목할 것인가?

'한국적' '영화' '미학'이라는 단어의 조합은 사실 좀 불편하다. 한국 영화사 100년을 돌아볼 때 과연 어떤 시도가 한국적 영화 미학을 추구했는지 파악하기 어렵기 때문인데, 그 이유로는 무엇보다 '한국적'이라는 것이 무엇을 의미하는지, '한국적 영화'라는 것이 가능하기는 한 것인지, '영화 미학'이란 무엇을 의미하는지 파악하는 것이 결코 쉽지 않기 때문이다. 용어의 정확한 의미를 알지 못한 채 글을 쓰는 것이 무모하다는 것을 알고 있음에도, 역으로 지난 담론사를 통해 단어와 담론이 지닌 의미를 살펴보는 길을 가고 말았다. 결국 근원적인 질문을 품고, 단지 서구에서 유입된 영화를 어떻게 한국적 상황 속에 담아 한국의 영화로 만들어 가고자 했는지, 그 짧은 역사를 살펴본 글이 되고 말았다.

나운규의 〈아리랑〉에서부터 봉준호의 〈기생충〉까지 지난 100년의 한국 영화는 서구에서 도래한 영화를 어떻게 한국적 상황 안에서 녹여낼 것인지 고민한 역사였다고 할 수 있다. 한국의 어려운 역사적 · 현실적 상황을 '리얼리즘'의 방식으로 담기를 원한 담론이 주류를 이루고 있었지만, 그 못지않게 '한국적인' 것을 영화 속에 담아야 한다는 목소리도 높았다. 전자는 일제강점기부터 이어져서 2000년대 초반까지 꾸준히 주창되었는데, 이들의 가장 큰 목표는 식민지 상황, 전후의 처참함, 분단과 독재의 고통 등을 사실적인 카메라로 기록하고 재현하는 것이었지만, 이들은 특정 리얼리즘에 한정되거나 (이와 반대로) 리얼리즘 담론을 지나치게 확대해서 표현주의까지 포괄하는 우를 범하거나, 영화의 산업적이고 장르적인 속성, 또는 판타지적 속성을 무시하는 경향이 있었다. 후자는 한국적인 것을 영화 속에 담아야 한다면서 유교적이거나 불교적, 무속적인 것까지 포용하려고 했고, 한편으로는 해학과 풍자의 정서, 탈춤을 비롯한 고유의 연행예술까지 포용하자고 주장해서 소재의 차원을 넘어 철학적이거나 사상적인 측면까지 아우르는 포용력을 보여주었지만, 이런 측면에만 갇히면서 스스로 한계를 보이는 경우가 많았다.

언젠가 장선우가 "어떤 특정의 영상 미학이 우리의 정서와 삶의 모습을 드러내는 데 그대로 합당할 리도 없지만, 그렇게 만들어졌다고 해도 국제적이라고 기대할 수 없으며, 반대로 '향토적이다' '토속적이다' '이것이야말로 한국적이다'라고 소재주의나 자기 편견에 빠져 '국제적'이되고자 하는 것도 환상일 것"이라고 한 말을 새겨들을 필요가 있다. 거꾸로 읽어서 소재주의에 빠지는 것을 경계해야 한다는 것이 먼저이고, 특정 영상 미학이 우리의 정서와 삶의 모습을 온전히 보여주기 어렵다는 것을 기꺼이 인정해야 한다는 것이 그다음이다. 나에게는 두 번째 것이 중요한데, 왜냐하면 영화는 산업적 속성을 지닌 매체이기 때문에 이윤을 먼저 생각해야 하고, 또한 (태생적으로) 환상성을 지니고 있는 매체이기에 그것을 약화하면 흥행성이 현저히 떨어져 시장에서 살아남지 못하기 때문이다. 어떤 담론을 주장하더라도 영화의 산업적 속성을 무시하면 결코 성공하지 못한다. 누벨바그 담론의 화려함에 비해 지금 프랑스 영화가 처한 초라한 상황을 보면 반면교사가 될 것이다.

때문에 산업적 속성을 인정하면서 한국적인 그 무엇을 영화 속에 담아 흥행도 하고 세계적으로 인정도 받는 전략을 생각해봐야 하는데, 이런 조건을 생각해 보면, 현재 봉준호가 구사하는 전략을 눈여겨볼 필요가 있다. 봉준호는 서구의 장르를 빌려오지만 비틀어 전유하면서 자신이 말하고자 하는 한국적 상황을 서스펜스 스릴러와 코믹한 코드 안에 흥미롭게 담아낸다. 그래서 그의 영화는 미국적이면서 동시에 반-미국적이고, 세계적이면서 동시에 한국적이다. 한강에 괴물이 나타나 남한

이 마비되어 버리는 상황을 재난영화의 컨벤션으로 재현한 〈괴물〉, 기업의 이기만을 위해 슈퍼 돼지를 양육하고 살해하는 횡포에 맞서 싸우는 〈옥자〉, 신자유주의 시대의 계급 문제를 부자의 대저택과 빈자의 반지하를 대조하면서 비교한 〈기생충〉 같은 영화가 그렇다. 특히 〈기생충〉이 칸영화제에서 황금종려상을 수상한 것도 이런 부분이 강하게 작용했을 것인데, 지금으로서는 그의 전략에 주목할 필요가 있다.

요약하자면, 영화가 산업이라는 사실을 명확히 인지한 상태에서, 봉준호의 수상 소감처럼 개인적이면서 창의적인 것을, 즉 한국적이면서 세계적인 것을 영화화하는 방안에 대해 고민해야 한다. 물론 이런 방안에는 우리의 현실을 영화의 장르 안에 어떻게 녹여낼 것인지에 대한 깊이 고민이 뒤따라야 할 것이다. 익숙한 장르의 틀 안에 현실적인 요소를, 그것도 개인적이면서 세계적인 것을 적절하게 조율해야 한다는 말이다.

'영화의 리듬'에 대한 몇 가지 생각

1. 음악의 리듬과 영화의 리듬

우문(愚問)인 줄 알지만 (그래서 어리석음을 각오하고) 질문을 던져
보자. 영화에도 리듬이 존재하는가? 만약 당신이 이 질문을 받는다면
어떻게 답할 것인가? 이 질문을 자문했을 때 내가 먼저 떠올린 것은 한
편의 영화였다. 〈춘향뎐〉(임권택, 2000). 왜 나는 영화라는 매체의 특
징, 즉 편집이나 카메라 같은 기술적 특징이나, 연기자들의 스타일, 즉
배우의 연기 패턴이나 대사의 운율 등을 고려하지 않고 특정 영화를 먼
저 떠올린 것일까? 굳이 답하지 않아도 〈춘향뎐〉을 관람한 이들이라면,
아니 단지 눈치 빠른 이들이라면 그 이유를 짐작할 수 있을 것이다.

　〈춘향뎐〉은 임권택 감독의 실험 영화이다. 그는 이 영화를 조상현의
판소리 '춘향가'의 공연 장면으로 시작했고, 이후 판소리에 영상을 입히

는 식으로 완성했다. 여기서 드는 당연한 의문. 과연 이것이 가능한 실험일까? 어찌 보면 무모해 보이기까지 한 이 실험에서 임권택이 증명하고 싶었던 것은 명확해 보인다. 우리의 전통적인 연행예술인 판소리와, 서구에서 수입한 공연예술인 영화를 결합할 수 있지 않을까, 그래서 영화가 단지 서구의 수입물이 아니라 우리의 고유한 문화의 그릇이 될 수도 있지 않을까, 라는 생각. 보는 이에 따라 성공적이라고 평가할 수도 있고, 무모한 도전이라고 비판할 수도 있겠지만, 여기서 눈여겨봐야 할 것은 판소리라는 음악의 리듬을 영화라는 시청각적 매체의 서사 구조 안에 녹여내려고 했다는 사실이다. 판소리는 서사를 중심으로 하지만 그것을 보여주는 방식은 장단이라는 리듬이기 때문에, 그 리듬을 영화의 리듬으로 복원하려고 한 것.

이런 실험은 속칭 '판소리 3부작'으로 계속되었는데, 이 여정의 마지막 작품인 〈천년학〉(임권택, 2007)에서 주연을 맡았던 임진택은 유능한 소리꾼이자 이론가이다. 그는 영화의 주연을 맡으면서 연기에만 몰입한 것이 아니라 판소리의 리듬을 영화의 리듬으로 어떻게 재현할 것인지 깊이 고민했다. 아래 글을 보면 그의 고민을 짐작할 수 있다.

영화의 패스트 모션과 슬로우 모션은 판소리의 휘모리 장단이나 진양조 장단과 같은 느낌을 줍니다. 예를 들어 춘향가 중 〈십장가〉 장면에서는 장단이 느린 진양조로 바뀌면서 극한적인 고통이 표현이 되는데, 저는 이 대목 판소리를 들으면서 영화의 슬로우 모션 같다는 느낌을 받았습니다. 또 〈홍보전〉에서 박 속에서 나온 쌀로 밥을 지어먹는데, 자식들이 모두 밥 속에 들어가 '던져놓고 받아먹고, 던져놓고 받아먹고' 하는 대목에서는 패스트 모션의 장면이라는 느낌이 들었거든요.

　제가 판소리를 한창 연구하고 창작할 무렵 '판소리는 그림이다' 또는 '판소리는 연속되는 그림이기 때문에 결국은 영화다'라고 규정을 내린 적이 있습니다. 그러면서 저는 판소리의 영화적 미학이랄까, 영화의 판소리적 미학이랄까, 판소리적 구조가 원리로 작동하는 영화, 판소리와 같은 리듬을 타고 가는 영화, 이런 작업을 해보고 싶다는 욕구를 많이 느꼈습니다.(「광대, 명장을 만나다─대담 〈천년학〉 임권택 감독과 광대 임진택」. 이 인터뷰는 본래 《컬처뉴스》에 실렸지만, 매체가 폐간되면서 지금은 몇몇 인터넷 블로그에서 확인할 수 있다).

직접 판소리를 했던 소리꾼 임진택은 판소리를 소재로 영화화 하면서 너무나 당연한 고민을 하고 있었다. 그의 일차적 고민은 고유한 공연예술인 판소리의 장단과 기계적 장치인 영화의 속도를 비교하면서 리듬의 유사성을 찾는 것이었다. 그가 내린 결론은 영화의 카메라 움직임은 판소리의 리듬감과 매우 닮아 있다는 것. 이미 패스트 모션과 슬로우 모션이라는 용어 자체가 빠르고 느리다는 음악적 리듬감을 전제하고 있지 않은가? 물론 영화의 리듬이 음악적 리듬에 일대일로 대치되는 것은 아니다. 음악은 음악이라는 정해진 박자에 따라 흘러가지만 영화의 카메라는 그렇게 규칙적인 감흥을 만들어내지는 못한다. 때문에 영화의 리듬은 음악적 리듬과는 분명 다르지만, 패스트 모션과 슬로우 모션이라는 카메라 움직임에는 음악적 리듬감, 즉 빠르거나 느리게 작동하게 함으로써 인간의 감정을 표현하는 '그 무엇'이 분명 존재한다. 해서 "패스트 모션과 슬로우 모션은 판소리의 휘모리 장단이나 진양조 장단과 같은 느낌을" 준다는 것은 분명 맞는 말이다. 이런 생각을 하고 있던 임진택이 영화에서 큰 역할을 했기 때문에, 또는 임권택이 영화를 통해 원래 하려고 했던 실험이 바로 이 부분과 상통했기 때문에, 판소리의 리듬을 카메라의 리듬으로 살리려고 노력했을 것이다.

아예 판소리를 배경으로 한 〈춘향뎐〉의 승부수도 여기에 있다. 영화를 보면 판소리의 리듬을 재현하려는 장면들이 유독 눈에 많이 들어온다. 가령 방자가 이 도령의 명을 받고 춘향을 부르러 가는 장면이나, 포졸들이 변 사또의 명을 듣고 춘향을 데리러 가는 장면은 빠른 리듬으로 카메라가 대상을 따라간다. 이때 배경으로 등장하는 음악이 휘모리 장단이니, 이 장단에 영상을 입힌 영화는 당연히 빠른 리듬감을 지니게 된다. 이와 반대로 춘향이 매를 맞는 장면이나 이 도령을 그리워하는 장면은 느린 음악에 맞게 카메라도 천천히 이동하면서 분위기를 한껏 애절하게 만들었다. 슬프고 슬픈 진양조 가락에 맞는 느린 카메라의 움직임은 보는 이를 애달프게 만든다. 영화 〈춘향뎐〉의 하이라이트는 암행어사가 출두하는 장면이다. 한바탕 흥겨운 카니발이 진행되는 신명난 이 장면에서 판소리의 리듬감을 빼면 영화의 특징을 제대로 설명하기는 어렵다. 해서 〈춘향뎐〉을 보면 임진택이 말하는 "판소리와 같은 리듬을 타고 가는 영화"라는 말을 이해할 수 있다.

그러나 그가 말한, "판소리의 영화적 미학"이나, "영화의 판소리적 미학", 또는 "판소리적 구조가 원리로 작동하는 영화"라는 말은 쉽게 이해하기 힘들다. 이 부분의 이해가 어려운 것은 특정 부분에만 존재하는 리듬으로 전체 영화의 미학을 논하거나 구조를 논하기가 어렵기 때문이고, 판소리적 구조라는 것이 음악적 리듬만으로 설명할 수 있는 것도 아니기 때문이다. 그럼에도 불구하고 영화 〈춘향뎐〉을 보면, 영화는 음악이다. 판소리의 번안이고, 뮤지컬의 현대화이며, 이 모든 것을 시청각적으로 기계화한 것이다. 그런데 영화 장르 가운데 뮤지컬이 존재한다는 것을 고려하면, 이것은 그리 새로운 주장이 아니다. 'musical'이라는 형용사가 'the musical'이라는 명사가 되면서 영화 장르 가운데 하나가 될 정도로 영화는 본래부터 음악과 깊은 연관이 있었다면 궤변이 되려나? 판소리나 연극에 비해 지독히도 리얼리즘적인 특징을 지니고 있는 영화에서, 대사로 노래를 부르고 그 리듬에 맞추어 춤을 추는 것이 가능한 것을 보면, 영화는 분명 음악적이다. 아니 음악이다.

2. 시의 리듬과 영화의 리듬

영화를 판소리처럼 만들 수 있을까? 다시 말해 영화는 판소리의 리듬을 지니면서 시각화하기에 좋은 매체일까? 이 질문에 긍정적으로 답하기는 쉽지 않다. 판소리는 노래로 전개되는 이야기이기에 아무래도 방점은 노래에 찍힌다. 그래서 판소리를 소재로 하거나 판소리와 관련이 있는 영화는 카메라나 편집, 또는 배우의 연기에서 판소리의 고유한 리듬을 살려 음악적 효과를 만들어 낼 수 있다. 이것을 극대화한 장르가 뮤지컬이라고 할 수 있을 것이다. 그러나 일반적인 시각에서 볼 때 이것은 극히 예외적이다. 영화의 리듬을 음악의 리듬과 동일시하면서 카메라를 이동하거나 편집의 리듬을 설정하는 것은 보편적이지 않거나, 부분에서는 맞지만 영화의 전체적인 리듬과는 거리가 있다.

그렇다면 영화의 리듬은 어디에서 찾을 수 있을까? 혹 시에서 찾을 수는 없을까? 흔히 사람들은 시를 이미지 중심의 매체라고 말한다. 말 그대로 한 폭의 그림을 연상시키는 시어들의 나열이나 묘사의 등장. 그런 시에서 영화적 리듬을 느낄 수는 없을까? 흥미로운 것은 시가 회화적이지 않고 영화적이라는 논의를 하는 이들이 요즘 존재한다는 점이다. 그들은 한 편의 시를 설명하면서 시가 회화라는 고정된 캔버스가 아니라 카메라의 이동과 편집이 진행되는 영화에 더 가깝다고, 그렇게 이해했을 때 시의 이해가 더 쉬워진다고 말한다. 무엇보다 몽타주와 교차 편집, 연속 편집 등의 방법을 동원하면 시의 이해가 더욱 쉬워진다고 주장한다. 원론적인 논의를 위해 다음 시를 보자.

　　　　머언 산 청운사(靑雲寺)
　　　　낡은 기와집

　　　　산은 자하산(紫霞山)
　　　　봄눈 녹으면

　　　　느릅나무
　　　　속잎 피어가는 열두 굽이를

　　　　청노루

맑은 눈에

도는
구름

　무척이나 유명한 박목월의 '청노루' 전문이다. 한 폭의 동양화를 보는 것 같은 느낌이 들지만(그래서 매우 정적인 분위기의 회화를 연상할 수도 있지만), 천천히 시를 음미하면 한 폭의 그림이 아니라 카메라로 경치를 훑어보는 듯한 느낌이 든다. 함종호에 의하면, 1연에서 시적 화자는 원경으로 청운사를 바라보다가 서서히 줌 인하여 낡은 기와집을 본다. 2연으로 배경이 바뀌면 줌 아웃되고 이어서 자하산의 풍경을 근경에서 원경으로 본다. 이때 시적 화자는 팬으로 자하산의 전반적인 풍경을 감상할 수 있다. 청노루의 눈에 있는 구름을 극단적인 클로즈업으로 보여주는 것으로 끝을 맺는 박목월의 시 '청노루'는 분명 영화적 기법으로 이해하면 시를 좀 더 쉽게 이해할 수 있다. 무엇보다 카메라의 이동에서 발생하는 리듬감을 만끽할 수 있다. 그래서 시적 리듬감을 카메라의 리듬감으로 느낄 수 있게 된다.(함종호,『시, 영화, 이미지―시의 주제를 넘어』, 로크미디어, 2008, 64~66쪽).
　여기서 놓치면 안 되는 것. 시를 영화적으로 설명하는 것은 단지 시의 이미지를 역동적이고 쉽게 이해할 수 있게 하는 장점만 있는 것이 아니라, 기존 논의에서 시의 리듬이 형성된다고 여겨진 운과 율의 문제를 넘어설 수 있다는 장점도 있다. 물론 세상의 모든 시를 영화적 기법으로 설명했을 때 리듬이 느껴지는 것은 아니다. 여전히 대부분의 시들은 운과 율의 반복과 차이에 의해 리듬이 형성되고 의미도 발생한다. '청노루' 역시 마찬가지다. 하지만 어떤 시들은 영화적 방식으로 이해했을 때 시적 리듬이 형성된다. '청노루'의 느린 흐름은 서서히 이동하는 카메라의 속도만큼의 리듬감을 만들어내고, 마지막 연의 극단적 강조는 극단적 클로즈업의 효과를 통해 생생한 느낌으로 상승한다. 이렇게 보면, 시의 리듬과 영화의 리듬은 그리 먼 거리에 있지 않음을 알 수 있다.

이 논의에서 빠뜨린 것이 있다. 시의 리듬이 단지 카메라의 이동에 의해서만 발생하는 것이 아니라는 점. 어떤 매체보다 이미지가 중요한 시의 특성상 이미지의 나열을 통해 의미를 만들어낼 때는 영화의 편집과 밀접하게 관련될 수밖에 없다. 이미지의 강렬한 충돌을 목적으로 한 몽타주, 시간성과 공간성의 대조와 대구를 통해 의미를 만들어내는 연속 편집이나 교차 편집의 방식이 바로 그러하다. 넓게 생각하면, 단어의 배열이나 상황의 배열을 통해 (운율의 효과가 아니라) 시의 리듬을 만들어낼 수 있다는 점에서 시의 리듬은 영화의 리듬과 밀접한 관련이 있다고 해야 한다.

3. 서사의 리듬과 영화의 리듬

영화를 시처럼 만들 수 있을까? 다시 말해 영화는 시의 리듬을 지니면서 시각화하기에 좋은 매체일까? 이 질문에도 긍정적으로 답하기는 쉽지 않다. 먼저 고민해야 하는 것은 '시와 같은 리듬'이라는 용어이다. 위에서 논한 것처럼, 시의 리듬을 시선의 이동(더 나아가 편집과 관련된 그 무엇)과 관련된 것으로 볼 것인지, 아니면 시의 고유한 리듬이라고 이제까지 우리가 배워왔던 운율에서 파생된 리듬으로 볼 것인지 구분하는 것이 쉽지 않다. 고백하건대 위에서처럼 시적 화자의 시선 이동에 따라 발생하는 리듬을 영화의 리듬에 국한해 설명하는 것이 과연 무슨 의미가 있는지, 근원적인 의문이 들기도 한다. 그렇게 했을 때 영화의 기법으로 시를 설명할 수는 있지만, (거꾸로) 시의 리듬으로 영화를 설명하기는 어렵기 때문이다. 무엇보다 영화 제작 현장에는 그리 도움이 되지 않는, 극히 지엽적인 논의가 되어버리기 십상이다.

흥미롭게도 음악의 리듬과 시의 리듬이 카메라의 이동에서 발생한다는 공통점을 발견할 수 있다. 앞의 절에서 논한 판소리의 리듬을 카메라의 속도와 결부시켜 영화의 리듬을 만들어내는 것과, 시적 화자의 눈에 보이는 대상을 카메라의 이동으로 바라보면서 리듬을 만들어내는 것은 결국 카메라의 이동과 카메라맨의 시점이라는 근원에서 리듬이 발생한다는 점에서 비슷하다. 이렇게 되면 음악과 시의 리듬감을 영화와 결부시킨 것은 결국 카메라의 이동에 국한되는 한계를 지니게 되는데, 이를 넘어서기 위해서는 시의 운율과 관련된 논의를 해야 한다.

재밌게도 시의 리듬과 음악의 리듬은 모두 운율의 효과에서 발생하기도 한다. 바로 그 효과 때문에 시는 음악이 되어버린다. 랩을 보라. 시가 음악이고 음악이 시가 되지 않는가! 그렇다면 여기서 물어야 한다. 과연 시의 운율, 그 운율에서 발생하는 리듬이 영화에서도 살아날 수 있을까? 당연히 가능하다. 시의 운율은 특정 단어나 음운이 반복되거나 특정 문장이 반복되면서 발생한다. 여기서 논의를 조금만 더 확장하면, 단편 소설을 포함한 소설의 운율도 비슷한 부분에서 발생한다는 것을 알 수 있다. 시의 한 갈래인 서사시의 리듬과 단편 소설의 리듬은 비슷한 부분에서 발생한다. 때문에 소설에도 리듬이 있는가, 라고 물었을 때 우리는 소설에는 리듬이 없다고 단정할 수 없다. 물론 압축미가 강한 시처럼 단편 소설에도 강한 리듬감이 있다고 할 수는 없겠지만, 시의 확장된 형태로서의 리듬감이 분명 존재한다고 말할 수는 있다. 적재적소에 배치되어 리듬을 형성하면서 거대 서사의 진행을 만들어가는 리듬감이 분명 존재하기 때문이다. 따라서 만약 소설에도 리듬감이 있다면 영화에도 리듬감이 있다고 해야 한다. 영화의 서사 구조를 연구하는 한 학자는 다음과 같이 말한다.

> 사람들은 익숙한 것을 좋아한다. 앞에서 나왔던 무엇인가가 뒤에 또 나오면 친근하고 재미있게 느껴진다. 그래서 코미디언들은 재미있는 말을 반복하여 유행어를 만든다. 영화는 영상예술로서 사진과 유사하지만 또한 시간예술로서 음악과도 가깝다. 이야기를 구성할 때는 특정 요소를 반복함으로써 음악의 리듬과 운율 같은 정서적 리듬을 만들 수 있을 것이다. 그런 점에서 딱딱한 산문보다는 운율이 있는 시가 더 영화에 가까울 것 같다. 영화에서도 반복되는 요소는 스토리에 리듬감을 줄 뿐만 아니라 상징적인 의미를 전달하기도 한다.(권승태, 『3막의 비밀 : 스토리텔링의 보편적 법칙』, 커뮤니케이션북스, 2012, 264쪽)

시의 운율처럼 영화에서 등장하는 반복적 요소가 리듬감을 줄 수 있다는 말은 분명 맞는 말이다. 반복되는 요소는 리듬을 형성한다. 영화에서도 마찬가지다. 가령 권승태의 지적처럼 〈아바타〉의 화살 모티프나 "I see you"라는 대사, 〈타이타닉 Titanic〉(제임스 카메론, 1997)의 태양의 눈물, 〈박하사탕〉의 김영호가 다리를 저는 것 등이 반복해서 등장함으로써 상징적 의미도 지니면서 동시에 리듬감을 만들어낸다.

반복되는 요소를 통해 기이한 리듬감을 만들어내는 영화의 사례로는 단연 홍상수의 영화를 들어야 한다. 그의 영화에는 언제나 비슷한 상황이나 대사, 인물이 등장해 반복과 대구, 차이와 대조를 이루면서 묘한 리듬감을 만들어낸다. 가령 〈지금은맞고그때는틀리다〉(2015) 같은 영화는 수원에 내려온 영화감독이 화가를 만나 술을 마시고, 가까워지고, 실망하는 과정을 그리고 있다. 그런데 2부로 구성된 이 영화에서 1부와 2부가 같은 상황의 반복인지, 비슷한 상황의 반복인지도 헷갈릴 정도로 비슷하다. 그래서 영화를 본 이들은 지금은 맞고 그때가 틀린 것인지, 지금은 틀리고 그때가 맞는 것인지, 아니면 지금도 맞고 그때도 맞는 것인지, 지금도 틀리고 그때도 틀린 것인지 고민해야 한다. 물론 홍상수는 비슷하거나 같은 상황의 반복을 통해 인간의 만남과 헤어짐, 그 과정의 고민과 생의 의미에 대해 묻지만, 이 영화를 보는 관객들은 반복되는 상황의 여러 요소들을 통해 기묘한 리듬감을 느끼게 된다. 이때 느끼는 리듬감을 한 단어로 정확하게 요약할 수는 없지만, 그 리듬감이 없다면 홍상수의 영화는 죽은 영화나 마찬가지다. 반복되지만 묘하게 다른 상황의 재현을 통해 우리는 반복되는 우리의 일상을 돌아볼 수도 있고, 자기중심적인 인간의 기억을 반추할 수도 있다. 그런데 홍상수 영화의 리듬은 단순히 작은 부분의 반복을 통해 등장하는 것이 아니라 서사 구조의 힘 안에서도 작동한다. 그는 기승전결의 고유한 스토리 전개 방식을 고집하지 않지만, 오히려 에피소드식 구성을 통해 더욱 강한 리듬을 만들어낸다. 홍상수의 영화가 지닌, 대중적인 영화와의 가장 큰 차이점은 바로 이 부분이다.

이렇게 말해놓고 나니 대중적인 영화의 리듬감에 대해서도 이야기해야 할 것 같다. 흔히들 말하는 것처럼, 3막 구조를 토대로 하는 대중영화에도 '서사적 리듬감'이 존재한다. 가령 1막에서는 도발적인 사건으로 주인공의 삶의 균형을 깨뜨린 뒤, 전환점에서 주인공의 목표를 명확하게 설정한다. 이 과정을 통해 캐릭터를 완벽하게 설명해 주어야 하고 동시에 관객과의 동일시가 일어나야 한다. 2막의 전환점에서 엄청난 위기나 죽음을 경험한 주인공이 3막의 절정을 통해 마침내 문제를 해결한다. 이런 과정에서 주인공은 목표를 지니고 적대자는 주인공을 방해한다. 대부분의 이야기는 이와 같은 구조를 지니는데, 각 막의 흐름을 자연스럽게 관객들이 따라가도록 만들어주는 것이 바로 리듬이다. 이 리듬이 최대한 자연스러워야 관객들은 이야기에 몰입할 수 있다. 물론 반전, 서브플롯 등이 서사 구조 안에 포함되지만 이 모든 것을 아울러 한 편의 영화가 고유한 리듬을 만들어내야 한다. 결국 서사의 힘은 유연한 리듬에서 나온다. 때문에 '서사적 리듬'이라는 용어가 등장하게 된다.

4. 결국 영화의 리듬이란!

영화에도 리듬이 존재하는지 묻는 우문으로 글을 시작하면서 음악의 리듬, 시의 리듬, 소설의 리듬 등을 경유해 다시 영화의 리듬으로 돌아왔다. 정말이지 내가 던진 물음은 우문이다. 시간성을 전제하는 예술에 리듬이 없으면 그것은 존재할 수도 없고, 또한 예술이 될 수도 없다. 영화에는 카메라의 리듬감도 있고, 편집의 리듬감도 있으며, 각 부분들을 모아 거대한 이야기가 되니 서사적 구조의 리듬감도 있다. 시처럼 부분이 반복되면서 리듬을 형성하기도 하고, 배우의 연기와 영화 음악을 강조해 리듬감을 조성하기도 한다. 결국 영화는 시간성과 공간성을 동시에 지닌 리듬의 예술이다.

이 부분에서 장르 이야기를 해야 한다. 장르는 관객과 제작자의 약속이다. 불특정 다수의 관객과 만나는 제작자가 불안정성을 줄이기 위해 만들어낸 장치가 바로 장르이다. 비슷한 이야기 구조를 만들어 관객의 기대치를 채워주는 것. 아주 짧게 요약하면 장르란 바로 이런 것이다. 그런데 장르에는 각 장르마다 리듬이 있다. 멜로적 코드가 강한 신파는 최대한 상황을 길게 늘여 관객의 눈물샘을 자극한다. 반대로 관객의 공포를 자극하는 호러영화는 전체 상황을 보여주지 않고 부분에만 집중하면서 짧게 끊고 급하게 연결해 공포 분위기를 조율해 낸다. 코미디는 서브 장르에 따라 템포가 모두 다르다. 슬랩스틱 코미디는 육체가 리듬을 만들어내고, 스크루볼 코미디는 분위기와 대사가 리듬을 형성하고, 시츄에이션 코미디는 상황이 마지막을 향해 가면서 리듬을 형성하다가 결국 터뜨리고 만다.

내가 좋아하는 영화는 단순하다. 사회적 의미나 영화적 메시지 등 외부적인 요인을 제외하고 오로지 영화 내적인 것만으로 평가하면, 훌륭한 영화는 '영화적' 리듬을 잘 살린 영화이다. 이 말의 의미는 의외로 간단하다. 오프닝의 리듬을 끝까지 유지하면서 관객을 끌고 가는 영화. 그런 영화는 결코 지루하지 않다. 다르게 말하면, 초반에 설정한 고유한 분위기를 끝까지 잘 이끌고 가는 영화라고 할 수 있다. 가령 훌륭한 심포니가 어떤 것이냐고 물었을 때 궁극적으로 할 수 있는 답은 리듬감을 잘 살린 심포니라고 할 수밖에 없다. 음악에서 리듬이 절대적이기 때문에 그 리듬감이 살아 있지 않은 곡은 분명 실패한 곡이다. 걸작으로 평가 받는 추상화에도 작품마다 내적 리듬이 살아 있다. 칸딘스키나 폴락의 작품을 보면 기묘하게도 그 안에 리듬이 존재한다. 김환기의 추상화 역시 마찬가지다. 그 리듬에 어긋나거나 그것을 깨뜨리면 실패한 작품이 된다.

이렇게 보면 좋은 영화는 리듬감이 일관되고 그것을 잘 살린 영화이다. 문제는 이 리듬을 이성적이고 합리적으로 설명하기가 무척이나 어렵다는 것이다. 개인에 따라 느끼는 그 무엇이라고 하면 지나치게 추상적이다. 카메라의 이동에 따른 리듬도 있고, 편집을 통한 리듬도 있으며, 서사 구조의 측면에서 발생하는 극적 흐름의 리듬도 있지만, 결국 영화의 리듬은 이 모든 것이 합쳐서 만들어내는 것이다. 그 합쳐진 리듬이 좋을 때 대개 영화는 좋은 작품에 가까워진다.

가령 나에게 리듬감이 좋은 영화를 묻는다면 당장은 〈범죄의 재구성〉(최동훈, 2004)이 떠오른다. 다섯 명의 사기꾼들이 모여 한국은행을 터는 범죄/스릴러인 이 영화는 같은 장르의 영화 대부분이 그런 것처럼, 초반에 여러 인물들을 설정하고 사건을 전개하면서 곧 반전이 드러난다. 반전을 통해 사건의 진실에 접근하면서 영화는 점점 결말을 향해 나아간다. 이 영화의 최고 장점은 속도를 무척이나 잘 조절했다는 것이다. 각각의 개성을 지닌 캐릭터를 설정하는 초반부터 영화는 원래 그 속도로 진행되었던 것인 양 정확히 속도를 유지하면서 리듬을 형성한다. 빠르게 치고 나가다가 좀 쉬어서 적당한 멜로를 만들고, 다시 가파르게 치고 나가는 모습을 보면 이 영화만의 고유한 리듬이 존재한다고, 그 리듬이 적절히 유지되어 끝까지 이어졌다고 할 수밖에 없다. 심지어 각 인물들의 대사에도 리듬이 있다. 마치 랩을 하는 것처럼 쏘아대는 대사들의 향연과, 그것을 바로 받아 연결하는 인물들의 재치.

안드레이 타르코프스키 감독의 〈희생 The Sacrifice〉(1986)은 〈범죄의 재구성〉과는 전혀 다른 리듬을 지니고 있다. 바흐의 '마태수난곡'을 배경으로 등장인물을 보여준 오프닝부터 영화는 느린 카메라에 담긴 인물의 고뇌를 추적한다. 세상의 종말을 자신의 희생으로 막겠다는, 지독히도 종교적인 이 영화에서는 그 유명한 롱 테이크로 '시적 카메라'라 명명 받은 리듬을 형성하면서 상황을 천천히 지켜보도록 유도한다. 느리지만 유려한 카메라의 흐름을 보면서 우리는 이 영화의 리듬에 대해 생각하게 된다. 그러니까 〈희생〉은 전혀 다른 리듬을 형성해 신과 인간의 구원 문제를 영상화한 예술 영화로 평가 받았다.

짧게라도 결론을 지어야 할 것 같다. 영화의 리듬에 대해 설명하라면 영화 숫자만큼의 리듬이 존재한다고, 하나마나한 이야기를 해야 할 것이다. 그러나 다음과 같은 말은 할 수 있다. 좋은 영화에는 고유한 리듬이 있다고, 그 리듬이 깨지지 않고 부드럽게 이어져 흐른다고. 시간성을 중시하는 모든 예술처럼 영화에도 당연히 리듬이 있다. 아니 종합예술이기 때문에 그 어떤 예술보다 리듬이 더 중요하다.

3부

영화라는 거울에 비친 세상

바이러스의 영화적 재현, 그 재현의 재구성

1. 2020년, 영화 같은 현실, 현실 같은 영화

먼 훗날 우리들은 2020년을 어떻게 기억할까? 지금으로서는 쉽게 단정할 수 없지만, 어떤 형태로든 '코로나바이러스 감염증-19(이하 코로나19)'의 공포와 떼어놓지는 못할 것이다. 2020년 4월 현재, 전 세계는 코로나19의 공포에 휩싸여 있다. 세계 최강국인 미국에서는 무서운 속도로 감염자가 증가하고 있고 그 속도에 맞추어 사망자도 늘고 있다. 우리가 선진국이라고 생각했던 유럽도 코로나19로 의료 시스템이 거의 붕괴되었고, 심지어 우리가 본받고자 했던 북유럽의 사정도 별반 다르지 않다. 선진국의 사정이 이러하니 중진국이나 후진국은 말해 무엇 하겠는가? 21세기라고 믿기 어려운 일들이, 가령 인도에서는 길에 나온 사람을 경찰이 매로 때리는 일이 벌어지고 있다. 문제는 출구가 보이지 않는다는 것. 사람들이 모일 수 없으니 일상생활을 유지할 수 없고 (따라서) 직장 생활도 쉽지 않으니, 결국 사회가 마비되다시피 한다. 경제적 위기는 차치하고라도 의료 시스템이 붕괴하니 생존 문제로 치닫는다. 아픈 이들을 치료할 수 없고, 심지어 어떻게 전염되었는지 경로조차 알지 못한다. 다행히 우리나라는, 지금 이 글을 쓰고 있는 시점에서는 하루 확진자가 10명 내외로 비교적 안정적이지만, 언제 어디서 다시 코로나19가 무서운 산불처럼 번질지 알 수 없다. 조심하고 또 조심하면서, 마치 살얼음판을 걷고 있는 듯한 나날의 연속.

바이러스 앞에 선 인간이 얼마나 나약한 존재인지 새삼 깨닫는다. 당장 우리는 2020년 가을이라는, 매우 짧은 미래조차 예견하지 못한다. 여름에 바이러스가 잠시 잠잠해졌다가 가을에 대유행을 할지, 여름에도 확대되어 숱한 사망자가 발생하는 모습을 속수무책으로 지켜봐야 할지, 아니면 (간절히 바라는 것처럼) 여름 이전에 바이러스가 소멸되어 안정적인 생활을 영위할 수 있을지 알지 못한다. 백신은 기약이 없고, 바이러스는 경계가 없다. 바이러스는 인종과 지역과 종교와 남녀를 구분하지 않는다. 이 암울한 상황. 극단적인 무력감. 방에 갇혀(?) 뉴스를 접하며 우울해지기만 하는 마음. 어떻게 하면 이 상황에서 벗어날 수 있을까? 기이하게도, 요즘 가장 뜨겁다는 드라마 〈킹덤〉 두 번째 시즌도 바이러스 소재의 드라마다. 드라마는 분명 바이러스가 창궐하기 전에 기획되고 촬영되었는데, 개봉할 즈음에는 전 세계에 바이러스가 창궐하고 있어 현실과 극이 닮아버렸다. 해서 드라마를 보고 있으면 현실이 보이고, 현실을 보고 있으면 드라마가 연상된다. 드라마의 바이러스는 경상도에서 폭증해 수도권으로 몰려오고, 정치인들은 그것을 막으려 하기보다는 이용하려고만 한다. 전면에 나선 의녀가 비밀을 캐나가지만, 상황은 여의치 않다. 이제 어떻게 할 것인가? 좁은 방에서 세 번째 시즌을 기다려야 하는가?

영화 같은 현실, 현실 같은 영화. 이것은 단지 수사에 그치지 않는다. 영화의 가장 큰 매력은 현실을 실감나게 담을 수 있다는 것에서 출발한다. 무엇보다 영화는 시청각적 매체라서 인간에게 가장 긴요한 감각인 시각으로 현실을 직시할 수 있게 하고, 여기에 청각을 더해 실제로 특정 현상을 눈으로 보고 귀로 듣는 듯한 착각에 빠지도록 만든다. 이뿐인가? 허무맹랑한 이야기를 영화 안에 담으면 관객들에게 가차없이 버림받기 때문에, 산업인 영화는 손익분기점을 넘기기 위해 현실에서 일어날 법한 이야기를 담는다. 그래야 많은 이들이 관람할 게 아닌가. 실제 일어날 만한 이야기를 시청각적으로 매력적이게 그린 영화. 때문에 영화는 현실을 담고, 현실은 영화 속에 담긴다. 다르게 말하면, 사회는 영화 속에 담기고 영화는 사회를 담는다. 영화를 보면서 현실을 떠올리는 것이 지극히 당연한 것은 이 때문이다. 영화는 현실이 되고, 현실은 영화가 된다.

때문에 나는 영화처럼 현실이 되어버린, 또는 현실보다 더 영화적인 바이러스의 실체를 보면서 상상의 여행을 떠나기로 했다. 지금의 바이러스 정국이 희극으로 끝날지 비극으로 끝날지 알 수는 없지만, 지금까지 바이러스를 다룬 영화를 통해 영화는 어떻게 바이러스에 대해 '집단적으로' 상상하는지 알고 싶었다. 그 상상력을 통해 지금의 현실을 돌아보고 싶었다. 텍스트로 삼은 영화는 모두 네 편이다. 조류인플루엔자(avian influenza virus)의 무서운 변이를 다룬 〈감기〉(김성수, 2013),

변형 연가시의 공포를 그린 〈연가시〉(박정우, 2012), 한강의 돌연변이 괴물이 숙주가 되었다는 소재의 〈괴물〉, 〈킹덤〉처럼 좀비가 바이러스처럼 번져 나가는 〈부산행〉 등이 텍스트다. 이제 네 편의 영화가 어떻게 바이러스의 발생과 전개 과정을 그리는지, 이 상황에서 정부는 무엇을 하고 사람들은 어떻게 대처하는지, 그리고 이 과정을 통해 우리는 무엇을 성찰할 수 있는지 살펴보려고 한다.

언젠가 니체는 말했다. 사실은 없고 해석만 있을 뿐이라고(There are no facts, only interpretations). 이 명제를 거창하게 철학적으로 해석할 필요 없이, 사실보다는 해석에 의존한 정보만이 주위에 넘칠 뿐이라고 생각하면서, 바이러스를 해석한 영화들 안으로 들어가 다시 현실을 보려 한다. 영화 속에는 사실은 없고 해석만 존재하지만, 그 해석은 다시 사실로 향하지 않을 수 없다. 물론 이때 사실은 해석하기 전의 사실과 같을 수는 없다. 다만 해석에 의해 재현된 사실일 뿐이다. 그래서 바이러스라는 사실을 해석한 영화를 통해 나는 다시 현실로, 사실로 돌아가고자 한다. 그곳은 우리가 발 딛고 있는 곳이고, 또한 우리가 바라본 세상이 될 것이다. 그곳으로 가 우리가 어떻게 재현되었는지, 그 재현이 현실과 어떻게 같고 다른지 비교하고자 한다.

2. 영화의 재현, 재현의 재현

바이러스는 영리하다. 결정적인 선택의 기로에서 그들은 자신의 존재 증명을 위해 하나를 선택하고 하나를 포기한다. 가령 치사율이 높은 바이러스는 전염력을 낮추고, 전염력이 강한 바이러스는 높은 치사율을 포기한다. 그래서 쉽게 전염되면 치사율이 낮고, 치사율이 높으면 쉽게 전염되지 않는다. 바이러스는 이처럼 적당히 타협하면서(?) 존재를 유지해 간다. 무서운 것은 가끔 등장하는 그렇지 않은 바이러스다. 전염도 잘 되고 치사율도 높으면 어떻게 바이러스를 막을 것인가? 바이러스를 다룬 대다수의 영화는 바로 그런 바이러스를 소재로 한다. 그도 그럴 것이 그렇지 않은 바이러스를 소재로 하면 극적 긴장감이 떨어지지 않겠는가. 현실보다 못한 강도의 바이러스 소재 영화를 누가 돈을 내고 보려고 하겠는가? 지금 우리가 접하고 있는 코로나19는 전염력이 강하지만 상대적으로 치사율은 낮다고 평가 받는데, 실상은 그런 것 같지도 않다. 치사율은 점점 올라가고 전염력은 그 어떤 바이러스보다 강하다. 이미 변형이 진행되었고, 완치된 환자가 다시 감염되기도 한다. 점점 무서운 바이러스로 변화하고 변형되고 변이되고 있는 것. 그 공포를 지닌 채 영화 안으로 들어가 보자.

네 편 모두 바이러스를 다루고 있지만 양상은 다르다. 〈감기〉의 소재인 조류인플루엔자는 변이되어 인간에게도 전염되는 바이러스다. 문제는 변이에 변이를 거듭해 전염되는 속도가 엄청나고, 치사율도 극히 높고, 무엇보다 감염되면 단 36시간 만에 사망할 수도 있다. 코로나19와 비슷하게 호흡기로 감염되지만, 감염 속도는 초당 3.4명이고, 치사율은 100%다. 일단 감염되면 무조건 죽는다. 이제까지 제작된 영화 가운데 가장 과격한 바이러스를 그리고 있다고 해도 과언이 아니다. 영화 속 공포는 상상을 초월한다. 다만 감염자와 접촉한다고 100% 감염되지는 않고 50% 정도만 감염된다는 것에 안도의 숨을 쉬어야 할 정도.

〈연가시〉는 〈감기〉와는 다른 성질의 바이러스를 다룬다. 엄밀히 말해 연가시는 바이러스가 아니라 기생충의 일종이다. 우리에게 연가시는 사마귀 몸속에 들어갔다가 산란기에 사마귀의 뇌를 조종해 물로 들어가게 해 번식하는 기생충으로 알려져 있다. 영화는 숙주인 인간으로 하여금 물속에 뛰어들도록 유도해 익사시키는 변종 연가시를 다룬다. 수개월의 잠복기를 가진 변종 연가시는 여름에 물놀이를 하러 온 사람들의 항문이나 입으로 들어가서 몸속에서 자라다가 산란기가 되면 사람의 뇌를 자극해 죽게 만든다. 무서운 것은 기생충 가운데 잠복기간이 짧다는 것이고, 치사율이 100%라는 점이다. 4대강을 타고 급속하게 번져나가는 이 재난을 영화는 매우 공포스럽게 그린다.

흥미롭게도 〈괴물〉은 바이러스를 다루지만 정작 바이러스는 존재하지 않는다. 이 역설적 상황이 〈괴물〉의 가장 흥미진진한 지점인데, 영화는 이 상황을 매우 사실적인 방식으로 그린다. 한강에 괴물이 나타나 사람들을 습격하고 일부는 잡아갔다. 한강변에서 괴물과 맞서 싸운 미군 도널드 하사(데이빗 안셀모)에게 이상한 바이러스의 흔적이 발견되면서 함께 싸웠던 박강두도 병원에서 검사를 받게 된다. 정부와 세계보건기구는 괴물을 잡는 데 집중하지 않고 괴물이 퍼트리는 바이러스의 정체를 밝히는 데 전념한다. 한강에 사람이 접근하지 못하니 괴물은 가끔 나오는 이들을 잡아먹을 뿐이지만, 바이러스가 있다고 알고 있는 시민들은 공포에 빠진다. 특히 그 증상이 감기와 비슷하다고 알려지면서 시민들은 거의 패닉 상태가 된다. 마치 지금처럼 마스크를 쓰고 주위의 사람들을 극히 꺼린다. 신기하게도 이런 괴물을 만든 이가 미군이다. 미군 기지에서 독극물을 한강에 무단방류해 물고기가 변이의 변이를 거쳐 거대한 괴물이 되었다. 결국 〈괴물〉은 바이러스를 다룬 영화가 아니라 바이러스를 빙자한 제국주의의 횡포를 다루고 있다. 영화에 의하면 괴물보다 더 무서운 것이 바이러스에 대한 소문이고, 이를 활용한 제국주의의 일방적인 폭력이다.

앞의 영화들과 다르게 〈부산행〉은 좀비를 다룬다. 이 말은 〈부산행〉이 가장 직접적이고 노골적인 바이러스를 재현하고 있다는 말과도 같다. 좀비는 사람이 아니다. 좀비가 되는 순간, 그는 살아 있는 존재도, 죽은 존재도 아니다. 영혼은 없지만 좀비는 '살아서' 움직인다. 바로 이런 상태, 사람도 아니고 사람이 아닌 것도 아닌 좀비는 그래서 더 무섭다. 그들은 정신은 없지만 육체는 살아 움직이면서 사람들을 물어 좀비로 만든다. 결국 좀비는 사람을 사람이 아니게 만드는 존재다. 그래서 좀비는 바이러스의 메타포다. 좀비에게 물리면 사람이 아닌 존재가 되어 버린다(영혼이나 정신은 죽는다). 게다가 치사율 100%인 전염병처럼 좀비에게 물리면 무조건 좀비가 된다. 흉포한 모습의 좀비는 뼈와 살가죽만 남은 참혹한 몰골의 시체인 〈연가시〉의 사체나, 피를 토하면서 쓰러져 죽는 〈감기〉의 감염자, 돌연변이의 돌연변이가 되어 흉측한 괴물로 변한 〈괴물〉의 물고기나 골뱅이와 다르지 않다. 결국 좀비는 가장 치명적인 바이러스의 메타포다.

3. 정부의 대처, 미국의 개입

바이러스가 창궐하면 국가는 비상 상황에 처하게 된다. 바이러스를 정부가 통제할 수도 있고, 때로는 국가의 힘으로 막기 어려운 상황일 수도 있지만, 어떤 쪽이든 시민들은 엄청난 희생을 치러야 한다. 지금 우리가 목도하고 있는 현실에서 경험하는 것처럼 정부가 할 수 있는 일은 그리 많지 않다. 전염을 막기 위해 이동을 제한하거나 창궐한 지역을 폐쇄하는 것, 그리고 사람들에게 기본 수칙을 지키도록 강조하는 것이 주 역할이다. 물론 질병관리본부를 통해 확진자의 동선을 파악하고 철저히 조사를 한 뒤 방역을 하는 것은 기본적인 일이다.

〈감기〉가 선택한 방법은 가장 과격하다. 영화에는 대통령이 직접 등장하고 국무총리와 주무 장관도 나와서 청계산 지하 벙커에서 회의를 한다. 그들이 내린 결정은 2차 확산을 방지하기 위해 국가 재난사태를 발령하고, 분당을 폐쇄하는 것이다. 처음 환자들이 발생할 때 폐쇄를 비웃던 지역 국회의원—이 영화에서 의아한 것 가운데 하나는 왜 지역 국회의원이 국가 대책본부에 참석하는지 알 수 없다는 것이다. 게다가 그는 의사의 말에 계속해서 빈정대는, 전형적인 기회주의자다—은 누구보다 적극적으로 분당을 폐쇄해야 한다고 말한다. 그리고 정말 놀랍게도 바이러스가 지역을 휘감고 있는 상황에서 모든 주민을 집에서 강제로 나오게 해 탄천변의 임시 수용소에서 생활하도록 한다. 흩어 놓아야 할 사람을 오히려 한 곳에 모아둔다는 설정은 말이 되지 않는다. 악성 루머를 퍼트릴 수 있다며 핸드폰 기지국마저 폐쇄한 대책본부는 급기야 병에 감염되었다고 판단된 이들은 바로 끌고 가서 죽여 화장한다. 그래서 영화 속 격리 수용소는 마치 아우슈비츠를 연상케 한다. 모든 사람들에게 옷을 벗게 해 소독을 하고, 안이 훤히 보이는, 지독히도 좁은 비닐천막에서 살게 한다. 병에 걸리면 모두 죽는다는 사실을 안 이들이 폭동을 일으켜 서울로 가려고 하자, 대책본부에서는 이들을 모두 죽여 대한민국을 살리자고 하고, 실제 시민들에게 발포한다. 이처럼 정상적인 사람으로서는 도저히 이해할 수 없는 일들을 대처라는 이름하에 실제 행한다. 이 영화가 좋은 작품이라는 평가를 받지 못하는 이유 가운데 하나는 바로 이런 상황을, 그러니까 현실과는 지독히도 동떨어진 내용을 매우 파시즘적으로 그리고 있기 때문이다.

〈연가시〉의 정부 대책은 〈감기〉에 비하면 지극히 정상적이라고 할 수 있다. 변종 연가시 때문에 사망자들이 기하급수적으로 늘어나자 비상대책본부를 가동해 감염자 전원을 공공기관에 격리 수용한다. 영화 속 주인공의 가족은 체육관에 수용되어 있는데, 이런 설정은 (우리에게 익숙한) 〈기생충〉의 수재 피해자들의 모습과 닮아 있다. 이들은 감염자지만 〈감기〉처럼 호흡기로 감염되지는 않기 때문에 다른 사람들과 함께 생활할 수 있다. 그러나 산란기가 다가오는 연가시의 활동을 우려해 수용소의 가족 출입을 금하고 만다. 백신이 없는 상황에서 고립된 감염자들은 극단의 공포와 고통에 시달려야 한다. 특히 산란기가 다가온 연가시가 물을 찾기 때문에 감염자들은 극단적일 정도로 물에 집착한다. 물을 마시면 갈증을 해소하는 것이 아니라 오히려 죽는 상황임에도 그 사실을 인지하지 못한다. 때문에 좁은 공간에서 물과 사투를 벌이는 처절한 모습이 영화에는 잘 그려져 있다. 이런 상황에서 정부는 백신을 찾고, 이를 빨리 공급하기 위해 최선을 다한다.

〈괴물〉은 괴물이 한강변에 등장하자마자 한강을 폐쇄하고, 피해자들을 위해 합동 장례식장을 운영한다. 그런데 도널드 하사가 원인 불명의 바이러스에 감염되었다고 판단한 미국은 괴물이 바이러스의 숙주라고 생각해 한강변에 있었던 이들을 모두 병원에 격리해 조사한다. 특히 괴물의 피가 얼굴에 튀었던 박강두는 특별관리 대상이다. 영화는 한국 특유의 재난 처리 방식을 영화 속에 녹여내면서 여러 문제점을 재현한다. 정부의 뻔한 대책, 언론의 천편일률적 받아쓰기 보도, 공무원의 복지부동과 돈 밝히는 습성 등이 그러하다. 겨우 탈출했지만, 괴물을 죽이지도 못하고 아버지마저 죽은 뒤 사로잡힌 강두는 인체 실험을 받아야 한다. 세계보건기구에서 나온 전문가들은 강두에게 바이러스가 있다면서 생체실험에 가까운 실험을 한다. 영화에서 가장 문제적인 장면은 미국에서도 아직 실험이 완성되지 않은 에이전트 옐로우라는 화학 약품을 괴물에게 대량 살포하는 것이다. 모든 정책에서 정부는 뒷전에 있고 심지어 등장하지도 않는다. 재난영화면서도 자국의 대통령이 등장하지 않는 기이한 영화. 물론 봉준호는 이런 설정을 통해 하고픈 말이 있었을 것이다.

〈부산행〉은 위의 세 편과는 다른 전개를 한다. 바이러스가 아니라 좀비를 다루고 있기 때문에 격리하거나 수용하는 설정이 아예 등장하지 않는다. 화산 폭발 시 마그마처럼 끔찍한 속도와 형태로 공포스럽게 다가오는 좀비의 습격에 사람들은 도망가기 바쁘고, 긴급재난 경보령을 선포한 정부는 사건을 정확하게 언급하지도 않는다. 좀비가 바이러스처럼 급속도로 퍼지는 상황을 처음에는 폭동이라고 하더니, 시간이 지나면 아예 정부는 등장하지도 않는다. 무정부 상태가 되어버린 것. 그런데 신기하게도 부산은 좀비의 공격을 막아 정상이다. 이것이 이해하기 어려운 것은 전국에서 동시에 좀비 바이러스가 확대되었는데 어떻게 부산만 그렇지 않은지 이해하기 어렵기 때문이다. 아무래도 이 영화는 서울에서부터 빠르게 점령당했던 한국전쟁의 트라우마를 영화로 재현한 인상을 지울 수 없다. 그래서 부산은 해방구이고 살 수 있는 공간이 된다. 이렇게 보면 경상도를 바이러스의 온상으로 재현한 〈킹덤〉과는 전혀 상반된 방식으로 재난 상황을 재현하고 있음을 알 수 있다. 같은 바이러스를 재현해도 이렇게 다른 방식으로 그리고 있어 여러 영화들을 비교해 보는 것이 흥미롭다.

정부의 대처를 설명하면서 품었던 몇 영화에 대한 의문은 〈괴물〉에서 이미 거론한 바 있다. 분명 우리나라에서 발생한 바이러스를 재현하고 있지만, 많은 영화는 미국을 재현하고 있다. 〈감기〉에서 가장 이해하기 어려운 것은 청계산 지하 벙커에서 국가 대책본부를 구성할 때 미군이 들어와서 전염자의 서울 진입을 막아야 한다며 '클린 시티' 작전, 즉 분당 시민을 모두 사살하는 작전을 세운다는 것이다. 국무총리와 지역 국회의원, 장관들은 모두 미국의 편을 드는 상황에서 대통령만 국민을 죽일 수 없다며 강하게 반대한다. 이 부분에서 핵심은 전시작전권이 미국에 있다는 것인데, 〈감기〉의 극적 상황은 전시가 아니고 국민도 적이 아니기 때문에 논리적으로 말이 되지 않는다. 대통령이 반대하자 미군 지휘관은 평택에서 전투기를 띄워 시민을 학살하려고 하고, 이에 대통령은 자신의 지휘권 하에 있는 수방사에 지시해 전투기를 격추하라고 명령한다. 결국 미군이 포기하면서 일단락되지만, 말이 되지 않는 상황을 영화는 왜 재현한 것인지 의문이 남는다. 남한만의 전염병에 왜 미국이 처음부터 개입을 하고 심지어 국민을 학살하려고 한 것일까? 이 설정을 이해하기 위해서는 〈괴물〉을 보아야 한다.

어떻게 보면 〈감기〉는 〈괴물〉의 변이형 버전이다. 이미 〈괴물〉을 설명하면서 이야기한 것처럼, 〈괴물〉은 한강변의 괴물을 만든 이들이 미군이고, 괴물을 제거하기는커녕 바이러스의 숙주라면서 한강을 통제하면서 온갖 실험을 하려고 한 이도 (미국 중심의) 세계보건기구였다. 그들은 이미 특정 프레임을 정해놓은 뒤 남한에 와서 자신들이 보고 싶은 대로만 일을 처리한다. 그들에게 대한민국 국민의 안전은 관심 대상이 아니다. 도널드 하사에게서 바이러스가 발견되지 않자 박강두에게 가혹한 생체실험을 하는 것도 이 때문이고, 검증이 안 된 에이전트 옐로우를 한강변에서 실험하는 것도 이 때문이다. 〈괴물〉에서 남한은 미국의 신식민지다. 남한의 정치권력은 미국 앞에서 아무 말도 하지 못하고, 언론은 꼬리를 내린다. 이런 상황에서 (단어의 의미 그대로) 죽어나가는 것은 힘없는 서민들뿐이다. 〈괴물〉은 그런 상황을 매우 역설적으로 그리고 있다. 바이러스가 없기 때문에 만들어서라도 증명해야 하는 남한의 역할. 〈괴물〉이 보여주는, 미국이 이토록 제국주의의 안하무인격인 독선과 오만한 폭력을 지닌 나라라는 연장선에 〈감기〉가 있다. 이렇게 보면 〈감기〉와 〈괴물〉은 비슷한 지점에 머물러 있다고 할 수 있다.

〈연가시〉의 미국은 또 다른 얼굴을 하고 있다. 주인공 재혁(김명민)은 동생의 꾐에 빠져 주식에 투자했다가 실패한 후 제약회사에서 영업 일을 하고 있다. 그런데 그 회사에 변종 연가시를 죽이는 특효약이 이미 개발되어 있었지만, 영업 사원인 그는 그 사실을 알지 못했다. 외국계 자본이 제약회사의 대주주가 된 이후 더 이상 신약을 개발하지 않고 연구팀도 해체했기 때문이다. 결정적으로 외국계 자본은 제약회사를 인수하기 전에 연구팀이 연구하던 연가시로 엄청난 부를 누릴 계획이 있었는데, 그것은 바로 사람에게 변이되는 변형 연가시를 만들어 한국을 혼란스럽게 한 뒤, 국가가 제약회사를 비싼 값에 다시 사들이게 하는 것이었다. 그들의 시나리오대로 변형 연가시가 남한을 쑥대밭으로 만들자 백신의 특허권을 가지고 있는 제약회사를 정부가 몇 배의 돈을 주고 인수하려고 한다. 결국 전 세계 자본주의를 교란하는 투기 자본의 나라인 미국에 대한 〈연가시〉의 이런 재현은 〈괴물〉이나 〈감기〉에 비해 진일보했다고 할 수 있지만, 그렇다고 불편하지 않은 것은 아니다.

무정부 상태의 혼란을 그린 〈부산행〉을 제외하면 미국은 한국의 재난에 강하게 개입하거나, 재난의 원인이 되거나, 자신들의 이익을 위해 아예 재난을 만들어냈다. 미국에 대한 이런 방식의 재현을 보면서 2020년의 코로나19 상황과 얼마나 다른지 생각해 보게 된다. 〈괴물〉처럼 세계보건기구가 정부를 대신해 통제하지도 않고, 〈감기〉처럼 미군이 강압적으로 지휘하려고 하지도 않고, 〈연가시〉처럼 미국의 영악한 자본이 사건의 원인이 되지도 않았다. 그럼에도 영화들은 왜 이렇게 그린 것일까? 이것이 우리의 숙제일 것이다.

4. 가족의 연대, 신파적 정서

바이러스가 무서운 속도로 퍼져나갈 때 국가는 재난본부를 꾸려서 대응하지만, 앞에서 설명한 것처럼 미국이 개입하면서 상황은 그리 녹록치 않게 된다. 이런 상황에서 시민이나 감염자들이 의존하는 것은 가족뿐이다. 〈감기〉에서 바이러스에 감염된 딸(박민하)을 숨기면서 치료하는 어머니(수애)는 결국 딸을 구해낸다. 항체를 가진 이주노동자의 피를 몰래 자신의 딸에게 주사해 딸이 살도록 만들었는데, 항체를 준 이주노동자가 죽자 딸이 문제 해결의 키가 된다. 영화는 어머니와 어린 딸의 눈물 나는 신파적 정서에 토대를 둔다. 특히 폭동의 중심에 딸이

떠밀려 앞으로 나올 때 그를 살리려고 어머니는 힘껏 달려 자신이 총을 맞는다. 그 상황에서 어머니를 쏘지 말라는 어린 딸의 호소는 눈물샘을 자극하고 이에 대통령이 사격을 중지시키는데, 이때 대통령은 의사(pseudo) 아버지가 된다. 결국 영화는 오프닝부터 등장했던 구조대원과 어머니의 계급을 뛰어넘는 사랑, 이로 인한 새로운 가정의 출발로 끝을 맺는다. 영화는 이렇게 철저하게 가족의 테두리 안에서 작동한다.

〈연가시〉 역시 가족 이야기를 그린다. 재혁의 가족이 변형 연가시에 감염돼 격리되어 있을 때 그는 백신을 구하려고 정신없이 뛰어다닌다. 영화는 수용소에 격리되어 있는 가족과, 약을 구하려고 사방팔방으로 뛰어다니는 재혁의 이야기로 양분되고, 하나로 편집된다. 약을 손에 넣었지만 아이를 안고 우는 어머니의 모습이 측은해 몇 알 주려다가 다른 사람들에게 뺏기는 설정이나, 회사에서 은밀하게 보관하던 곳을 찾아갔지만 오히려 갇혀 불에 타 죽을 뻔한 설정은 신파적 정서 안에서 철저하게 작동한다. 결국 해결 방안도 재혁이 가족들과 즐거운 시간을 보내던 기억 안에 있었다. 엔딩은 당연하게도 가족이 놀이공원에서 행복한 시간을 보내는 것이다.

〈괴물〉은 여중생 현서를 중심에 두고 가난한 가족의 아픔과 고통, 슬픔을 그린다. 괴물에게 잡혀간 현서에게 연락이 온 후 가족은 병원에서 탈출해서 한강변으로 가 현서를 찾지만 상황은 결코 쉽지 않다. 오히려 현서의 할아버지는 죽고 아버지는 다시 잡혀서 극한 생체실험을 당해야 했고, 삼촌과 고모도 뿔뿔이 흩어진다. 다시 가족이 뭉쳐 이번에는 괴물을 물리치지만 현서는 기어이 죽고, 강두는 현서가 살리려 했던 아이 세주와 함께 한강변에서 살아간다. 결국 〈괴물〉도 가족의 연대, 이의 토대인 신파적 정서의 눈물에 일정 정도 기대고 있다.

〈부산행〉은 〈괴물〉과 닮은 지점이 있다. 이혼해서 부산에 살고 있는 엄마를 보고 싶어 하는 어린 수안(김수안)은 자신의 생일날 아버지(공유)와 함께 부산행 KTX를 타는데, 하필이면 그 열차에 좀비가 들어와 이제 전쟁 같은 일을 겪어야 한다. 어리고 연약한 수안을 증권사 펀드 매니저인 이기적인 아버지가 돌봐야 하는 상황. 이제부터 영화는 수안을 보호하려는 아버지의 여정이 된다. 한편 이들과 동행하는 만삭의 아내(정유미)와 남편(마동석) 가운데 먼저 죽는 것은 남편이다. 근육질의 상징인 마동석이 연기한 남편은 딱 자신의 역할만 하고 사라지고, 아버지는 마지막까지 수안을 지켜주고 죽으면서, 결국 만삭의 아내와 수안 둘만 살아남는다. 영화의 눈물은 수안 앞에서 아버지가 좀비로 변하기 직전에 스스로 뛰어내리는 장면에서 발생하는데, 이때 영화는 의도적으로 신파적 정서를 강하게 작동시킨다. 결국 〈부산행〉도 가족 이야기를 눈물의 정서 안에 재현하고 있다.

여기서 우리는 왜 하나같이 이 영화들은 가족의 희생과 이로 인한 신파적 정서를 강조하는지 물어야 한다. 먼저 답할 수 있는 것은 할리우드를 비롯한 전 세계의 재난영화가 대부분 비슷하다는 것이다. 그런데 특이하게도 〈감기〉나 〈연가시〉는 할리우드 재난영화와 비슷한 컨벤션으로 진행되지만, 〈괴물〉과 〈부산행〉은 그렇지 않다. 모든 재난을 극복한 후 가족이 행복하게 화해하는 이야기는 익숙하지만, 재난 이후 가족이 죽고 뿔뿔이 흩어지는 이야기는 낯설다. 더욱 기이한 것은 전자의 익숙한 이야기가 300만 명에서 450만 명 정도의 관객을 동원했고, 후자의 낯선 이야기는 천만 명 이상의 관객을 동원했다는 사실이다. 이것을 어떻게 이해해야 할까? 매우 단순해 보이는 이 수치를 통해 우리는 어떤 이야기에 더 강하게 반응했는지 알 수 있는데, 바로 이 지점 때문에 한국의 재난영화가 해외에서 좋은 흥행을 하기 어렵기도 하다. 우리 영화가 가족을 주로 다루는 것은 사회의 가장 작은 구성 요소이자 친밀한 기본 단위가 가족이기에 영화로 다루기 쉽기 때문이기도 하지만, 사회적 안전장치가 많지 않은 상황에서 국가의 재난은 바로 가족의 재난으로 연결되기에 영화에서 가족을 그리지 않을 수 없기 때문이다. 재난 상황에서 국가가 무엇을 해주길 기대하는 것보다 가족 구성원이 직접 나서서 해결하는 것이 더 신속하다는 생각도 여기서 나온다. 〈괴물〉에서 아버지와 합세한 가족이 괴물을 죽이고, 〈감기〉에서 의사(pseudo) 아버지인 구조대원이 의사 딸을 구하고, 〈연가시〉에서 아버지가 직접 문제를 해결하며, 〈부산행〉에서 아버지가 희생해서 딸과 뱃속의 아이를 살리는 것도 모두 이 때문이다.

5. 문제는 바이러스가 아니라 인간이다

이제 결론을 맺어야 할 단계에 다다랐다. 텍스트로 삼은 네 영화는 바이러스에 대한 각기 다른 양상을 지니고 있음을 알았다. 강한 전염성을 지닌 조류인플루엔자를 다룬 영화도 있고, 치사율 100%의 변형 연가시를 소재로 한 영화도 있다. 한강에 나타난 괴물이 바이러스의 숙주라고 하지만 결국 거짓임이 드러난 영화도 있고, 바이러스의 메타포로 좀비가 등장하는 영화도 있다. 이런 재난 상황에서 정부는 대책본부를 만들지만, 많은 영화에서 미국이 전면에 나서서 자신의 입장에서 해결하려 하거나 문제의 원인이 되는 경우가 있었다. 이런 상황에서 시민들은 가족을 중심으로 재난과 맞서 싸워 결국 해결하거나 가족의 일부, 특히 아버지가 희생된다.

텍스트로 삼은 영화적 설정을 현실과 비교해 보자. 코로나19는 치사율 100%의 바이러스나 존재하지 않는 바이러스가 아니다. 그리고 미국이 나서서 자신들의 입장에서 문제를 해결하려는 영화적 설정은 지금의 정부 대책과는 너무도 상이하다. 미국이 자신들에게 닥친 코로나19를 해결하지 못해 우리에게 오히려 손을 벌려야 할 정도로 우리 정부는 코로나19를 잘 대처하고 있고, 또 전 세계에서 그렇게 인정받고 있다. 가족이 중심이 되어, 특히 아버지가 나서서 문제를 해결하려는 설정도 현실에서는 의미가 없다. 전염이 되면 국가에서 격리해 치료해 주고, 증상이 의심되면 자가 격리해야 하는 상황에서 아버지가 나서서 해결할 일은 존재하지 않는다. 아버지 역시 감염될 수 있는 일반 시민일 뿐이다. 이렇게 정리하고 보니 영화적 설정과 현실의 사정은 확연히 차이가 난다. 그렇다면 다시 물어야 한다. 왜 이렇게 현실과 차이 나는 영화를 그토록 많은 이들이 관람한 것일까? 영화가 해석한 현실, 영화가 재현한 허구에 왜 동일시한 것일까? 이 물음에 대한 명확한 답을 여기서 내리기는 쉽지 않다. 사회적 변화로 인한 결과일 수도 있고, 영화 매체의 특성이 한 원인이 될 수도 있으며, 이번 사건만의 특징일 수도 있다. 기회가 주어진다면 이 문제에 대해 보다 정밀한 글을 쓰고 싶다.

글을 마무리하면서 꼭 하고픈 말이 있다. 사실 이 글은 이 말을 하고 싶어서 작성했다고 해도 과언이 아니다. 텍스트로 삼은 네 영화에는 왜 바이러스가 발생했는지 드러나는데, 바로 그 부분이 지금 우리에게 큰 경각심을 불러일으킨다. 〈감기〉에서는 홍콩에서 돈을 벌려고 평택으로 밀입국하는 동남아 노동자들이 원인 모를 바이러스에 감염되어 분당의 바이러스 사태로 확대되었다. 이미 설명한 것처럼 〈연가시〉에서는 국제 투기자본이 단지 돈을 벌기 위해 변형 연가시를 고의로 퍼트렸고, 〈괴물〉에서는 미군이 괴물을 만들고 존재하지도 않는 바이러스를 증명한다며 온갖 실험을 행했다. 상세하게 드러나지는 않지만, 〈부산행〉의 좀비는 펀드 매니저와 증권사의 농단으로 망해버린 화학회사에서 이상한 약품이 흘러나오면서 만들어진 것으로 추정된다. 결국 네 편 모두 바이러스는 인간이 만든 것이라는 공통점이 있다. 자본주의 사회에서 돈을 벌기 위해, 아니면 자연 생태를 무시했기 때문에 바이러스가 만들어졌다. 인간의 욕심이, 욕망이 바이러스를 만들어 냈다면, 바이러스의 숙주는 인간이라고 하지 않을 수 없다. 코로나19 역시 인간의 탐욕이 키워낸 결과 아닌가.

인간이 얼마나 탐욕스러운 존재인지 보여주는 영화가 있다. 인간이 바이러스와 다를 바 없다는 생각을 하게 만드는 영화. 그 영화를 보면 지구의 바이러스는 인간이라는 것, 인간의 탐욕이 바로 바이러스라는 걸 깨닫게 된다. 영화 〈매트릭스 The Matrix〉(릴리 워쇼스키·라나 워쇼스키, 1999)에서 컴퓨터 프로그램인 스미스 요원(휴고 위빙)은 사로잡힌 저항군 지도자 모피어스(로렌스 피쉬번)에게 이렇게 말한다.

이곳에 있는 동안 깨닫게 된 사실이 있어. 너희들 인간 종족을 분류하다가 영감을 얻었지. 너희는 포유류가 아니었어. 지구상의 모든 포유류들은 본능적으로 자연과 조화를 이루는데 인간들은 안 그래. 한 지역에서 번식을 하고 모든 자연자원을 소모해 버리지. 너희들의 유일한 생존방식은 또 다른 장소로 이동하는 거야. 이 지구에는 그와 똑같은 방식을 따르는 유기체가 또 하나 더 있어. 그게 뭔지 아나? 바로 바이러스야. 인간이란 존재는 질병이야. 지구의 암이지.

이 주장에 당신은 어떻게 답할 것인가? 아니 답할 수나 있는가? 이제 인간은 바이러스가 되고 말았다.

지금 한국 영화는 역사 영화 전성기

1. 역사 영화의 현장으로

기이한 현상. 지금 한국 영화는 이상한 길을 가고 있다. 그 길은 이제까지 한국 영화사에서 걷지 않은 길이라 조심스럽고 걱정되기도 한다. 아니, 솔직한 고백을 하자면, 걱정이 더 앞선다. 어느 순간부터 한국 영화는 두세 명의 남성, 더 나아가서 네 명 이상의 남성이 떼(거지)로 등장해 범죄 세계로 빠져드는 영화에 '올인' 하고 있다. 이제 이런 현상이 지겨울 만도 한데, 개봉하는 영화들은 여전히 그 길을 걷고 있다. 얼마나 상황이 심각한지 한국 영화에서 여성 연기자들은 필요 없다는 볼멘소리가 등장할 정도이다. 한국 영화에는 남성 연기자만 존재하면 되는 것일까? 급기야 〈브이아이피〉(박훈정, 2017)라는 매우 '센' 영화에서 '여혐 논란'이 일었다. 영화 속 여성은 단지 죽임을 당하기만 한다. 당연히 남성이 여성을 죽이는데, 그 죽음을 통해 남성들의 연대가 공고화 된다고 몇 여성 평론가는 울분을 토했다. 이것이 일리 있는 지적이든 아니든 간에 남성 동맹의 거친 연대가 스크린을 지배하는 현상은 좋지 않아 보인다(여기서 말하지 못한 한 가지 사실이 있다. 왜 남성 중심의 영화가 집중적으로 만들어지고 있는지, 거꾸로 말하면 왜 이런 영화들을 관객들이 선호하는지 이유를 밝혀야 한다는 것이다. 지금 영화 비평은 이 부분에 집중할 필요가 있다).

남성들이 단체로 등장하는 영화의 한 축을 역사 영화(historical film)가 차지하고 있다. 여기서 말하는 역사 영화란, 아주 단순하게 말해 역사적 사건을 배경으로 하는 영화를 말한다. 이미 2000년대 직후에 거세게 일었던 팩션(faction, fact+fiction) 영화의 연장이면서 변형이라고 할 수 있는데, 당시의 팩션 영화가 특정 사건을 배경으로 하면서 실상은 허구적 성격이 강한 것이었다면, 최근 유행하기 시작한 역사 영화는 역사적 사실을 조금 더 상세하게 다루려고 한다. 가령 〈태극기 휘날리며〉는 단지 한국전쟁을 배경으로 할 뿐 거의 대부분의 설정이 허구였다면, 지금의 영화들은 이와는 명확히 다르다.

2017년 여름은 〈군함도〉(류승완, 2017), 〈택시운전사〉, 〈남한산성〉(황동혁, 2017) 등이 개봉한 해로 기억될 것이다. 어떻게든 세 영화는 논란의 중심에 섰고, 동시에 흥행의 중심에도 섰다. 가장 논란이 되었던 영화는 단연 〈군함도〉이다. 일제강점기의 여러 사건들 가운데 가장 참혹한 사례의 하나로 평가받는 군함도 사건을 재현한 이 영화는 개봉과 동시에 다양한 논란을 불러일으켰다. 스크린 독과점 논란에서 시작해, 허구적 설정이 상상을 초월한다는 비판을 지나, 마침내 친일을 옹호하는 영화라는 비판까지 받으면서 결국 흥행에 실패한 영화가 되고 말았다. 〈군함도〉는 무척이나 맛있는 요리를 만들려다가 실패한 짬뽕 같은 영화이다. 너무 많은 이야기가 한 영화에 들어 있어 관객들은 어느 장단에 춤을 추어야 할지 모르게 되었다. 과유불급(過猶不及). 〈군함도〉의 빈자리를 메운 것은 〈택시운전사〉였다. 1980년의 광주를 다룬 이 영화 역시 온전히 광주의 학살에 집중하기보다는 서울에서 택시운전사를 하는 아버지의 슬픈 사연이 강하게 녹아 있는, 신파적 정서를 내장한 영화였다. 결국 영화는, 장훈의 영화가 늘 그런 것처럼 두 남성의 이야기를 통해 역사적 현장으로 관객을 안내했고, 그 안내에 따라 관객들은 광주항쟁을 다시 조명할 수 있었다. 이 영화가 흥행에 성공할 수 있었던 이유 가운데 하나는 단연코 독일 기자의 눈으로(즉, 자연스럽게 관찰자의 시선으로) 광주의 학살을 재현했기 때문이다. 송강호라는 뛰어난 연기자가 소시민과 불의(不義) 사이에서 딸이라는 가족 문제로 고민하면서 공감대를 만들어낸 것도 흥행에 영향을 끼쳤을 것이다. 〈남한산성〉도 두 영화와 마찬가지로 아픈 역사의 현장으로 관객을 인도했다. 김훈의 소설을 원작으로 한 병조호란의 이야기. 남한산성에서 척화(斥和)와 주화(主和)를 외치던 두 대신을 비롯한 신하들, 그 사이에서 갈등하는 왕, 빨리 전쟁이 끝나기를 기다리는 (서날쇠로 그려진) 민중의 모습 등이 각자의 시점에서 재현되었지만, 전반적으로 영화는 김훈의 원작이 그런 것처럼 갈등이 약화되고 말들의 전쟁, 언어의 전쟁이 스크린에 전개되면서 흥행에 실패하고 말았다. 영화는 스크린을 통해 영상으로 보여주는 매체라는 것을 새삼 절감해야 했다.

여기서 우리는 깊이 생각해 보아야 한다. 지금 이 시점에서 한국 영화는 왜 역사 영화에 집중하고 있는 것일까? 역사 영화가 한 여름의 극장가를 지배한 것이 기이한 것은 속칭 사극(costume film)을 만들려면 제작비가 많이 들기 때문이다. 제작비가 많이 든다는 것은 손익분기점이 그만큼 높아진다는 것을 의미한다. 영화는 철저하게 산업의 논리에 의해 작동하는 매체이다. 소설가나 시인이 골방에서 원고지와 펜으로만 작품을 쓰는 것과는 다른 작업이다. 사극은 의상에서부터, 세트 등을 아우른 미술에 많은 제작비가 필요하다. 〈군함도〉처럼 아예 섬을 세트로 만들어야 하거나, 〈택시운전사〉처럼 1980년의 광주를 재현해야 한다. 이런 상황 때문에 〈군함도〉는 무려 650만 명이 들었음에도, 〈남한산성〉은 383만 명이 관람했음에도 흥행에서 실패하고 말았다. 흥행에서 실패했다는 것은 간단하다. 손익분기점을 넘기지 못했다는 말이다. 어떻게 보면 사극을 만드는 것은 도박과 같은데, 이 도박이 여전히 현재진행형인 충무로를 어떻게 이해해야 할까? 결정적인 의문. 이런 도박에서 관객들은 무엇을 얻고 있는 것일까?

2. 스크린 속 대리 역사 전쟁

비단 올 여름에만 역사 영화가 기승을 부린 것은 아니다. 지난 몇 년간의 한국 영화를 보면 역사 영화가 큰 틀을 구축하고 있음을 알 수 있다. 아니다. 약간의 과장을 하자면, 지난 몇 년간의 한국 영화는 대리 역사 전쟁을 치르고 있었다. 왜 그런지 모르겠지만, 아니, 영화가 가장 치열한 대중문화의 현장이기 때문에 영화에 그려진 역사의 재현을 두고 진보와 보수의 전쟁이 치열하게 진행되었다. 방송은 수장을 정치권이 임명하는 방식으로 통제할 수 있지만 철저하게 흥행에 민감한 영화는 쉽게 통제할 수 있는 곳이 아니다. 그래서 시작된 영화계의 대리 역사 전쟁은 보수적인 정치권과 진보적인 영화계의 싸움이라고 할 수도 있고, 지난 9년간 정권을 잡고 있던 보수적인 정치권과 그런 반작용 때문에 영화를 통해 저항했던 대중들의 운동이었다고 할 수도 있다. 특이한 것은 다른 분야의 어떤 곳에서도 영화처럼 치열하게 진보와 보수의 싸움이 전개된 곳은 없다는 것이다. 1980년대에 최전선에 있었던 문학이나 미술이 현저히 약화된 것과는 대조적이다.

전초전은 〈광해, 왕이 된 남자〉와 〈도둑들〉의 흥행이었다. 알다시피 두 영화는 2012년에 개봉했다. 그해 일어났던 사건 가운데 우리가 기억해야 할 것은 대통령 선거이다. 보수당의 대통령 이명박이 임기를 끝내고 새로운 대통령을 뽑던 그 시기, 그러니까 보수의 재집권이냐 진보의 탈환이냐는 사활을 건 선거가 행해진 해인데, 바로 그해에 개봉한 두 편의 영화는 (의도적으로 영화를 그렇게 만든 것은 아니지만) 마치 양 진영을 대표하는 것처럼 보였다. 〈광해, 왕이 된 남자〉에서 백성을 자식처럼 생각하면서 그들을 보호해 주고 싶었던 가짜 왕은 결국 신하들의 거센 저항, 진짜 왕의 등장 등으로 도망을 가야만 했다. 그가 그토록 지켜주고 싶었던 궁궐의 부하나 중전의 가족, 백성의 안위 등, 그 어떤 것도 보호하지 못했지만, 그 마음이 관객들에게 다가간 것 같다.(그 왕이 폐위되고 반정으로 등극한 왕이 명만 숭상하다가 결국 굴욕을 겪은 것이 〈남한산성〉의 이야기이고, 그 영화는 흥행에서 패했다). 자연스럽게 과거의 역사를 통해 현재의 모습을 해석하는 일들이 발생하게 되었다. 〈광해, 왕이 된 남자〉는 문재인 후보가 직접 영화를 관람하면서 '노무현

열풍'을 불러오기도 했다. 이명박이 집권하면서 자살로 삶을 마감한 불운의 대통령. 특이하게도 사극인 〈광해, 왕이 된 남자〉에 비교된 영화는 케이퍼 무비(Caper movie) 〈도둑들〉이었다. 〈도둑들〉은 목적을 위해서라면 무엇이든 다 할 수 있는, 서로를 속이고 속는 당시의 시대정신을 상징하고 있었다. 경제적 부와 사회적 지위만이 성공의 잣대처럼 보이고, 그래서 그들처럼 우리도 성공해야만 한다는, 개처럼 벌어서라도 부자가 되어야 한다는, 다시 말해 '우리 안의 이명박' 정신이 시대를 지배하고 있었다. 부자만 되면, 성공만 하면 어떤 범죄도 문제가 되지 않는 사회의 한 단면을 이 영화가 보여주고 있었다. 이제 궁금해지기 시작했다. 과연 두 영화 가운데 어떤 영화가 관객들의 선택을 받을 것인가? 다시 말해, 백성의 어버이가 되려다 실패한 왕을 그린 영화인가, 아니면 어떤 수단을 동원해서라도 성공을 해야 한다는 사실을 신랄하게 적시한 영화인가? 두 영화는 공히 천만 영화에 올랐지만, 결국 승자는 근소한 차이로 〈도둑들〉이 되었다. 〈광해, 왕이 된 남자〉는 12,323,595명을, 〈도둑들〉은 12,983,841명을 동원했다. 정말 흥미롭게도 그 해의 실제 선거도 결과는 비슷했다. 박근혜 후보는 15,773,128표를, 문재인 후보는 14,692,632표를 획득했다. 영화의 예언이 실제 선거 결과로 이어졌다고 해야 하나? 당시 영화인들은 두 영화의 흥행을 두고 선거 결과를 이미 예측하고 있었다.

영화계의 역사 전쟁은 그것으로 끝난 것이 아니었다. 〈변호인〉이 등장하면서 다시 한 번 거세게 붙었다. 널리 알려진 것처럼 〈변호인〉은 고 노무현 대통령의 변호사 시절을 다루고 있다. 상고를 졸업한 가난한 집안의 청년, 그러니까 '돈 없고 빽 없고 가방끈 짧은' 그가 고생 끝에 세무 전문 변호사로 돈을 벌지만, 한창 잘 나가던 그때, 시국 사건을 접하면서 삶이 바뀌게 된다는 이야기. 이 영화는 천만 영화 대열에 합류하면서 엄청난 반향을 불러일으켰다. 〈광해〉가 불러온 노무현 현상이 실제 노무현의 과거 행적을 바탕으로 만든 극영화 〈변호인〉에서 들불처럼 번진 것이다. 영화에 그려진 송우석(송강호)은 세속적인 변호사였지만 불의를 겪는 이들을 보면서 '삶의 전환'을 경험한다. 담당한 재판에서 그 유명한, "대한민국 주권은 국민에게 있고 모든 권력은 국민으로부터 나온다. 국가란 국민입니다"라는 이야기를 그는 당당하게 내뱉는다. 어쩌면 너무나 당연한 말이지만, 지금은 감옥에서 재판을 받고 있는 박근혜 전 대통령 재임 시절에는 잘 지켜지지 않았던 것을 지적하고 있다. 불통의 대명사처럼 되어버린 그 시절에 박근혜의 반대편에서 송우석이 노무현으로 호출된 것이다.

보수 정치권도 이런 영화적 흐름을 보고만 있지 않았다. 이제 보수의 반격이 시작되는데, 그 시작은 〈연평해전〉(김학순, 2015)이었다. 그런데 기이한 것은 이 영화의 배급사가 〈변호인〉의 배급사와 같은 회사라는 점이다. 어떻게 이런 일이 가능했는지는 배급사의 속사정을 알아보면 되겠지만, 하여간 〈연평해전〉은 실제 일어났던 연평해전을 다루고 있다. 영화가 이 사건을 재현하는 방식은 매우 단순하다. 적군인 북한군의 모습은 최대한 보여주지 않고 아군인 국군의 피해 상황과 죽는 상황을 집중적으로 조명하는 것이다. 그리고 여기에 더해, 죽어간 국군의 가족들 이야기를 한다. 그러니까 영화는 실제적인 전투 상황을 시각적으로 보여주어 긴장감을 조성하기보다는 죽어가는 국군의 공포와 희생에 집중하면서, 그것을 더욱 강조하기 위해 죽은 국군 가족의 슬픔을 다시 강조한다. 이렇게 하면 〈연평해전〉은 죽어간 이들의 희생을 강조한 영화가 되는데, 영화는 이런 희생의 원인을 당시 대통령이었던 김대중의 무책임한 정책 탓으로 돌린다. 심지어 해전의 와중에 대통령이 일본으로 월드컵 결승전을 보러가는 것으로 설정해 영화를 보는 이들이 김대중을 비판하게 만들어 놓았다.

박근혜 정부는 2015년 연말에 일본군 '위안부' 문제를 일본과 극적으로 타협했다고 발표했다. 그런데 이 발표가 있자마자 많은 이들이 이에 반발했다. 100억 원에 자존심을 팔아넘긴 밀약이라는 비판이 많았고, 실제로 일본군 '위안부' 할머니들조차 자신들에게 어떤 의견도 구하지 않고 협상을 했다며 강하게 비판했다. 대학생들을 비롯한 몇몇 이들이 일본 대사관 앞의 소녀상을 보호하기 위해 그 추운 겨울에 시멘트 바닥에서 잠을 자는 상황에서 신기하게도 영화가 한 편 당도했다. 귀향(歸鄕)이 아니라 귀향(鬼鄕), 즉 영어 제목처럼 'Spirit's Homecoming'을 다룬 〈귀향〉(조정래, 2016)은 일본군 '위안부' 문제를 정면으로 다루고 있다. 영화는 죽어서 귀신이 되어서라도 고향으로 돌아온다는 염원을 담고 있었다. 일본군의 성적 학대와 육체적 폭력에 짐승 같은 삶을 살아야 했던 소녀들의 아픔을 매우 사실적으로 그리고 있는 이 영화, 그래서 영화 자체가 폭력적이라는 비판마저 들어야 했던 이 영화는 오히려 그 방식 때문에 적극적인 반향을 불어 모았다. 그리고 현재의 폭력에 희생된 소녀가 무당이 되어 일본군 '위안부'로 억울하게 죽은 귀신과 만나 그들이 대화를 하며 서로의 아픔에 공감할 때 여전히 남성 중심의 폭력이 공고한 우리 사회를 돌아보게 만들었다. 영화의 영향 때문이라고 할 수는 없겠지만, 정부가 맺었던 일본과의 합의는 더욱 강한 저항에 부딪치게 되었고, 문재인 후보가 대통령이 된 뒤에는 재협상을 추진하게 되었다.

보수 정치권의 반격은 2016년에도 이어져 거대 규모의 영화 〈인천상륙작전〉(이재한, 2016)을 극장에서 볼 수 있었다. 리암 니슨이라는 할리우드의 스타 배우가 맥아더 역을 맡고 이정재, 정준호, 김선아 등이 출연한 이 영화에서 강조한 것은 북한의 폭압적인 통제 아래 신음하는 인천을 맥아더의 상륙작전으로 구출해 북진의 틀을 마련한 사건이다. 이를 위해 북한군으로 위장한 남한군이 인천으로 가서 상륙작전이 가능하도록 길을 열어준 뒤 마침내 희생하는 내용. 결국 영화는 남한군의 희생을 강조한다. 이들의 희생에 정당성을 부여하기 위해 감독은 남한군이 피신하는 곳이 일제강점기에는 독립군들의 근거지였다는 설정을 해 두었다. 그런 설정 때문에 북한군 편이었던 여성도 남한군을 돕게 된다. 그런데 〈인천상륙작전〉 역시 가족의 이야기를 꺼낸다. 마지막 작전을 수행하러 가기 전에 어머니를 먼발치에서 보고, 심지어 마지막으로 아내와 어린 아이를 만난다. 그렇게 눈물을 흘리며 헤어진 뒤 장엄하게 죽어간다. 이미 아는 것처럼 2015년부터 국정교과서 논란이 일어나면서 이를 강행하려는 보수 정치권의 노력은 정말이지 대단했다. 건국절 논란은 여전히 진행 중이고, 이승만을 국부로 삼자는 논의가 공공연히 주장되었다. 이런 시도와 주장들의 연장선상에서 〈연평해전〉과 〈인천상륙작전〉이 만들어진 것이다.

2017년이 되면서 〈택시운전사〉로 진보의 반격이 다시 진행되었다. 1980년의 광주 학살을 대담하게 그린 이 영화를 보면서 자연스럽게 진보 정권으로 정치 지형이 변화했음을 실감할 수 있었다. 박근혜 정권 아래에서는 결코 제작이 쉽지 않았을 영화가 등장한 것이다(이 영화의 기획을 박근혜 정권 아래서 했다는 점이 대단해 보인다). 심지어 어떤 이는 이 영화에서 송강호가, 〈변호인〉에서 노무현 역을 맡았던 바로 그 송강호가 노란색 택시 운전복을 입고 나오는 것을 보고 다시 '노무현 코드'를 이야기하기도 했다. 어떻게 보더라도, 지금 영화계에는 노무현 현상이 있다고 할 정도로 노무현은 '영화의 아이콘'이 되었다.

3. 강한 민족주의의 영화적 자장 또는 일제강점기 배경 영화들의 특징

최근의 역사 영화에서 눈여겨봐야 할 것은 일제강점기를 다룬 영화들이 집중적으로 만들어지고 있다는 사실이다. 2000년대 이후 일제강점기를 배경으로 만든 영화는 편수도 많지 않고 흥행 성적도 좋지 않았다. 연출하는 족족 충무로 흥행 기록을 세워나갔던 강제규도 〈마이 웨이〉(강제규, 2011)를 통해 처음으로 처절한 실패를 맛보았고, 가장 개성적인 스타일을 구축했다는 김지운도 〈좋은 놈 나쁜 놈 이상한 놈〉(김지운, 2008)에서 손익분기점을 맞추기에 급급했다. '흥행 기계'였던 두 감독의 상황이 이러니, 두 편을 제외한 다른 영화들은 특별히 언급할 필요는 없을 것 같다. 오죽했으면 '충무로에 일제강점기 귀신이 씌었다'는 말이 돌 정도였을까!

이런 흐름에 정면으로 도전하면서 시류를 바꿔놓은 영화가 〈암살〉이었다. 제작비가 많이 들어가 700만 명이 손익분기점이었음에도 가뿐히 넘기고 천만 영화의 대열에 합류한 〈암살〉은 특이한 영화이다. 먼저 여성이 원톱이라는 점에서 그러하고, 반민특위를 다루고 있다는 점에서도 그러하다. 거친 남성들만 스크린을 누비는 상황에서 전지현이 원톱으로 등장하면서 하정우, 이정재, 조진웅, 오달수 등 쟁쟁한 배우들을 끌고 가는 상황은 신선하다고 하지 않을 수 없고, 실패한 아픈 역사인 반민특위를 다루면서 관객들의 상상적 욕망을 충족시켜 주었다는 점에서 의미가 있다고 하지 않을 수 없다. 어떻게 보면 〈암살〉은 대중영화의 공식들을 인용하면서 역사적 교훈마저 주는 영화이다. 최동훈이 자주 활용하던 케이퍼 무비의 컨벤션을 활용하면서 홍콩 느와르적 감수성을 듬뿍 뿌려 놓았다. 통쾌한 복수극을 만들어 놓은 것.

그런데 이상한 일이 발생했다. 흥행이 되지 않아 제작조차 가물가물하던 일제강점기를 배경으로 한 영화가 이후 봇물처럼 쏟아져 나온 것이다. 〈대호〉(박훈정, 2015), 〈동주〉(이준익, 2016), 〈귀향〉, 〈해어화〉(박흥식, 2016), 〈아가씨〉(박찬욱, 2016), 〈덕혜옹주〉(허진호, 2016), 〈밀정〉(김지운, 2016), 〈눈길〉(이나정, 2017), 〈박열〉(2017, 이준익), 〈군함도〉 등등. 이 영화들은 대부분 식민지 지배자로서의 가혹한 일본을, 식민지 피지배자로서의 조선(인)을 각각 그린다. 그래서 모든 영화가 민족주의 자장 안에서 움직이고 작동된다. 다만 그 안에서 조금의 차이가 있는 여러 스펙트럼을 만날 수 있을 따름이다.

〈암살〉은 식민지 지배자인 일본과 그에 협력한 인물들의 모습을 재현한다. 어머니를 암살한 친일파 아버지, 유모를 학살한 간도 참변의 책임자를 경성에 들어온 독립군 딸이 처단하고, 밀정 염상진(이정재)마저 해방 이후 반민특위가 와해된 상황에서 암살한다. 〈암살〉에서 통쾌한 것은 바로 이 부분이다. 개인적 복수를 역사적 맥락 속에서 수행하는 것. 〈밀정〉은 〈암살〉과 비슷한 서사 구조를 지니고 있다. 중국에서 경성으로 들어와 비밀 작업을 수행한다는 내용. 〈암살〉과 비슷하게 대부분의 대원들이 죽은 후 마지막이 되어서야 마침내 복수를 한다. 밀정을 처단하는 것 역시 잊지 않는다. 두 영화는 상상적으로나마 친일파를 처단하고 일본 제국주의의 요인을 암살한다. 이렇게 보면 두 영화 속 인물은 일제에 대해 가장 강력한 저항을 하고 있음을 알 수 있는데, 이런 영화에 관객들이 가장 많이 호응했다는 것은 우리가 지니고 있는 일제에 대한 생각을 읽을 수 있다. 선명한 이분법에 입각해서 통쾌하게 복수를 하고 암살을 하는 것. 우리에게 일본은 그런 나라이다.

이런 흐름과 달리 〈귀향〉, 〈덕혜옹주〉, 〈눈길〉, 〈아가씨〉 등은 여성들의 이야기를 그린다. 앞에서 서술했지만, 두세 명의 남성들이 스크린을 지배하고 있는 상황에서 여성들만 등장해서 이야기를 끌고 가는 것은 참으로 희귀한데, 일제강점기를 그린 영화에 유독 이런 설정이 많은 것은 눈여겨볼 만하다. 길게 이야기할 것 없이, 강자인 식민지 지배자는 남성으로 상징화되고, 약자인 식민지 피지배자는 여성으로 상징화되기 때문이다. 지금도 여전히 강한 제국주의는 남성으로 상징화되고 약한 제3국은 여성으로 상징화되는 것과 같은 이치이다. 그런데 식민지 지배자로서의 제국주의 일본이 남성으로 등장해서 식민지 피지배자인 조선의 여성을 직접적으로 강간하고 폭력을 휘두르는 것을 어떻게 볼 것인가? 다시 말해 식민주의의 본질을 영화적으로 잘 재현한 것인가, 식민주의를 형상화하면서 개인적인 여성의 아픔은 지워버린 것인가? 〈귀향〉은 가장 직접적으로 일본 남성 군인들에게 성적 폭력을 당하는 조선 여성들의 이야기를 하고 있다. 〈눈길〉 역시 어린 나이에 일본군

'위안부'가 되어 일본 남성의 성적 폭행을 당하는 조선인 여성을 그린다. 두 영화가 공히 일본군 '위안부'를 소재로 하니, 비슷한 서사를 지니는 것은 당연하다고 할 수 있다. 두 영화에서 현재까지 살아남은 할머니는 현재의 어린 여성(과거의 자신과 비슷한 또래의 여성)을 만나 그들의 아픔에 공감하면서 그 아픔을 치유하려고 한다. 여기서 여성의 연대가 발생한다.

〈아가씨〉는 이보다 더 대범하다. 아가씨(김민희)와 같은 집에서 살고 있는 이모부(조진웅)는 아가씨의 보호자라는 명목으로 함께 살지만 실제로는 그녀를 성적으로 학대하는 사람이고 그녀와 결혼해 그녀의 재산을 갈취하려는 사람이다. 이모부는 매일 밤 신사인 척 하는 호색한들을 모아 자신의 저택에서 아가씨를 판타지로 삼은 기괴한 파티를 일삼는다. 사기꾼 백작(하정우)이 아가씨에게 접근하기 위해 하녀(김태리)를 붙여주면서 영화의 갈등은 극대화된다. 결국 아가씨는 하녀와 합작해서 상하이로 탈출하고 이모부와 사기꾼은 지하실에서 죽는다. 여기서 중요한 것은 식민주의의 폭력을 내재화한 조선 남성들의 폭력과 식민주의의 피해자인 여성의 대결이 그려진다는 점이다. 미스터리 형식으로 구성된 영화에서, 결국 아가씨와 하녀가 연대해서 식민주의의 원류인 일본이나 그것을 내재화한 조선이 아니라 국제도시 상하이로 탈출해서 그들만의 황홀한 사랑을 나누는 장면은 매우 상징적이고 그만큼 강한 통쾌함이 있다.

〈덕혜옹주〉는 역사 왜곡 논란이 심하게 불거졌던 영화지만, 그 논란을 넘어 흥행에 성공했다. 〈군함도〉가 논란을 일으키면서 흥행에 실패한 것과 비교하면 기이한 현상임에 분명하다. 고종(백윤식)을 조선의 구국적 황제로, 일본에 있는 영친왕(박수영)을 조선의 독립을 위해 고민하는 왕으로, 덕혜옹주(손예진)를 상하이로 탈출해 임시정부의 한 축이 되려는 독립운동가로 설정한 것은 모두 허구이다. 그럼에도 이 영화는 어떻게 흥행을 할 수 있었던 것일까? 〈덕혜옹주〉에는 〈귀향〉과 〈눈길〉의 서사 구조가 녹아 있다. 즉, 우리가 매우 민감하게 반응하고 있는 일본군 '위안부'의 이야기를 덕혜옹주를 통해 하고 있다는 말이다. 조선에서 평화롭게 살고 있지만, 친일파에 의해 일본으로 강제로 끌려가서 그곳에서 강제로 결혼을 하고, 정신이 이상해져서 버림을 받은 후 해방이 되었지만 조국으로 돌아보지 못하고 있는 가련한 여인의 이야기는 정확하게 일본군 '위안부'의 모티프와 겹친다.

〈동주〉는 행동적인 지식인 송몽규(박정민)와 성찰적인 시인 윤동주(강하늘)의 삶을 차분히 영화로 따라가고 있지만, 제국주의의 가혹한 남성적 폭력에 무너지는 '여성적인' 윤동주의 모습을 잔잔하게 그리고 있다고 할 수 있어, 위의 영화들과 크게 다르지 않다. 무엇보다 윤동주가 시를 쓰고 성찰하는 모습을 보이고 있기 때문에, 그가 비록 생물학적으로는 남성일지라도 식민주의의 피지배자이면서 가혹한 폭력의 희생자인 여성으로 읽힌다. 특히 그의 시와 영상이 잔잔히 연결되면서 그런 효과는 배가되는데, 아무래도 이런 설정과 장치 때문에 이 영화가 더욱 큰 힘을 발휘하는 것 같다.

이제 한 편의 영화가 남았다. 이런 연결고리로 설명하기에 무리가 있는 영화 〈대호〉이다. 이 영화가 제국주의 지배자 일본과 식민지 피지배자 조선을 다루는 방식은 조금 다르다. 서구 제국주의를 받아들인 일본은 자연을 개척한다는 명목으로 자연을 파괴하면서 조선의 마지막 남은 호랑이를 잡으려 한다. 일부 조선인 포수들이 이들과 함께 대호를 잡으려 하지만, 최고의 포수(최민식)는 그를 잡으려 하지 않는다. 보은 신화를 모티프로 하고 있는 이 영화에서 최고의 포수는 산군은 잡으면 안 된다고, 자연에 맡겨야 한다고 말한다. 이것은 자연을 대하는 조선의 정신이었다. 그런 정신을 서구의 근대화를 내재화한 일제가 파괴하고 있는 것이다. 결국 포수와 대호는 운명을 함께하고 만다.

4. 역사와 영화의 행복한 조우를 꿈꾸며

역사를 소재로 한 현재의 한국 영화를 바라보는 시선은 사람마다 다를 것이다. 그럼에도 분명한 것은 역사를 다룬 이 영화들을 통해 현재를 이야기하고 있다는 사실이다. 역사는 단지 과거의 기록이 아니라 그 기록을 통해 현재의 우리 삶을 해석하고 분석하는 수단이다. 과거의 역사적 사건을 현재의 시각과 사관에 따라 달리 해석하는 역사 영화는 그래서 정치 영화가 되었다. 영화는 바로 그 부분을 집중적으로 조명한다. 그래서 과거의 사건이 아니라 현재의 우리들의 이야기를 역사 영화라는 장르를 통해 이야기한다. 현재 강하게 이어지고 있는 역사 영화의 흐름을 보면서 큰 걱정을 하지 않는 것은 이 때문이다.

가령 〈명량〉이 새로운 흥행 기록을 수립했을 때(정말 말도 안 되게 무려 1,760만 명이 이 영화를 극장에서 관람했다), 이순신 장군의 전투를 보려고 영화를 관람하지는 않는다. 아주 단순하게 명량해전만을 다룬 이 영화에서 사람들은 영화가 개봉된 2014년의 특정한 사회적 징후와 만났을 것이다. 재난을 대하는 민중들의 간절한 염원, 그 당시 요구

되었던 지도자의 상, 물속에서 죽어가는 이들을 통해 본 세월호의 아픔 등이 없었다면 이런 흥행을 기록하는 것은 단연코 불가능하다. 결국 역사는 현재와의 대화를 통해 현재를 이야기한다.

부연하자면, 현재에서 하지 못한 이야기를 과거를 통해 우회해서 표현하려는 것이 아니라 현재의 해석이 들어간 과거의 사건을 영화화하고 있으니 현재의 역사 영화 흐름은 바람직해 보인다. 결국 남은 것은 역사 영화 속에 그려진 현재의 우리들의 생각이고 모습이다. 흥행을 목적으로 대중영화를 만들면 그 안에는 반드시 집단 무의식적 욕망과 사회적 징후가 녹아 있기 마련이다. 이렇게 보면 일제강점기를 다룬 많은 영화가 지니고 있는 민족주의의 강한 자장을 어떻게 바라보아야 할 것인지, 다르게 말하면 독립운동을 소재로 한 영화를 어떻게 만들어야 역사와 영화가 행복하게 조우할 수 있을 것인지 고민해야 한다. 물론 일본이 과거를 반성하지 않은 채 북한 핵을 핑계로 타국을 공격하는 법을 만들려고 하는 상황에서, 우리 안의 친일조차 제대로 정리되지 않은 상황에서, 저항적 민족주의까지 포기할 수는 없다. 그러나 과거에 얽매여 똑같은 방식으로 과거를 소구하는 지금의 우리 모습이 불안한 것만은 사실이다. 그것을 넘어서는 영화를 언제쯤 만날 수 있을까? 그런 영화를 볼 날이 빨리 오기를 고대한다.

흉터의 얼굴들, 그리고 죽음

1. 기이한 경향의 영화들

최근 한국 영화를 보면 기이한 경향 하나가 눈에 띈다. 이름만 들어도 알 수 있는 꽃미남 스타들이 북한군이나 간첩, 탈북자 등으로 출연하고 있는 것이다. 강동원, 하정우, 김수현, 탑(최승현), 공유, 현빈, 정우성, 이선균, 이병헌 등이 북한군으로 출연한 영화가 연달아 만들어져 흥행에도 꽤 성공을 거두었다. 〈의형제〉(장훈, 2010), 〈베를린〉(류승완, 2012), 〈은밀하게 위대하게〉(장철수, 2013), 〈용의자〉(원신연, 2013), 〈동창생〉(박홍수, 2013), 〈공조〉(김성훈, 2017), 〈강철비〉(양우석, 2017), 〈PMC : 더 벙커〉(김병우, 2018), 〈백두산〉(이해준·김병서, 2019) 등 가운데 〈동창생〉과 〈PMC : 더 벙커〉를 제외한 영화들은 모두 400만 이상의 관객을 동원했다. 어떻게 이런 일이 발생할 수 있었을까? 격세지

감을 느낀다고 해야 할 것인가.

분단 이후 전쟁을 겪으면서 북한에 대한 이미지는 그리 좋지 않았다. 아니다. 그리 좋지 않은 정도가 아니라 우리의 주적이었다. 그래서 이념 대결이 한창이던 시절에는 북한군이나 간첩은 동물이나 짐승과 비슷한 수준으로 재현되었고 재현되어야만 했다. 그렇지 않을 경우 반공법에 걸려 감독이 기소되기도 했다. 가령 이만희 감독은 〈7인의 여포로〉(1965)에서 북한군이 남한의 여군을 중공군으로부터 구한 뒤 귀순한다는 내용의 영화를 연출했는데, 북한군이 남한의 여군을 중공군의 성폭행으로부터 구해준다는 설정이 말이 되지 않는다는 명목으로 반공법 위반으로 기소, 구속되었었다. 유현목 감독은 이 시절의 북한군이나 간첩의 재현에 대해 "국군은 무조건 영웅이고 강자여야 하며 국군의 총 한방으로 괴뢰군은 열 몇 명이 쓰러져야 하며 괴뢰니까 바보들이어야 당연"했다고 자조적인 목소리로 한탄하기도 했다. 분명 우리는 그런 과거를 지니고 있다.

이런 상황에서 어떻게 꽃미남 배우들이, 그것도 현재 남한 영화계의 대표적 스타라고 누구라도 인정하지 않을 수 없는 이들이 북한군이나 간첩으로 재현될 수 있고, 또 그런 영화들이 어떻게 흥행에서 성공을 거둘 수 있었을까? 익히 알고 있는 것처럼 위에서 거론한 영화들은 남북관계가 그리 좋지 않은 이명박 정권과 박근혜 정권 시기에 만들어졌다. 금강산 관광이 중단되고 연평도 포격이 있거나 개성공단이 문을 닫는 극단적인 대결의 시기에 이런 영화가 등장한 사실은 놀랍다고 하지 않을 수 없다.

그런데 우리가 잊고 있는 사실이 하나 있다. 이런 영화들이 등장하기 직전에 또 다른 일련의 흐름이 있었다는 것이다. 다음 영화들을 보자. 〈공동경비구역 JSA〉, 〈태극기 휘날리며〉, 〈웰컴 투 동막골〉, 〈포화 속으로〉(이재한, 2010), 〈고지전〉(장훈, 2011), 〈적과의 동침〉(박건용, 2011) 등을 보면, 송강호, 장동건, 정재영, 차승원, 류승룡, 김주혁 등 영화계를 대표하는 또 다른 배우들이 북한군으로 재현되었는데, 이들은 전자의 흐름과는 다른 방식으로 재현되었고 서사에서도 다른 길을 걸었다. 어떻게 보면 전자의 흐름의 전조라고 할 수 있는 후자의 흐름을 분석하면, 오히려 전자의 흐름을 쉽게 이해할 수도 있을 것 같다는 생각이 든다. 이 글에서는 후자의 영화들에서 어떤 방식으로 북한군을 재현하고 있는지 살펴보고, 이를 통해 지금 우리 사회가 가지고 있는 북한에 대한 잠재의식을 살펴보려 한다.

2. 평화의 시기에 등장한 전쟁 영화들

논의를 펼치기 전에 먼저 살펴봐야 할 것은 북한군을 꽃미남 배우들로 재현하기 시작한 시기가 2000년 전후라는 사실이다. 가령 한국 영화사라는 지평에서 볼 때 〈공동경비구역 JSA〉에 와서야 북한군을 인간적으로 그리기 시작했다고 할 수 있는데, 바로 이 영화가 개봉된 시기가 2000년이었다. 익히 알고 있는 것처럼, 2000년은 역사적인 첫 남북정상회담이 열린 해이다. 남북정상회담은 단지 역사적인 사건에 그치는 것이 아니라 북한에 대한 남한의 시선이 바뀌는 계기가 되었다. 그럼 점에서 영화가 지닌 상징적인 의미가 남다르다고 할 수 있을 것이다.

정상회담 이전에 매스컴에서 주로 다룬 북한 소식은 철저하게 닫힌 시선 안에서 만들어진 것이라서 대부분의 남한 사람들은 북한을 강력한 적대자로 인식하고 있었다. 이에 반해 일부 운동권에서는 북한을 자본주의 사회의 대안으로 인식하고 있었다. 이 시기에 정상회담과, 이를 계기로 이루어진 남북 교류를 통해 북한에 대한 새로운 인식을 할 수 있게 되면서 양 시각은 자연스레 변화하게 되었다. 가령 적대자로 생각하던 이들은 북한도 사람이 살고 있는 곳이라고 생각하기 시작했고, 이상향으로 생각하던 이들은 사회주의가 인민을 먹여 살리기 쉽지 않다는 사실을 깨닫게 되었다. 이 시기에 가장 대중적이라고 할 수 있는 영화 매체에서 북한을 어떻게 그리고 있는지 살펴보는 것은 흥미롭지 않을 수 없다. 왜냐하면 〈공동경비구역 JSA〉, 〈태극기 휘날리며〉, 〈웰컴투동막골〉 등이 엄청난 흥행을 이루고, 〈포화 속으로〉, 〈고지전〉 등도 꽤 흥행했기 때문에—흥행을 했다는 것은 많은 이들이 영화를 관람했다는 의미이고, 그것은 영화적 재현에 공감을 표했다는 것으로 받아들일 수 있다— 이런 영화에 재현된 북한군에 대한 공감대가 형성되었다고 평가해야 하기 때문이다. 물론 이런 공감대 안에 어떤 한계가 있는지도 살펴봐야 할 것이다.

이제 영화들의 특징에 대해 논해야 할 차례인 것 같다. 텍스트로 삼은 영화들에서 먼저 확인할 수 있는 것은 대부분의 영화가 한국전쟁 시기를 다루고 있다는 사실이다. 〈공동경비구역 JSA〉를 뺀 모든 영화가 예외 없이 한국전쟁 시기를 다루고 있다. 사실 〈공동경비구역 JSA〉도 전쟁의 연장선상에 있는 분단의 극한 공간을 다루고 있기에 전쟁으로부터 그리 먼 곳에 있다고 하기는 어렵다. 재미있게도 3년이라는 전쟁의 시기를 위의 영화들은 매우 다양하게 다룬다. 남한의 최대 위기였던 낙동강 전선을 다루기도 하고, 인천상륙작전 직후의 가상 공간을 다루기도 하며, 휴전 직전의 시공간을 다루기도 한다. 여기서 당연히 의문이 발생한다. 왜 이 영화들은 전쟁의 공간으로 들어간 것일까? 영화가 개봉하던 그 시기에는 남북이 화해를 하고 처음으로 양 정상이 회담을 개최하는 평화로운 시기였지 않은가? 그 시기에 왜 이 영화들은 가장 치열했던 이념 대결의 장인 동족상잔의 비극 속으로 들어간 것일까? 역설적이게도 이 영화들은 전쟁의 무상함을 고발하고 휴머니즘을 말하기 위해 전쟁을 이야기하고 있었다.

〈태극기 휘날리며〉에서는 이념과는 전혀 상관없이 전쟁 속으로 끌려간 동생 진석(원빈)을 구하기 위해, 정말 오로지 그 목적만을 위해 형 진태(장동건)도 군인이 되고, 진석을 먼저 제대시키기 위해 죽음을 각오한 전투를 행한다. 전투 속에서 진태는 점점 살인 병기처럼 변하는데 약혼녀 영신(이은주)과 진석이 죽었다고 생각한 진태는 진석을 죽인 남한을 버리고 북한으로 넘어가 북한군의 영웅이 되지만, 이미 그는 제정신이 아니다. 결국 진석이 살아 있다는 것을 알게 된 진태는 진석을 살려 보내려고 자신이 죽는다. '태극기 휘날리며'라는 제목과 달리 영화는 반공을 이야기하는 게 아니라 전쟁의 참상을 고발하며 휴머니즘을 거론한다.

〈웰컴투 동막골〉에서 인민군 리수화(정재영) 일행은 상대적으로 이념에 철저한 군인들이다. 그러나 그들은 인천상륙작전 때문에 쫓겨서 북으로 도망가는 낙오병들이다. 이들이 우연히 동막골로 가서 역시 낙오한 국군 표현철(신하균)과 문상상(서재경), 그리고 유엔군을 만나면서 사건이 발생한다. 국군과 인민군은 각자의 이념을 신봉하지만, 곧 동막골 사람들의 순수한 모습에 감화되고 만다. 동막골 주민들과 살아가며 서로의 마음을 이해한 남과 북의 병사들은 분단 이전의 민족공동체를 상징하는 동막골을 지키려고 자신의 목숨을 버린다. 결국 영화는 이념이나 전쟁보다 민족과 휴머니즘이 더 중요하다는 것을 강조한다.

어떻게 보면 〈포화 속으로〉는 반공영화의 컨벤션 속에서 작동하는 것처럼 보인다. '북괴'의 침략으로 속절없이 밀리던 국군은 영덕에서 패하고 난 뒤, 포항에 학도병 71명만 남겨둔 채 모두 낙동강 전선으로 이동한다. 이제 북한 인민군 766유격대를 학도병들이 상대해야 한다. 처음에는 아무것도 할 줄 모르던 학도병들은 차츰 군인이 되어가면서 북한의 최정예 부대와 맞서 싸우다 결국 죽고 만다. 이렇게만 보면 영화는 '조국'을 지키기 위해 목숨을 던진 학도병의 이야기를 그리고 있는 것 같지만, 한 발짝 더 안으로 들어가면 학도병을 군인으로 생각하지 않고 쉽게 죽이려 하지 않았던 북한군 진격대장 박무랑(차승원)의 휴머니즘적 고민이 녹아 있음을 알 수 있다.

〈고지전〉은 휴전 직전의 상황을 다룬다. 애록(aerok) 고지라는 가상의 공간, 한국(korea)을 상징하는 이곳에서 치열한 전투가 벌어진다. 처음에는 왜 전쟁을 하는지 알았지만 사람을 죽이고 죽이는 치열한 전투, 고지를 뺏고 빼앗기는 그 전투 속에서 이들은 자신들이 왜 싸우는지 이유를 잃어버렸다. 휴전이 되었지만 발효까지 시간이 있어 고지를 점령하기 위한 최후의 전투에서 남북의 군인은 모두 죽는데, 죽기 직전 강은표(신하균) 중위는 북한군 중대장 현정윤(류승룡)에게 왜 싸워야 하는지 다시 진지하게 묻는다. 결국 영화는 이들이 왜 죽어야 하는지 답을 주지 못한다.

〈적과의 동침〉은 꽤 강한 멜로적 코드를 내장하고 있다. 결혼식 직전에 전쟁이 터져 식을 올리지 못한 설희(정려원) 앞에 인민군 장교인 유학파 정웅(김주혁)이 나타난다. 인민군이라 강압적으로 마을을 접수할 것 같았지만 설희의 말에 정웅은 잘 따른다. 여기에는 사연이 있었다. 설희의 아버지가 만주에서 독립운동을 할 때 정웅의 아버지도 그곳에서 함께했고 심지어 그곳에 온 설희를 정웅은 알고 있었던 것이다. 서로에 대한 공감이 형성되는 순간에, 인천상륙작전이 발발해 인민군이 후퇴하게 되고, 마을 사람들을 모두 죽이라는 명령을 어긴 정웅은 결국 설희와 함께 죽고 만다.

〈공동경비구역 JSA〉는 제목에서 이미 알 수 있는 것처럼 분단의 최전선이라고 할 수 있는 판문점 공동경비구역을 주 무대로 한다. 미스터리 형식으로 진행되는 영화는 몇 발의 총성이 울리는 것으로 시작하고, 이 사건의 진상 조사를 위해 중립국 감독위원회 소속의 소피 장(이영애)이 사건 당사자들을 만나면서 전말을 밝히는 형식으로 전개된다. 비무장지대를 수색하던 중 우연히 지뢰를 밟은 이수혁(이병헌) 병장을 북한군 오경필(송강호)과 정우진(신하균)이 도와주면서 친해져서 군사분계선을 넘은 것이 문제가 되었던 것이다. 단지 인위적인 선에 불과한 것이 목숨을 빼앗고 마는 어처구니없는 상황을 영화는 그리고 있다.

이처럼 나열한 모든 영화는 한국전쟁의 시기를 다루고 있거나 분단의 극한 공간에서 발생한 사건을 다루고 있다. 한국전쟁 시기를 다루는 것은 분단의 극단적인 대결을 그리려는 것이 아니라 역설적으로 분단이 불러온 전쟁이 얼마나 폭압적이고 폭력적인지, 얼마나 인간을 비인간적으로 만드는지 고발하기 위해서이다. 전쟁의 시공간에서 전쟁과 어울리지 않게 인간적인 가치를 지키려 노력했던 이들을 그리면서 전쟁의 참상을 고발하고 있는 것이다. 이제 우리는 분단 이후 최초로 남북 정상이 만난 시간에 왜 한국전쟁을 그린 영화가 연이어 등장했는지 이해할 수 있다. 그것은 다름 아닌 폭압적인 한국전쟁 속에서 꽃핀 휴머니즘을 말하기 위함이었다.

3. 죽음으로 이어지는 흉터

텍스트로 삼은 영화에서 확인할 수 있는 또 다른 특징은 주인공들이 대부분 죽는다는 것이다. 〈공동경비구역 JSA〉에서 이수혁 병장과 정우진 전사, 남성식 일병은 죽고, 오경필 중사는 큰 부상을 당한다. 〈태극기 휘날리며〉의 진태와 영신도 죽고 만다. 〈웰컴투 동막골〉의 남과 북의 병사들은 모두 죽고, 〈포화 속으로〉의 학도병과 북한군도 대부분 죽는다. 〈고지전〉에서도 남과 북의 병사들은 다 죽고, 〈적과의 동침〉에서도 북한군은 대부분 죽는다. 주인공이라고 할 수 있는 〈공동경비구역 JSA〉의 이수혁, 〈태극기 휘날리며〉의 진태, 〈웰컴투 동막골〉의 인민군 리수화와 국군 표현철, 〈포화 속으로〉의 학도병 장범(최승현)과 갑조(권상우), 북한군 박무랑, 〈고지전〉의 강은표 중위, 김수혁 중위, 현정윤 북한군 중대장, 〈적과의 동침〉의 설희와 정웅 등은 모두 죽는다. 이렇게 주인공들이 대부분 죽는 결말을 선택한 것은 우연한 일일까? 단지 죽음을 통한 카타르시스를 불러일으키기 위해 주인공을 죽인 것일까?

흥미로운 것은 주연급인 북한군이 죽을 때 악을 응징한 선의 승리라는 극적 쾌감보다는 죽음에 대한 동일시적 안타까움을 느끼도록 영화가 구성되었다는 점이다. 이런 경향의 영화들 이전에는 국군이 물리쳐야 할 대상인 북한군이 죽으면 당연히 극적 쾌감을 느끼도록 구성되어 있었지만, 텍스트로 삼은 영화들은 결코 그렇지 않다. 〈공동경비구역 JSA〉의 정우진은 가장 다정다감한 캐릭터이기에 그가 죽을 때 관객들은 흔들리지 않을 수 없었고, 〈태극기 휘날리며〉의 진태가 죽을 때는 동생을 생각하는 형의 마음이 읽혀 눈물을 흘리지 않을 수 없었다. 〈웰컴투 동막골〉의 리수화는 작전의 지휘를 표현철에게 맡기는 통 큰 군인이었기 때문에 그가 죽을 때 슬픔을 느끼게 되고(게다가 남한 병사들과 함께 죽는다), 〈포화 속으로〉의 박무랑은 학도병을 죽이려 하지 않았던 북한군이었기 때문에 그가 죽을 때도 통쾌함을 느끼기는 어렵다. 〈고지전〉의 현정윤이 죽을 때 전쟁 초기의 당당하던 그의 모습이 없어 안타깝고, 〈적과의 동침〉의 정웅이 죽을 때에는 설희와의 못 이룬 사랑 때문에 눈물을 머금게 된다.

이렇게 보면 텍스트로 삼은 영화에서 북한군을 재현하는 방식이 변화했다는 것을 알 수 있다. 사악하고 무자비한 인민군이 아니라 통이 크면서 개인적 상황을 이해할 수 있는, 그야말로 인간적인 인민군이 이 시기의 영화에 등장했다는 것이다. 그런 인민군이기 때문에 그들이 죽을 때 남한의 관객들은 쾌감보다는 안타까움을 느낄 수밖에 없다. 이것은 한국 영화사에서 매우 큰 변화라고 하지 않을 수 없다. 이제까지 이런 재현의 영화는 단연코 없었다.

텍스트로 삼은 영화에서 확인할 수 있는 마지막 특징은 주인공이라고 할 수 있는 북한군의 얼굴에 깊은 흉터가 새겨져 있다는 사실이다. 정말 이상하게도 이 시기에 개봉한 영화의 인민군의 얼굴에는 하나같이 흉터가 새겨져 있다. 이것이 이상한 것은 당대를 대표하는 배우인 송강호, 장동건, 정재영, 차승원, 류승룡, 김주혁 등이 얼굴에 깊은 흉터를 지닌 채 스크린에 등장했기 때문이다. 〈공동경비구역 JSA〉의 오경필은 처음부터 눈 아래에 깊은 흉터가 있고, 〈태극기 휘날리며〉의 진태는 남한에서 군인으로 있을 때는 흉터가 없다가 인민군 영웅이 되었을 때는 매우 깊은 흉터를 지닌, 거의 비정상적인 사람처럼 재현되었다. 〈웰컴투 동막골〉의 리수화와 〈포화 속으로〉의 박무랑도 처음부터 얼굴에 흉터를 지니고 있다. 〈고지전〉의 현정윤은 전쟁 초기에는 말끔한 얼굴이었지만 애록 고지에서는 아주 흉측한 흉터를 지닌 괴물로 변해 있다. 다만 멜로적 코드를 내장한 〈적과의 동침〉의 정웅은 얼굴에 아주 미세한 흉터가 있을 따름인데, 이것은 멜로가 진행되면서 미세하게 지워졌다가 다시 등장한다.

인민군의 얼굴에 있는 흉터가 기이해 보이는 것은 국군의 얼굴에는 흉터가 없기 때문이다. 또는 국군일 때는 흉터가 없다가 인민군으로 재현될 때만 흉터가 생기기 때문이다. 생각해 보면, 텍스트로 거론한 영화에 등장한 국군 가운데 어느 누구도 얼굴에 흉터를 지니고 있지 않다. 그렇다면 인민군의 얼굴에만 있는 이 흉터는 무엇을 의미하는 것일까? 이들의 얼굴에 있는 흉터 이전에 먼저 기억해야 할 것은 이들이 악인은 아니라는 사실이다. 이미 앞에서 거론한 대로 위의 영화에서 등장한 인민군은 기존의 영화에 등장한 인민군과는 다른 존재이다. 그들은 더 이상 절대적인 악의 존재가 아니다. 학도병이기 때문에 함부로 진압하려 하지 않는 인민군이거나, 동생 때문에 인민군이 된 형이거나, 만주에서 유학한 고급 엘리트 출신의 북한군이다. 포로가 된 남한군을 죽이지 않고 풀어주거나, 지뢰를 밟은 남한군을 도와주기도 한다. 그런데 이런 인민군은 대부분 죽음으로 극을 마무리했다. 바로 이 부분에서 이들의 얼굴에 있는 흉터를 상기해야 한다.

이들은 매력적인 인민군이지만 결국 죽어야만 하는 인민군이다. 얼굴의 흉터는 바로 이 징표의 표출이다. 즉 인민군으로 꽤나 유명한 배우들이 등장했지만, 그들은 국군이 아니라 인민군이기 때문에 남한의 관객들이 볼 때에는 그리 편하지가 않다. 그렇다고 남북정상회담이 진행된 마당에 과거와 같은 악한 모습으로 인민군을 재현할 수도 없으니, 북한을 동포로서 재현하면서도 한편으로는 남한의 관객에게 남아 있는 심리적 거리감을 동시에 보여줄 수 있는 재현이 바로 얼굴에 흉터가 있어 쉽게 다가가기 어려운 존재로 그리는 것이었다. 그리고 그렇게 재현된 인물조차 죽게 만듦으로써 쉽게 다가갈 수 없는 남과 북의 거리감을 적절하게 보여주었다. 평론가 박유희가 인민군의 얼굴에 새겨진 흉터는 "북에 대한 심리적 거리를 반영하는 동시에 여전히 존재하는 어쩔 수 없는 경계를 반영한다고" 했을 때, 바로 이런 의미이다.

4. 북한 재현의 변화들

이렇게 보면 2000년대 이후에 등장한 영화에서는 북한 재현이 많이 변화했다는 것을 알 수 있다. 무엇보다 북한은 이제 더 이상 공포의 대상이거나 적대의 대상으로만 그려지지 않았다. 그럼에도 불구하고 이 시기의 대표적 영화들을 보면 여전히 북한에 대한 거리감을 읽을 수 있다. 꽃미남 배우들이 인간적인 인민군으로 등장했지만 그들은 얼굴에 흉터를 지니고 있었고 곧 죽고 말았다.

돌아보면, 북한군을 공포의 대상이거나 악의 표상으로만 그리지 않은 시기는 1990년대 들어서였다. 민주화 운동의 성과도 있었고 동시에 해금의 시대가 되었을 때, 한국전쟁을 돌아보면서 그 시대가 어떤 시대였는지 성찰하려는 영화들이 등장했는데, 원작 소설을 영화화한 〈남부군〉(정지영, 1990), 〈태백산맥〉(임권택, 1994) 등이 대표적인 작품이다. 이념 대결 구도 속에서 북을 선택해 좋은 세상을 만들려고 했던 이들의 싸움을 그리고 있는 이 영화에서 인민군은 이유 없이 사람을 죽이는 악한이 아니라 시대를 고민하는 혁명가의 모습으로 그려졌다.

이런 극화의 심화된 버전이 바로 본문에서 거론한 인민군의 재현이라고 할 수 있다. '매혹적인 안티고니스트'라고 할 수 있는 인민군은 전쟁의 당위성을 지니고 있으면서도 사람을 아낄 줄 아는 휴머니스트이고, 대의를 위해 죽을 줄도 아는 로맨티스트였다. 그러나 그들은 전쟁의 소용돌이 속에서 죽을 수밖에 없었는데, 그런 운명을 얼굴에 있는 흉터가 상징하고 있는 것이다.

그러나 이런 시대는 오래 가지 않았다. 〈간첩 리철진〉(장진, 1999), 〈그녀를 모르면 간첩〉(박한준, 2004), 〈스파이 파파〉(한승룡, 2011), 〈간첩〉(우민호, 2012) 등의 영화를 보면 더 이상 이념 때문에 대결하는 구도가 사라지고 오직 생계를 걱정하는 간첩들이 등장하는 것을 볼 수 있는데, 이를 통해 이념이 중요하지 않고 경제가 중시되는 시대가 되었다는 것을 알 수 있다. 사실 이 시기부터 이념 대결은 종식되었다고 할 수 있다. 북한에서는 고난의 행군으로 엄청난 인원이 굶어죽었고, 남한은 세계 10위권의 경제 대국이 된 상황에서 더 이상 이념 대결은 무의미하다는 것을 남한의 대중들은 알고 있었고, 이를 영화감독들은 코미디 형식으로 극화한 것이다.

2010년 이후 나온 영화에서 이미 서문에서 거론한 꽃미남 배우들이 간첩이나 탈북자, 북한군 등으로 등장하기 시작했다. 그들은 북한 체제를 위해 목숨을 건 임무를 수행하는 것이 아니라 오로지 자신의 가족을 위해 임무를 수행한다. 남한에서 주로 활동하지만, 그들의 가족은 북에 남겨져 있기 때문에 가족을 위해 일하지 않을 수 없다. 그러나 그들은 결국 북한 체제로부터 버림받게 되자 북한 체제와 싸움을 시작하지만, 대부분은 죽거나 남한을 떠나는 것으로 끝을 맺는다. 여전히 북한은 일부 이탈자를 제외하면 무서운 존재로 그려지고, 탈북자는 남한에서 살아갈 수가 없다. 이것이 지금의 우리 모습이다.

분단 이후 우리에게 던져진 가장 큰 물음 중 하나는 언제나 '북한이란 무엇인가' 하는 것이었다. 북한은 같은 동포이자 주적이다. 이 극단의 스펙트럼 속에서 우리는 서로 다른 시선으로 북한을 바라보았다. 무엇보다 동족상잔의 전쟁을 치른 후 그 상처는 쉽게 치유되지 않았다. 우리 사회는 여전히 북한을 바라보는 시각에 따라 정치적 위치가 극명하게 갈라진다. 이 대조를 어떻게 바라볼 것인가? 영화가 그 시대의 집단적 무의식을 반영하는 매체라는 명제에 동의한다면, 영화를 통해 변화된 북한의 이미지를 추적할 필요가 있고, 이를 통해 다시 평화와 통일의 길로 가는 지침을 새롭게 찾을 필요가 있다. 이 글 또한 그런 취지에서 썼다.

에로티시즘의 해석 또는 재해석

— 〈은교〉, 〈돈의 맛〉, 〈후궁 : 제왕의 첩〉을 중심으로

1. 영화, 욕망과 금기의 재현

영화는 관음증의 도구이자, 그것을 합리화하는 합법적(?) 수단이다. 우리는 모두 누군가의 삶을 알고 싶고 훔쳐보고 싶은 내밀한 욕망을 지니고 있다. 누군가의 삶을 엿볼 때, 보여지는 대상은 불쾌하지만(실은 보여진다는 사실을 모르고 있어 불쾌한 감정이 없을 수도 있다) 보는 주체는 묘한 쾌감을 느낄 수 있다. 약간 과장하자면, 누군가의 삶을 훔쳐봐서 아는 것은 신의 경지에 오른 자만이 누릴 수 있는 특권이다. 이 시선의 역학 관계에서 발생하는 권력을 영화는 시각적 장치로 재현한다. 관객이 보고 싶어 하는 인물이나 상황을 시청각적으로 재현해 보여주는 것, 그 행위에 돈을 내고 스스로 동참하게 만드는 것, 이것이 바로 영화 장치(cinematic apparatus)이다. '밝은' 스크린에서 펼쳐지는 타인

의 일상을 '어두운' 좌석에서 몰래 훔쳐보는 쾌감은 감히 형언하기 힘들 지경이다. 영화 장치는 그런 욕망을 최대한 충족시켜 준다. 다시 말해, 타인의 삶을 지배한다는 것은 시청각을 통해 통제하는 것을 의미한다. 간수가 죄수를 시각적으로 지배하도록 설계된 판옵티콘(Panopticon) 이 괜히 등장한 게 아니다. 나는 상대를 볼 수 있지만 상대는 나를 인지 하지 못할 때 시각적 지배는 비로소 완성되는데, 영화 장치가 바로 그러 하다.

우리가 보고 싶어 하는 타인의 삶은 아마도 은밀한 삶일 것이다. 은 밀하지 않고 드러나는 것이라면 굳이 숨어서 보고 싶지는 않을 것이다. 이런 은밀한 삶에 대한 관음의 욕망이 우리 모두를 관음증 환자로 만들 어 버린다. 때문에 우리 모두는 어느 순간 '피핑 톰(Peeping Tom)'이 된 자신을 발견하게 된다. 키에슬로프스키의 아름답지만 슬픈 영화 〈사랑 에 관한 짧은 필름 A Short Film About Love〉(크쥐시토프 키에슬로프 스키, 1988)은 관음증이 곧 사랑이라는 것을 증명한 보고서다. 사랑하 기 때문에 그녀의 모든 것을 소유하고 싶은 욕망을 영화는 적나라하게 보여준다. 여기서 '그녀에 대한 모든 것'에는 반드시 에로틱한 장면에 대한 욕망이 포함된다. 일상적이지 않은, 은밀한 부분, 그것에 집착하 는 것은 이상한 것이 아니다. 영화에서 유독 에로틱한 장면을 많이 그 리는 것도 이와 관련이 있다. 타인의 은밀한 삶을 연기한 배우의 매혹 적인 육체를 훔쳐보는 이중의 쾌락. 배역과의 동일시와 배우와의 동일 시 속에서 관객은 이율배반적이지만 더 깊이 빠져들게 된다. 그래서 현 대 영화는 노골적으로 에로티시즘을 팔아먹는 도구가 되기도 하는데, 흥미롭게도 2012년 한국 영화계가 이 사실을 증명해 보였다. 〈은교〉

(정지우), 〈돈의 맛〉(임상수), 〈후궁 : 제왕의 첩〉(김대승) 같은, 누가 봐도 노골적으로 에로티시즘을 자극하는 영화가 연이어 개봉되었고, 흥행에서도 일정 정도 성공을 거두었다.

원론적으로 물어서, 사람들은 왜 섹스 장면을 그린 영화를 선호하는 것일까? 성을 시각적으로 전시하는 것만으로 보는 이의 욕망을 충족시킬 수 있을까? 우리는 단지 에로티시즘을 느끼려고 스크린 속 육체적 향연을 보는 것이 아니다. 이 말을 다르게 하면, 단지 성을 훔쳐보는 것에 만족하는 것이 아니라, 그 행위(훔쳐보는 행위와, 훔쳐보는 대상이 되는 섹스 행위)가 금기와 연관되어 있기 때문에 위반하고 싶은 욕망이 강해진다. 에로티즘에 관해 탁월한 성찰을 보여준 조르주 바타이유는 "금기는 범해지기 위해 거기에 있다"라고 정의한 뒤, 이 관계를 '금기의 공포와 위반의 욕망'이라고 간명하게 규정한 바 있다. 결국 금기시된 것을 위반하고픈 욕망을 확인하려고, 금기가 가장 많은 성을 영화 속에 그리는 것이다.

문학평론가 김현은 프로이트에 기대어 이 명제를 살짝 비틀었다. 그는 이야기를 듣고 싶어 하는 인간의 욕망이 현실 원칙의 세상을 벗어난, 욕망의 세계인 쾌락 원칙을 갈구하기 때문이라고 정의하였다. 즉, 금기라는 현실 원칙의 세상을 넘어서는, 위반의 다른 이름인 쾌락 원칙을 추구하기 때문이라는 말이다. 인간의 가장 강한 욕망의 하나인 성. 성이 품고 있는 금기의 규율과 위반의 유혹. 이때 성은 단지 성에 그치는 것이 아니라 세상의 모든 금기의 상징이 되는데, 소설이 이것을 이야기로 풀어낸다면, 영화는 이것을 시청각적으로 재현해낸다. 영화의 힘은 바로 여기에 있다. 이 치명적이고 매혹적인 영화의 유혹에서 벗어나기란 결코 쉽지 않다.

2. 〈은교〉: 죽음까지 파고드는 에로티시즘

영화 〈은교〉는 소설 『은교』가 원작이다. 1980년대 대중소설로 인기를 끌었던 박범신의 원작은 그가 여전히 대중적인 소재에서 힘을 발휘하고 있음을 증명하였다. 문단에서 추앙받는 시인 이적요가 우연히 만나게 된 여고생 은교를 통해 잊고 있던 에로티시즘의 욕망을 갈망한다는 것이 주 내용이지만, 능력이 없으나 선생을 잘 모시는 제자 서지우와의 '경쟁 아닌 경쟁' 관계 속에서 느끼는, 나이 먹은 자의 질투가 생생히 그려져 있기도 하다. 영화는 소설의 큰 틀을 유지하면서 이적요가 느끼는 에로티시즘을 최대한 살리려고 한다.

영화의 시작은 이적요(박해일)가 자신의 늙은 육체를 거울 앞에서 보며 한탄하는 장면이다. 이제는 더 이상 젊음의 육체가 아닌 이적요의 몸은 주름져 있다. 특히 쪼그라든 성기를 보여주는 것은 그가 남성으로서의 기능을 거의 상실했다는 사실을 암시할 것이다. 결혼도 하지 않고, 평생을 홀로 살아온 노 시인의 모습은 측은하다. 그런데 어느 날 외출을 하고 돌아오니 자신의 집 현관 앞 의자에 한 여고생이 앉아 자고 있다. 여기서부터 영화는 앞의 이야기를 예언하듯 이적요와 은교(김고은)를 대비시킨다. 이적요의 눈에 들어온 은교는, 클로즈업 속의 하얗고 싱그러운 육체의 소녀다. 태양을 받아 하얗게 빛나는 긴 다리, 선명히 드러나는 쇄골, 청순하면서 순수하고 맑은 얼굴의 은교는 하얀 색상 안에서 너무도 밝게 빛난다. 그러나 이적요는 검은색 배경의 옷차림으로 은교와 선명한 대조를 이룬다. 그의 피부는 늙었고 심지어 옷으로 몸을 가리고 있다. 이처럼 노골적으로 드러나는, 밝게 빛나는 살아 있는 자와 어둡게 죽어가는 자의 대비.

늙고 추한 육체의 이적요는 어리고 청순한 은교를 통해 불현듯 성에 대한 강한 욕망을 느끼게 된다. 생전 처음 경험하는 그 이상하고 야릇한 욕망, 그 느낌. 그렇다고 이 영화가 나이 든 남성이 어린 여성에게 성욕을 느끼거나 정서적 동경을 품는 '롤리타 콤플렉스(Lolita Complex)'를 시각적으로 재현해 논란을 일으키는 영화라는 말은 아니다. 이적요가 은교에게 욕망을 느끼는 것은 사실이지만, 〈은교〉는 그런 성적 욕망을 센세이셔널하게 그리는 것이 목적은 아니다. 오히려 영화는 이적요의 욕망이 왜 등장하게 되었는지, 그리고 그의 욕망이 현실에서 얼마나 비참한 것인지 그리는 것에 집중한다.

이적요는 문단에서 추앙받는 대(大) 시인이다. 그의 말 한마디가 곧 영향력을 발휘하는 정도의 지위에 오른 사람이다. 이 말을 다르게 하면, 이적요는 평생을, 그의 이름처럼 성과 관계하지 않고 문학의 적요 속에 고고하게 파묻혀 살았다. 도덕적이고 깊이 있는 시를 쓰는 사람인 것. 그런 그가 이제 죽을 날이 머지않은 상황에서 소녀 은교를 보고 육체적 욕망을 느끼게 된다. 왜 그는 문득 그 나이에 그렇게 어린 소녀에게 욕망을 느끼게 된 것일까? 이 영화의 가장 큰 의문은 이것이다. 아무래도 이 역시 바타이유의 이론에 신세를 져야 할 것 같다. 바타이유는 인간이 지니고 있는 불연속성을 연속성으로 만드는 것은 죽음과 섹스와 종교뿐이라고 했다. 우리는 모두 연속성이 아니라 불연속성을 지닌 존재이다. 인간으로 태어난 이상 혼자 살아야 하고 혼자 판단해야 하고 혼자 죽어야 한다. 이 과정에서 자아는 결코 타인과 연결될 수 없다. 자신의 아이를 낳아도 낳는 순간 자신과는 다른 존재가 되어버린다. 이 불연속성이 인간의 숙명이지만 죽음은 자신만이 겪는 연속성의 삶이다. 불연속성을 규정하는 육체가 없으니 연속성의 존재가 성립되는 아이러니가 발생하는 것이다. 바타이유는 섹스가 바로 죽음을 가체험하는 연속성의 경험이라고 했다. 남녀의 육체가 하나가 되는 섹스는 진정한 연속성을 체험하게 해주는 경험이 된다. 때문에 바타이유는 이것을 "죽음까지 파고드는 삶"이라고 명쾌하게 해석했다. 죽음의 시간이 다가온 이적요는 은교를 향한 에로티시즘으로 자신의 연속성을 찾으려는 것이다. 다르게 말하면, 언제 죽을지 모를 나이가 되어서야 비로소 그 공포, 그 초라한 마지막을 이겨내기 위해 "죽음까지 파고드는 삶"인 에로티시즘에 몰입하게 되는 것이다.

이를 가장 명확하게 보여주는 것은 이적요가 상상하는 장면에서다. 젊은 시절의 이적요로 돌아간 그는 은교와 섹스를 하고 정원을 뛰어다니면서 자신이 지니고 있는 욕망을 판타지로 마음껏 풀어낸다. 이 장면에서 그는 젊은 시절로 돌아가 있고, 은교가 입고 있는 하얀 옷을 입고 있다. 이제 은교와 이적요는 구분되지 않은 한 몸이 되었다. 두 개인이 완전한 연속성의 한 개인이 된 것. 소설을 쓸 때도 전라의 은교가 그의 머릿속에서 떠나지 않는다. 이런 내용을 이적요는 아름다운 소설로 쓴다. 그것이 바로 영화 속의 소설 「은교」이다. 현실에서는 이룰 수 없는 사랑을 죽어갈 나이가 되어서야 소설이라는 매체를 통해 욕망하지만, 다시 현실로 돌아오면 그것은 숨겨야 하는 치부가 되어버린다. 이 슬픔이 영화의 핵심이다. 결국 이적요에게 은교는 금기의 대상이다. 그런 금기를 위반하고픈 욕망을 소설을 통해 대리로 풀어낸 것이다. 이적요가 할 수 있는 일은 오로지 소설을 쓰는 것뿐이었다.

더욱 슬픈 것은 제자 서지우(김무열)가 이적요의 허락 없이 이 작품을 자신의 이름으로 발표해 버린 것이다. 서지우는 이적요 같은 문학적 재능은 없지만, 이적요에게는 없는 젊음이 있다. 그러면서 둘 사이에 이상한 경쟁 관계가 형성된다. 사실 서지우는 은교에게 큰 관심이 없었지만, 스승이 관심을 둔 소녀이기에 관심을 갖게 된다. 이것만이라도 스승을 이겨보려는 제자의 욕망인 것이다. 이상문학상 수상 현장에서 이적요는 "너희 젊음이 너희 노력으로 얻은 상이 아니듯, 내 늙음도 내 잘못으로 받은 벌이 아니다"라는 말로 저항해도 그리 큰 반향을 얻지 못한다. 이적요는 자신의 뮤즈인 은교가 자신의 집에서 서지우와 섹스를 하는 장면을 관음증적으로 지켜보아야 하고, 결국 제자를 죽이는 모의를 해야 했다. 이 행위를 통해 시인 이적요는 완전히 죽었다.

〈은교〉는 섹스 장면이 두 번밖에 등장하지 않는다. 그럼에도 이 영화는 굉장히 파격적인 것으로 받아들여졌다. 왜 그런 것일까? (당시로서는 매우 드물게) 음모가 노출된 파격적인 장면 때문일까? 아니면 노인과 소녀의 사랑을 소재로 했기 때문인가? 그렇지 않다. 섹스 장면의 빈도가 에로티시즘의 농도를 진하게 할 수는 없다. 마지막 섹스 장면을 위해 나머지 장면이 기여하는 형식으로 구성되어 있고, 각각의 장면도 촘촘히 짜여 있다. 이를 통해 마지막 섹스 장면이 파격적인 것이 아니라 그 장면을 지켜보는 이적요의 시선에 안타까움을 느끼게 만든다. 섹스를 관음증적으로 지켜보는 등장인물의 시선과 동일시되어, 어느 순간 관객은 이적요와 함께 이적요의 시선으로 은교와 서지우의 섹스를 지켜보는 관음증 환자가 되면서, 한편으로는 그런 이적요의 쓸쓸함과 분노에 대해 생각하게 된다. 훔쳐보는 자를 훔쳐보는 이중 장치의 은밀한 매력과 거기서 나오는 쓸쓸함.

에로티시즘은 반드시 육체적 장면의 격렬함으로 발생하는 것이 아니다. 은밀히 지켜보는 시선이 더욱 강한 에로티시즘을 자아내기도 한다. 〈은교〉가 바로 그렇다. 처음 본 은교의 빛나는 모습, 비에 맞은 채 이적요의 집에 와서 그의 침대에 누워 있을 때 은밀히 보이는, 헐렁한 반바지 사이의 팬티, 이적요에게 헤라를 해줄 때 이적요의 눈에 보이는 작은 동작 하나하나가 은밀한 에로티시즘의 쾌락을 맛보게 한다. 특히 비에 젖은 은교의 옷을 이적요가 드라이어로 말려줄 때, 드라이어를 든 이적요의 손은 성기의 은유가 되고, 그 손이 은교의 교복을 헤집으며 말리는 행위가 성교의 상징이 될 때, 그 순간 은밀한 감정은 강하게 증폭된다.

3. 〈돈의 맛〉: 거래의 섹스와 진실한 사랑, 그러나 관음증의 함정

임상수의 영화는 파격적이다. 그가 추구하는 파격의 중심에는 언제나 섹스가 있다. 그는 섹스를 통해 우리 사회의 여러 문제점을 재현하고, 다시 섹스를 통해 그 사회의 구조를 분석하고 비판하기도 한다. 이런 경향은 데뷔작인 〈처녀들의 저녁식사〉(1998)부터 시작되어 〈돈의 맛〉까지 일관되게 이어졌다. 사실 〈돈의 맛〉에서 섹스는 전면화되지 않았다. 이 말은 임상수의 다른 영화, 그러니까 〈처녀들의 저녁식사〉, 〈눈물〉(2000), 〈바람난 가족〉(2003) 등과 비교했을 때 전면화되지 않았다는 것이지, 결코 이 영화의 섹스 표현의 강도가 약화되었다는 의미는 아니다. 오히려 그 강도는 어떤 작품보다 강하다(고 할 수 있다).

〈돈의 맛〉이 그리는 것은 재벌의 은밀한 속살이다. 임상수 감독은 특유의 쇼킹한 방식으로 이를 해부하여 비판한다. 첫 장면부터 그것은 노골적으로 드러난다. 어마어마한 양의 현금, 그것도 원화와 달러화가 준비되어 있는 방을 보여준다. 방이 그 자체로 금고가 될 정도의 비자금이 필요한 재벌의 속사정은 무엇일까? 이들은 도대체 어떻게 살아가는 것일까? 이 집에 고용된 집사인 주영작(김강우)의 시선으로 전작 〈하녀〉(2010)에 이은 '하남(下男)' 이야기를 그린 것일까? 그도 그럴 것이 영작은 회장의 안주인이자 실질적인 오너인 금옥(윤여정)과 강제로 섹스를 해야만 했다. 이 부분에서 흥미로운 것은 〈은교〉에서 이적요가 은교를 갈구하는 심정과 〈돈의 맛〉에서 금옥이 영작을 탐하는 것이, 나이 많은 이가 나이 어린 이를 탐한다는 점에서 공통적임에도, 명확한 차이가 난다는 것이다. 〈은교〉는 닿을 수 없는 젊음을 그리워하는, 실제로는 불가능한 사랑을 정신적으로 그렸다면, 〈돈의 맛〉은 돈과 권력을 통해 늙은 여성이 젊은 남자를 육체적으로 탐하게 만들었다. 그래서 〈돈의 맛〉은 섹스를 그리고 있지만 〈은교〉와는 명확히 구분이 된다.

〈돈의 맛〉에서 섹스는 두 가지 방식으로 드러난다. 먼저 재벌과 그 일당들이 놀고 있는 모습을 재현할 때 섹스가 등장한다. 방탕한 성애 장면이라고 요약할 수 있는 이들의 섹스는 돈으로 여자를 사서 한탕 즐기는 섹스이다. 자연스럽게 영화는 이 장면을 시각적으로 방탕하게 묘사하는데, 아이러니컬하게도 이것이 관음증적 효과를 만들어낸다. 안 그래도 〈하녀〉에 이어 재벌의 모습을 그리고 있어 그들의 일상을 알고 싶은 욕망이 있는데, 이것을 충족시키는 동시에 그들의 유희적 풍경을 타락한 성애 모습으로 대치하면서 호기심까지 불러일으킨다. 특히 외국 바이어가 벌이는, 또는 외국 바이어를 접대하는 장면의 난교는 이런 역할을 충실히 해낸다. 이때 이들의 섹스는 단지 타락한 자본주의의 모습을 고발하는 것에 그친다. 사랑과는 한참 거리가 있는 모습인 것.

또 다른 섹스는 진실한 사랑의 행위로서의 그것이다. 가령 윤 회장(백윤식)은 필리핀 출신의 가정부 에바(마우이 테일러)와 사랑에 빠져 진실한 사랑을 나눈다. 이것이 이상한 것은 이제까지 수많은 여성과 섹스를 한 윤 회장이 최후의 여자로 선택한 사람이 필리핀 가정부라는 점 때문이고, 정작 그는 자신의 부인과는 섹스를 하지 않는다는 점 때문이다. 거대한 규모의 비자금을 보여줄 때 그는 "원 없이 돈 펑펑 썼지. 근데 그게 그렇게 모욕적이더라고"라는 말을 한다. 회사를 위해 로비를 벌이며 수많은 이들에게 비자금을 주고 그들을 접대하면서 수많은 여성들과 잠자리를 했을 것이다. 그런데 그는 그것이 모욕적이었다고 한다. 회장의 딸이자 자신의 아내와의 관계에서도 주도권을 잡지 못하는 상황이 그를 더욱 모욕적이게 만들었을 것이다. 해서 그는 자신의 집 하녀인 필리핀 여성과 사랑에 빠진다. 그것도 처음 느끼는 사랑에.

또 하나의 진정한 사랑은 주영작과 회장의 딸 나미(김효진)의 사랑이다. 서로에게 호감을 갖고 있던 둘은 에바가 죽고 윤 회장이 자살하고 난 후 에바의 관을 들고 필리핀으로 찾아간다. 이 과정에서 서로의 마음을 확인한 두 사람은, 야하지는 않지만 영화에서는 가장 아름다운 섹스를 벌인다. 필리핀으로 가는 기내 화장실에서 사랑을 확인하는 것. 나미의 어머니와 강제로 섹스를 해야 했던 영작이 그 딸과는 진정한 사랑의 행위를 나누는 것은 무척이나 대조적이다. 특히 금옥에 의해 죽임을 당한 에바의 관을 들고 함께 찾아가는 과정에서 벌이는 섹스라서 더욱 의미가 깊다. 재벌의 그 타락하고 비윤리적인 섹스 행각을 벗어나 진실한 사랑의 행위로서 섹스를 복원시키는 것.

임상수는 두 부류의 섹스 장면을 통해 재벌의 모습을 비판하면서 그들의 패거리에서 벗어나야 진실한 사랑을 할 수 있다고 한다. 재벌이 벌이는 섹스는 거래의 난교일 뿐이지만, 이너서클을 벗어나면 둘만의 진실한 사랑을 이룰 수 있다. 그러나 한번 맛을 본 이들은 쉽게 벗어나기 어렵다는 메시지를 전하는 것도 잊지 않는다. 물론 임상수의 영화 가운데 가장 긍정적인 결말로 진실한 사랑이 불가능하지 않다는 낙관적 전망을 비치기도 한다. 임신하고 자살한 하녀에 비하면 하남은 그 집 딸과 함께 이너서클에서 벗어날 수 있었으니 얼마나 낙관적인가!

그러나 〈돈의 맛〉은 자본주의를 비판하는 섹스 장면이 오히려 새로운 구경거리로 전락하면서 체제를 유지시키는 역할을 하는 모순을 만들어낸다. 최상류층이 벌이는 섹스 파티가 어떤 모습인지 고발하지만, 입장료를 내고 영화를 보는 관객에게는 이것마저 구경거리가 되어 거대한 자본주의 작동 원리 속에 녹아들어가 버린다. 이처럼, 인간의 모든 욕망은 성에 대한 욕망이라는 프로이트 가설 이후 그것을 더욱 발전시킨 자본주의 체제는 이를 비판하는 욕망도 성에 대한 욕망으로 변형되기 일쑤다. 〈돈의 맛〉은 타락한 성의 모습을 고발하는 영화가 성의 관음증을 피할 수 없다는 역설적 상황으로 우리에게 많은 생각을 하게 만든다. 특히 그런 작업을 꾸준히 해온 임상수의 영화이기에 더욱 그러하다. 이렇게 보면 성은 참으로 다루기 어려운 소재임에 분명하다.

4. 〈후궁 : 제왕의 첩〉: 성의 욕망은 권력의 욕망이다

〈후궁 : 제왕의 첩〉은 '욕망들의 영화'다. 여기서 말하는 욕망은 성욕이자 성욕에 국한되지는 않는다. 성욕보다 더 강한 욕망으로서 자식을 지키려는 욕망이 있고, 이 욕망은 다시금 권력욕으로 이어진다. 결국 〈후궁 : 제왕의 첩〉은 성욕에서 시작해 권력욕에서 끝나는 영화라고 할 수 있다. 그리고 이 모든 것의 중심에 화연을 연기한 조여정이 있다. 〈방자전〉 이후 에로티시즘의 심벌로 떠오른 조여정이 이 영화를 가능하게 했다고 해도 과언이 아니다.

영화는 성욕에서 출발한다. 남모르게 화연을 사랑하는 왕의 이복동생인 성원대군(김동욱)은 왕이 아니기에 자신의 욕망을 이루지 못하고 지켜보기만 한다. 그리고 또 다른 남자 권유(김민준)가 있다. 화연과 사랑하는 사이지만, 둘은 맺어지지 못한다. 결국 화연은 성원대군의 여자도, 권유의 여자도 되지 못한 채 '왕의 여자'가 된다. 제목처럼 후궁이 아니라 본처가 되어 아들까지 낳는 위치에 오르게 된 것. 여기서 문제는 성원대군과 권유가 화연을 잊지 못한다는 것에서 비롯된다. 궁궐에서 왕비가 된 여자에게 감히 접근할 수 없지만, 그렇다고 잊을 수도 없는 안타까움. 영화는 바로 이 금기에서 시작된다. 당연하게도 위반의 욕망으로 추진력을 얻는다. 권유는 성기가 잘리는 고통을 감수한 끝에 내시가 되어 궁으로 들어온다. 남성 기능을 상실한 그가 궁에 와서 할 수 있는 일이 많지 않지만 기어코 들어오고야 만 것이다.

성원대군도 끝까지 화연을 포기하지 않는다. 왕이 된 성원대군은 형수인 화연에게 끊임없이 접근하지만, 그가 그토록 원하던 화연과의 섹스 도중 화연에게 죽임을 당하고 만다. 바타이유는 섹스가 죽음의 상태를 경험하는 것이라고 했다. 섹스의 쾌락은 불연속적 개체를 무너뜨린다. 알몸이 되어 서로의 육체를 탐하는 것은 비정상의 행동이고, 동물성의 행동이다. 그 격렬한 성기의 왕복운동 속에 남녀는 드디어 하나가 되어 연속성이 구현된다. 사정하기 직전의 쾌락은 죽음의 경험과 흡사하다. 사정 이후 곧 죽어버리는 남성의 성기는 그것을 극단적으로 상징한다. 화연과의 섹스 도중 성원대군이 죽는 장면은 "죽음까지 파고드는 삶"이라는 바타이유의 명제를 정확히 재현하는데, 영화의 재현에 묘한 흥미가 있다. 그토록 원하던 화연과 섹스를 벌이던 성원대군은 자신이 화연에게 선물한 노리개로 죽임을 당한다. 이때 노리개는 성원대군의 남근을 상징하는데, 섹스 도중 화연이 바로 그 노리개로 성원대군을 살해하고 만다. 성원대군이 노리개에 찔려 죽을 때 목에 난 상처에서는 피가 흐르는데, 그것은 권력의 중심이 상징적 남근을 지닌 화연에게로 넘어갔다는 것을, 그래서 성원대군은 피 흘리는 여근의 형상으로 묘사되었다는 것을 암시한다. 결국 성원대군의 섹스에 대한 욕망이 죽음으로까지 파고들었고, 실제로 섹스의 절정에서 죽음의 절정으로 이어지면서 두 번의 연속성을 동시에 경험하게 된다.

통상적인 영화라면 금기의 공포가 드러나고 이후 위반의 욕망으로 스토리가 전개될 것이다. 이것만으로도 스토리가 흥미진진하지만, 〈후궁 : 제왕의 첩〉에서는 여기서 더 나아간다. 금기의 위반이 중요한 것이 아니라 다른 욕망이 등장하는 것인데, 통상적인 영화에서는 잘 드러나지 않는 여성의 권력 욕망이 그것이다. 남성들의 욕망은 철저하리만큼

성적 욕망이었다. 노골적으로 이야기하면 금기된 사랑과 섹스를 하고픈 욕망일 따름이었다. 그러나 화연의 욕망은 다르다. 그는 자신의 아들을 왕으로 만들고 싶어 한다. 그녀의 모든 행동은 여기에 초점이 맞추어져 있다. 해서 권유와 계략을 꾸며, 자신을 사랑하는 성원대군을 이용해 결국 목표를 달성한다. 여기에 화연의 성적 욕망이 개입할 여지는 없다. 특이하게도 화연의 이런 욕망은 대비(박지영 扮)의 욕망과 지독히도 일치하는데, 성원대군의 어머니인 대비의 욕망도 성원대군을 왕위에 올리는 것이었다.

성원대군을 왕으로 만들고 나서도 대비가 섭정을 하자 왕은 화를 내기 시작한다. 심지어 중전과의 합방마저 간섭하자 그는 "자신이 왕이기는 한 것입니까?"라며 본색을 드러낸다. 그는 어머니의 욕망의 도구에 머물고 있는 위치에서 벗어나고 싶다. 다시 말해, 자신의 욕망에 충실하고 싶은 것이다. 어머니의 욕망은 성원대군을 왕위에 앉혀 자신의 권력욕을 충족하는 것이지만, 성원대군은 그런 것에는 전혀 관심이 없고 오로지 화연과의 섹스 욕망만 있을 뿐이다. 왕이 된 자신은 그 욕망을 빨리 이루고 싶은 것이다.

영화는 성원대군의 바람과 다르게 권력 게임이 된 두 여성의 대결로 치닫고, 마침내 화연이 승리한다. 성원대군은 그토록 원하던 화연과 섹스 도중 화연에 의해 살해당하고, 화연은 아들과 함께 대전에 들어선다. 이 끔찍한 중세 시대의 욕망의 지형도를 그리기 위해 영화는 섹스를 노골적으로 이용한다. 특히 조여정을 내세워 빈번하게 섹스 장면을 재현한다. 그런데 이런 노골적인 섹스 장면은 훔쳐보기 효과를 발휘해 입소문을 타는 듯했으나 결국 오래가지는 못했다. 노골적인 섹스 장면만 보려고 영화를 보는 이들은 많지 않다. 영화보다 더 노골적인 영상을 몇 번의 클릭만으로 쉽게 얻을 수 있는 세상이지 않은가. 영화는 관객의 이런 욕망을 제대로 파악하지 못했다.

〈후궁 : 제왕의 첩〉은 너무 많은 욕망을 전시하고 있다. 에로티시즘 영화라는 타깃을 노렸다면 이렇게 만들면 안 된다. 앞서 〈은교〉에서 거론한 것처럼 에로티시즘은 격렬한 육체적 향연을 통해서만 드러나는 것이 아니다. 에로티시즘 효과를 위해서는 준비 시간이 필요하다. 다시 말하지만, 섹스 장면의 빈도가 에로티시즘의 농도를 결정하는 것이 아니다. 차라리 결정적인 한 번의 섹스 장면이 더욱 농후한 에로티시즘을 유발할 수 있다. 그 결정적 장면을 위해 수없이 마음을 졸이며 바라보는 작은 동작 하나하나가 바로 에로티시즘을 유발할 수 있다. 물론 에로티시즘의 잣대로 봤을 때 〈후궁 : 제왕의 첩〉에 불만이 있다는 것이지, 다른 잣대로 보면 이 영화의 장점은 얼마든지 있다. 이 영화는 에로티시즘을 자극하는 영화가 되려다가 에로티시즘을 표방한 영화가 되어버렸다.

5. 어떻게 보여줄 것인가?

다시 바타이유로 돌아가자. 그는 섹스는 쾌락을 추구하는 것이라고 했다. 이때 쾌락은 생식과 아무런 연관이 없는 단어이다. 인간의 섹스가 동물과 다른 것은 생식과 무관하게 쾌락을 추구할 수 있기 때문이다. 그런데 아이러니컬하게도 이 쾌락은 아름다운 것을 파괴하는 동물적 행위와 관련이 있다. 정숙의 가면을 벗고 동물적 오르가즘을 느끼는 남녀의 행위가 그렇다. 때문에 섹스는 아름다움 아래 감춰온 동물성을 회복하는 과정이기도 하다. 영화는 바로 이런 욕망을 스크린 속에 전시한다. 영화 속에 그려진 섹스는 정숙한 섹스도, 생식을 위한 수단으로서의 섹스도 아니다. 쾌락이 목표인 섹스이다.

더불어 쾌락에는 욕망이 결합된다. 과도한 면이 있어 보이지만, 프로이트는 인간의 모든 욕망은 섹스에 대한 욕망이라고 규정했다. '아버지의 법' 아래에서 상징계의 질서를 익히면서 그것을 문명이라고 치부했지만, 그런 문명이 발달하면 할수록 불만은 무의식 속에 차곡차곡 쌓여간다. 언젠가는 이것을 터트려야 히스테리에서 벗어날 수 있는데, 가장 흔히 드러나는 것이 술에 취해 성적 대상에 함몰되는 것이다. 이렇게 보면 (다시 프로이트의 시각에서) 인간의 욕망은 섹스에 대한 욕망에서 시작하고, 모든 욕망의 귀착지에는 섹스에 대한 욕망이 있다. 〈은교〉에서 이적요의 욕망은 은교에 대한 은밀한 성적 판타지였고, 〈돈의 맛〉에서 성에 대한 욕망은 타락한 자본주의의 노골적인 쾌락 욕망이거나, 이와 반대되는 진실한 사랑의 욕망이었으며, 〈후궁 : 제왕의 첩〉에서 성에 대한 욕망은 가장 기본적인 욕망이면서 바탕이 되는 욕망이었다. 때문에 영화는 섹스에 대한 욕망을 자주 재현한다.

어떻게 보더라도 섹스에 대한 욕망은 인간의 가장 근원적인 욕망이고 원초적인 욕망이다. 이것이 채워지면 명예, 돈, 권력욕으로 나아가지만, 다시 후자의 지위와 권력을 이용해 섹스에 대한 욕망으로 되돌아온다. 그럴 때 돈과 권력의 실체를 확인시켜주는 자본주의의 매개체는 섹스이다. 섹스를 통해 자신의 지위를 확인하고, 그 쾌감을 즐긴다. 물론 그 쾌감은 지속되지 못하는 쾌감이지만, 그래서 다시 충전하려는 데

혈안이 된 쾌감이지만, 인간은 그 쾌감에서 쉽게 벗어나지 못한다. 그 래서 섹스를 다룬 영화는 대부분 비극으로 끝나거나 윤리적인 결말로 나아가게 된다. 채워질 수 없는 욕망을 갈구했으니 비극으로 끝이 나야 하고, 진실한 사랑이라는 윤리적 해답 안으로 빠지게 된다. 〈은교〉는 죽음 직전의 시각에서 청춘의 아름다움을 우울하게 그렸고, 〈돈의 맛〉 은 거래로서의 섹스와 진실한 사랑이라는 양분된 섹스를 그렸고, 〈후궁 : 제왕의 첩〉에서는 금기의 덫에 걸린 불운한 섹스를 그렸다.

　마지막 한마디. 영화가 섹스를 그리더라도 어떤 것은 보고 싶고 어떤 것은 보고 싶지 않다. 왜일까? 영화가 시각적 장치라는 전제를 염두에 두고 우리가 주목해야 할 것은 에로티시즘은 살짝 건드렸을 때 더 흥분 된다는 사실이다. 많이 보여준다고, 전부 보여준다고, 자주 보여준다고 좋은 것이 아니다. 오히려 적당히 가려져 있을 때, 한 번만 보여줄 때, 관객들은 더욱 애가 탄다. 중요한 것은 무엇을 보여주는가가 아니라 '어 떻게' 보여주는가이다. 이런 점에서 〈은교〉는 적절했고, 〈돈의 맛〉은 안타까웠으며, 〈후궁 : 제왕의 첩〉은 씁쓸했다.

패배주의, 잔혹한 복수, 폐쇄성

— 2010년 한국 영화의 징후적 읽기

1. 영화는 미래의 안테나

"영화는 사회적 무의식의 표현이며, 그 무의식의 에너지가 흘러가는 방향을 감지하는 안테나다." 역사학자 김기봉 교수가 한 이 말은 영화의 대중성을 매우 정확하게 지적하고 있다. 그렇다. 영화는 사회적 무의식의 표현이다. 사회라는 구조에서 자유로울 수 없는 감독이 만드는 영화는 사회적 무의식을 담지 않을 수 없다. 그런 영화를 보는 관객들도 마찬가지다. 그들 역시 사회라는 구조의 산물이다. 그래서 감독이 만든 영화를 관객이 보면서 서로 소통하는 행위는 사회적 무의식에 서로 공감하는 행동에 다름 아니다. 그런데 영화는 단지 사회적 무의식을 표현하는 것에 그치는 것이 아니라 앞으로 그 사회가 어디로 흘러갈 것인지 암시한다는 점에서 그 중요성이 있다.

영화가 대중사회에서 중요한 것은 유행을 만든다거나 일시적 현상을 대변하는 것이 아니라 영화를 통해 그 시대를 보여주는 징표가 되고, 더나아가 짧은 미래를 예견하는 묵시록이 된다는 점에 있다. 우리가 1960년대 춘무로 영화를 보면서 그 시대를 알게 되는 것과 마찬가지다. 영화 속에 그려진 1960년대의 인물 군상을 통해 당시 사람들의 생활 모습, 그들의 도덕관, 정치관 등을 확인할 수 있다. 이뿐인가. 영화 속에는 앞으로 전개되기를 욕망하는 모습이 오롯이 녹아 있다. 근대화를 욕망하는 모습, 변해가는 사회상, 가족상을 통해 영화는 사회를 예측하는 지표가 된다. 기본적으로 영화를 보는 이들의 욕망은 현실을 재현한 영화보다는 현실보다 한 발 앞선 영화를 통해 판타지의 세계로 빠져드는 욕망이다. 물론 그런 판타지가 모두 가까운 현실로 다가오지는 않지만, 중요한 것은 그 판타지를 대중이 지니고 있다는 점이다. 때문에 영화는 우리의 현재와 미래의 방향을 감지하는 안테나가 되지 않을 수 없다.

이 글에서 할 일은 2010년 한국 영화를 통해 우리 사회를 돌아보고, 우리 사회가 어디로 나가고 있는지 그 방향을 탐지하고자 하는 것이다. 우리에게 2010년은 어떤 해였는지, 영화 속의 2010년은 어떤 해였는지, 둘은 어떻게 만나는지, 그래서 영화가 어떤 미래적 징후를 그리고 있는지 살펴보려는 것이다. 결론부터 이야기하면 2010년 대중들이 느끼는 사회적 무의식은 매우 비관적이다. 그들은 패배주의에 빠져 있으며, 이런 패배주의를 잔혹한 복수의 판타지로 메우려 하거나 패배주의의 원인을 우리 사회의 폐쇄적인 구조 탓으로 보고 있다. 왜 그런 것일까? 이제부터 2010년 영화를 통해 우리 사회의 무의식을 탐험해 보자.

2. 패배주의, 2010년 한국 영화의 슬픈 징후

이상한 일이다. 2010년이 시작되자마자 한국 영화는 이상한 징후를 드러냈다. 그것은, 슬프게도 지독한 패배주의를 담고 있었다. 가장 먼저 흥행에 성공한 〈하녀〉. 당연하게도 김기영의 〈하녀〉(1960)와 비교하지 않을 수 없는데, 무엇보다 다른 것은 김기영의 〈하녀〉가 근대화되어가는 1960년대 초의 상황을 그리면서 비극적 정서를 액자 구성으로 담아 현실로 나가지 않았다면, 임상수의 〈하녀〉는 오프닝에서부터 신자유주의 하에서 자살을 선택할 수밖에 없는 여성의 이야기로 시작해 엔딩도 결국 아무것도 얻지 못한 하녀(전도연)가 대저택에서 자살하는 것으로 끝맺는다는 점이다. 하녀의 자살을 지켜본 '대한민국 최상위 1퍼센트'는 해외에서 화려한 생일 파티를 하면서 아무렇지 않게 살아간다. 검사의 어머니(윤여정)조차 하녀로 살아가야 하는 시대, 자본이 정치와 언론 위에 군림하는 시대, 임상수의 〈하녀〉는 그런 사회에서 어떤 저항도 할 수 없는 이들의 슬픈 삶을 다루고 있다. 어떻게 보면 〈하녀〉는 지금 우리 시대의 패배주의 의식을 가장 적나라하게 드러내고 있다. 빈익빈 부익부의 극단적 자본 절대주의 사회에서 자본을 소유하지 못한 인간들의 비극적인 삶과 운명이 무섭도록 치밀하게 드러난다.

〈하녀〉의 뒤를 이은 것은 이준익의 〈구르믈 버서난 달처럼〉(2009)이었다. 이미 열혈 팬을 확보하고 있는 박흥룡의 원작 만화를 영화화한 이준익은, 이상하게도 아무런 희망도 영화 안에 남겨 놓지 않았다. 이것은 정말로 이상한 일이다. 이제까지 이준익은 자신의 영화에서 단 한 번도 민중의 건강한 생명력을 부정한 적이 없다. 〈황산벌〉(2003)의 '거

시기'에서부터 〈라디오스타〉(2006)의 철 지난 가수와 매니저, 〈님은 먼 곳에〉(2008)의 남편을 찾아 월남까지 가서 기어이 만나고야마는 여성에 이르기까지 그러했다. 그런데 〈구르믈 버서난 달처럼〉에서는 아무런 희망이 없다. 서자라는 한계 때문에 세상을 떠도는 견자(백성현)도, 눈이 멀어 온전한 양반이 되지 못한 황정학(황정민)도, 부패한 조선 사회를 갈아엎으려는 이몽학(차승원)도 결국 아무런 비전도 갖지 못한 채 서로 싸우다가 죽고 만다. 그들이 죽은 후, 한양을 포위한 왜병들의 진격이 힘차게 진행된다. 정말로 암울하게도 영화는 여기에서 막을 내려버린다. 이준익은 〈평양성〉(2011)에서도 이런 결말을 선택하지는 않았다. 도대체 왜 그런 것일까?

독창적인 사극을 만들고 있는 김대우의 〈방자전〉(2010)도 패배주의를 담고 있는 것은 마찬가지다. 대한민국 국민이라면 누구나 알고 있는 〈춘향전〉을 흥미롭게 재해석한 〈방자전〉에서 주인공 방자(김주혁)는 춘향(조여정)을 탐해 결국 자신의 여자로 만들지만, 그것도 잠시 그는 이몽룡(류승범)의 추격과 이 과정에서 발생한 사건으로 정신지체가 된 춘향을 데리고 평생을 쫓겨 다녀야 한다. 만약 방자가 향단(류현경)과 짝을 맺었다면 어떻게 되었을까? 두말할 필요도 없이 좋은 부부가 되었을 것이다. 그러나 방자는 (당연하게도) 기생의 딸인 춘향을 자신의 여자로 만든다. 이것은 당시 사고(思考)로도, 지금의 사고로도 아무런 문제가 되지 않는다. 그러나 춘향을 한때의 노리갯감으로 생각했던 이몽룡이 자신의 출세를 위해 사랑하지도 않는 춘향을 뺏으려 하면서 문제가 발생한다. 양반이라는 신분과 하인이라는 신분의 벽은 도저히 넘을 수 없는 것이다. 결국 방자와 춘향의 지극한 사랑은 맺을 수 없다.

이제 〈시〉를 거론해야 한다. 이창동 감독의 영화가 대부분 그런 것처럼, 이 영화도 비극적으로 끝을 맺는다. 그것도 죽음이라는 극단적 장치로 끝을 맺는다. 이창동은 〈초록물고기〉에서부터 〈박하사탕〉, 〈오아시스〉, 〈밀양〉 등 모두 죽음과 슬픔, 패배의식에서 자유롭지 못한 인물을 다루었는데, 그런 의식의 절정이 〈시〉라고 할 수 있다. 손자(이다윗)의 성폭행 때문에 자살한 소녀를 알츠하이머를 앓고 있는, 즉 기억이 점점 죽어가는 인생의 황혼녘 할머니(윤정희)가 위로하는 내용이다. 이 영화가 중요한 것은 두 가지 의미에서다. 먼저 남성들의 집단 성폭력 때문에 자살을 선택한 소녀의 죽음을 몇 푼의 돈으로 타협하려는 이들과, 진실로 영혼을 위로하려는 할머니의 대조가 선명하게 부각된다는 것이다. 언론도 소녀의 죽음을 슬퍼하기는커녕 타협을 강조하고 학교의 교장과 선생도 마찬가지다. 두 번째로 이 영화는 특정인의 죽음을 상징적으로 보여준다. 영화의 마지막에 들려오는, 마치 죽음을 맞이하는 것처럼 육체는 사라진 채 목소리만 은은하게 남긴, 결국 할머니와 소녀의 목소리가 하나가 되는 시를 보면 이것은 극명하게 드러난다.

아네스의 노래

그곳은 어떤가요 얼마나 적막하나요
저녁이면 여전히 노을이 지고
숲으로 가는 새들의 노래소리 들리나요
차마 부치지 못한 편지 당신이 받아볼 수 있나요
하지 못한 고백 전할 수 있나요

시간은 흐르고 장미는 시들까요

이제 작별을 할 시간
머물고 가는 바람처럼 그림자처럼
오지 않던 약속도 끝내 비밀이었던 사랑도
서러운 내 발목에 입 맞추는 풀잎 하나
나를 따라온 작은 발자국에게도
작별을 할 시간

이제 어둠이 오면 다시 촛불이 켜질까요
나는 기도합니다
아무도 눈물은 흘리지 않기를
내가 얼마나 간절히 사랑했는지 당신이 알아주기를
여름 한낮의 그 오랜 기다림
아버지의 얼굴같은 오래된 골목
수줍어 돌아 앉은 외로운 들국화까지도 내가 얼마나 사랑했는지
당신의 작은 노래소리에 얼마나 가슴 뛰었는지

나는 당신을 축복합니다
검은 강물을 건너기 전에 내 영혼의 마지막 숨을 다해
나는 꿈꾸기 시작합니다
어느 햇빛 맑은 아침 깨어나 부신 눈으로
머리맡에 선 당신을 만날 수 있기를

유심히 읽어보면 고(故) 노무현 대통령에 대한 추모의 의미가 담겨 있음을 알 수 있다. 촛불집회를 연상시키기도 하고 노란 들국화가 특정한 정치색을 환기하기도 한다. 결국 이 영화는 언론과 권력, 검찰의 집단폭력(?)에 의해 자살을 택할 수밖에 없었던 전직 대통령과 그 지지자들의 아픔을 위로하는 영화라고 할 수 있다. 죽음의 패배주의를 다루고 있지만, 이 영화가 그나마 위안이 되고 평안이 되는 것은 그 때문이다.

네 편의 영화에서 중요한 것은 영화 속 인물들이 패배할 수밖에 없는 이유이다. 결말을 해피엔딩으로 맺을 수도 있고 비극적 절망으로 맺을 수도 있지만, 절망으로 영화를 끝냈을 때는 카타르시스를 통해 관객과의 깊은 공감대를 형성할 수 있는 장점이 있다. 2010년 상반기에 비극적으로 끝을 맺은 영화의 대부분은 기성 사회에 나타난, 넘을 수 없는 벽에 막혀 인물들이 자살하거나 죽거나 떠나거나 떠돌아야 하는 내용을 다루고 있다. 신자유주의 시대 '최상위 1퍼센트'의 고급스런 삶과는 도저히 하나가 될 수 없는 이의 절망이 자살로 그려지고, 백성을 버리고 떠난 한양으로 가서 새로운 나라를 세우려다가 개인의 욕망과 내분 때문에 죽고, 집단 성폭행 때문에 소녀가 자살하고 그녀를 위로하기 위해 가해자의 할머니가 시를 남긴 채 떠나가며, 양반이 좋아하는 여성을 차지한 상놈이 양반 때문에 지적장애자가 된 여성을 데리고 평생을 도망 다녀야 한다. 여기서 중요한 것은 사회의 벽에 막혀 자신의 뜻을 펼치지 못한 채 죽는다는 것이다. 그리고 이런 절망에 많은 관객들이 깊은 공감을 표시했다는 것이다. 이제 우리 사회는 자본의 소유 여부에 따라 신분이 결정되는 시대가 된 것인가? 그것을 슬프게 받아들이는 것인가?

3. 잔혹한 복수, 2010년 한국 영화의 끔찍한 징후

　정말 이상한 것은 2010년 하반기에 흥행한 영화들이다. 상반기의 영화들이 대부분 패배주의를 다루었다면, 하반기에 흥행한 영화들은 잔혹한 폭력을 다룬 영화들이 많다. 우연히 알게 된 소녀를 악의 굴레에서 벗어나게 하기 위해 고군분투하는 전직 특수요원을 그린 〈아저씨〉(이정범), 약혼녀를 토막 살해해 유기한 살인범을 찾아 같은 방식으로 잔혹하게 복수하는 〈악마를 보았다〉(김지운), 오랫동안 자신을 학대한 남편과 시동생, 마을 사람들에게 잔혹하게 복수하는 〈김복남 살인사건의 전말〉(장철수), 심야 방송을 진행하는 DJ 집에 침입해 가족을 대상으로 끔찍한 인질극을 벌이는 〈심야의 FM〉(김상만), 함정에 빠져 아내를 찾으려고 들어온 조선족이 자신에게 조여 오는 압박을 피해 결국 복수하는 〈황해〉(나홍진)에 이르기까지 모두 그렇다.

　2010년 한국 영화의 가장 중요한 키워드 가운데 하나는 단연 잔혹한 폭력이다. 어지간한 영화에는 눈도 꿈쩍 않는 전문가도 차마 눈 뜨고 보기 어려울 정도의 잔혹한 폭력이 유독 2010년 한국 영화계에, 그것도 하반기에 줄지어 등장했다. 이러한 흐름의 절정은 〈악마를 보았다〉와 〈황해〉가 아닐까 싶다(그렇다고 〈아저씨〉, 〈김복남 살인사건의 전말〉의 폭력성이 약하다는 말은 아니다). 〈악마를 보았다〉는 몇 번의 '등급 외' 판정을 받으면서 영화의 폭력 수위에 대한 관심이 증폭된 경우인데, 인육을 먹는 행동은 자진 삭제했지만 살아 있는 사람을 사지절단하고 잔혹한 신체 훼손을 한다는 점에서 충격이 아닐 수 없었다. 〈황해〉에서

면가(김윤석)는 사람이 아니다. 그야말로 악마다. 도끼로 사람을 서슴없이 쳐 죽이는 사람. 그가 영화 속에서 도끼로 죽인 이가 몇 명인지 도저히 헤아리기 어려울 만큼 많다. 시체를 유기하면서도 그는 머리를 제외한 다른 부분은 갈아서 개에게 주라고 할 정도이다(영화 속에 등장한 조선족과 연변의 모습은 정글의 법칙이 존재하는 동물의 세계이지 결단코 사람의 세상이 아니다. 물론 영화 속 남한의 모습도 돈에 따라 사람을 사고 죽이는 공포의 공간이다. 그런 면에서 이 영화는 남한의 현실을 지독히도 어둡게 그리고 있다고 할 수 있다. 그런 점에서 패배주의를 그린 영화와도 상통한다). 도저히 인간으로서 차마 눈뜨고 보기 어려운 폭력이 피범벅이 된 스크린 속에 등장했다.

이런 영화들을 대하는 언론의 입장은 폭력의 정도가 너무 심해 모방 범죄를 불러일으킨다거나 관객들의 불편을 불러온다는 것이었는데, 이것은 번지수를 잘못 짚어도 한참을 잘못 짚은 것이다. 공포영화 가운데 잔혹한 폭력을 직접적으로 보여주는 고어 영화(gore film)나 슬래셔 무비(slasher movie), 스플래터 무비(splatter film)는 기본적으로 특수한 관객층을 대상으로 한다. 이 말은 영화의 제작 단계부터 한국인들이 가장 선호하는 장르인 코미디나 멜로 영화 팬들을 아예 포기한 채 영화를 만들었다는 것을 의미한다. 게다가 이런 영화 팬들은 현실과 영화의 차이를 누구보다 잘 알고 즐기는 사람들이다. 때문에 영화 속의 폭력 때문에 현실에서 모방 범죄가 발생한다는 생각은 지나치게 원초적인 걱정일 따름이다. 오히려 고민해야 할 것은 왜, 지금, 이런 영화들이 등장하는가라는 질문이다. 그리고 왜 의외로 많은 이들이 이런 영화를 보았는가 하는 의문이다.

흥미로운 것은 상반기의 패배주의를 다룬 영화들에 비해, 하반기의 잔혹한 폭력을 다루고 있는 영화들은 선이 악을 응징하는 내용, 그런 응징이 성공하는 내용이라는 것이다. 사람의 장기를 밀매하는 조직을 일망타진해 소녀를 구하고, 약혼녀의 복수를 같은 방식으로 해내며, 자신을 괴롭힌 이들에게 직접 복수하면서 인질범을 처리하고야 말고, 함정으로 국내에 잠입하게 한 후 끝없는 추격으로 자신을 괴롭힌 악당을 결국 죽이고야 만다. 경찰이나 법의 도움을 받지 않고 영화 속 인물이 직접 자신의 손으로 처단하고야 만다. 어차피 경찰과 법은 그들의 아픔을 감싸지도 못하고 복수를 해줄 수도 없다. 이들의 복수에서 잔혹한 폭력이 등장하지만, 악의 세력이 사용하는 폭력이 잔혹하지 이를 응징하는 폭력은 상대적으로 잔혹하지 않다. 또는 상대적으로 잔혹하게 느껴지지 않는다. 그래서 영화를 보고 나면 폭력의 모방보다는 악의 세력이 저지르는 잔혹한 폭력에 치를 떨게 된다. 결국 폭력을 미워하고 멀어지게 만든다.

　여기서 중요한 것이 있다. 영화 속 인물들의 상황이다. 끔찍한 폭력을 저지른 악마와 단독자로 대결해서 결국 복수를 해야 하는 상황, 아무도 도와주지 않는 극단적 상황에서, 오히려 경찰이 자신을 추격하고 있는 상황에서 이루어야 하는 복수를 통해 주인공과 관객들은 폭력의 미로에서 벗어날 수 있었다. 그런데 왜 악마가 등장한 것일까? 영화에서 악마는 갑자기, 느닷없이 등장해서 잔혹한 살인을 벌인다. 그래서 악마와 사투를 벌이지 않을 수 없다. 자신이 사랑하는 연인이나 가족을 죽이기 때문에 싸우지 않을 수 없는 것이다. 아니, 질문을 바꾸어야 할 것 같다. 왜 2010년 하반기에 갑자기 이런 영화들이 등장한 것일까, 왜 관객들이 선호한 것일까? 아무래도 여기에는 중요한 사회적 무의식의 흐름이 있는 것만 같다.

4. 폐쇄된 사회, 2010년 한국 영화의 사회적 프리즘

잔혹한 폭력의 영화, 잔혹한 폭력을 휘두르는 악마에 대응해 선인이 폭력을 행사하지 않을 수 없는 영화가 있는 반면, 특정 흐름의 영화에는 사회구조적 폭력 때문에 절망해야 하는 상황이 등장한다. 이런 영화들이 잔혹한 폭력을 다룬 영화와 구별되는 것은 사회구조적인 면에 있다. 앞서 언급했지만, 잔혹한 폭력의 복수를 다룬 영화에서는 대부분 악마의 등장에 대해 길게 설명하지 않는다. 즉 그가 왜 악마가 되어야 했는지 설명하지 않는다. 처음부터 악마로 설정되어 있다. 〈악마의 보았다〉의 경철(최민식)은 처음부터 악마였다. 〈황해〉의 면가나 〈아저씨〉의 만석(김희원)도 마찬가지다. 물론 이들의 폭력이 우리 사회와 전혀 상관이 없는 것은 아니다. 우리 사회의 잔혹한 뉴스를 보면 영화 속의 폭력을 쉽게 상상할 수 있다. 연쇄살인, 장기 매매, 토막살인 등은 이미 우리에게 익숙한 소재이다. 그러나 영화 속 인물이 그런 살인을 저지른 이유가 있어야 하는데, 영화에는 그것이 빠져 있다.

지금부터 거론할 영화들은 우리 사회가 어떻게 구조적으로 폐쇄되어 있는지, 그래서 어떻게 폭력적으로 작동하고 있는지 보여준다. 〈이끼〉(강우석)는 그 대표적인 영화이다. 아버지의 죽음 때문에 특정 지역으로 아들 유해국(박해일)이 장례를 치르러 내려왔다가 그곳에 머물면서 마을의 비밀을 캐나가는 미스터리 서스펜스인 〈이끼〉에서 중요한 것은 이 마을의 정체이다. 이장(정재영)을 중심으로 한 철저히 폐쇄적인 마을, 법도 질서도 이장 마음대로 다스릴 수 있는 마을, 한번 들어오면 죽어서야 떠날 수 있는 마을, 종교적 공동체에서 이익 공동체로 변모해버린 이상한 마을. 결국 유해국은 비밀을 밝혀내지만 지역공동체의 부정적인 면모를 알아내는 대신 자신의 아버지에 대한 비밀도 알게 된다.

〈이끼〉가 폐쇄적인 공동체를 다소 극단적인 시선으로 밀어붙인 영화라면, 〈돌이킬 수 없는〉(박수영)는 서울 근교의 전원주택에서 '발생할 수 있는' 내용을 다루고 있다. 일곱 살 소녀가 사라지면서 평화로운 마을은 죽음의 공간이 되고 서로를 의심하게 된다. 그때 전과가 있다는 이유로 마을 사람들의 단결된(?) 협박과 회유 때문에 정상적인 생활을 할 수 없는 청년과 그의 가족은 하루하루가 전쟁을 치르는 날이 된다. 결국 청년의 여동생은 어린이집에서 쫓겨나고 청년도 소녀의 아버지에게 살해된다. 마을 사람들은 이런 일이 발생할 때까지도 집단적으로 청년의 집을 비판한다. 그리고도 후회하지 않는다. 이런 폐쇄적인 시골의 부정적이고 폭력적인 모습은 〈김복남 살인사건의 전말〉과 〈시〉에서도 이미 그려진 바 있다.

〈이끼〉, 〈돌이킬 수 없는〉과 달리 〈부당거래〉(류승완), 〈경계도시2〉(홍형숙)는 우리 사회 전반을 그 표적으로 삼기 때문에 우리의 맨얼굴이 영화 속에 그대로 드러난다. 그래서 두 영화에서 우리는 참으로 낯뜨거운 현실과 대면해야 한다. 류승완의 역작 〈부당거래〉는 제목에서 암시하는 것처럼, 검사와 기자, 재벌, 조폭이 어떻게 서로 관계되어 있는지, 어떻게 공생의 먹이사슬을 형성하면서 우리 사회를 지배하고 있는지 마치 정밀화를 그리듯 세밀하게 포착한다. 결국 류승완이 겨누는 총구에는 검찰과 언론, 재벌이 있다. 부정을 저지르면서도 절대 반성하지 않는 집단. 애꿎은 경찰들만 서로 복수하면서 개죽음을 당할 뿐이다. (물론 영화의 완성도가 가장 뛰어나긴 하지만) 류승완의 영화 가운데 이 영화가 유독 관객의 사랑을 받았다는 것은 무엇을 의미하는가? 이 영화에서 끝까지 살아남는 자가 검사라는 것은 또 무엇을 의미하는가? 2010년의 여러 사건들이 겹치지 않을 수 없다.

〈경계도시2〉가 무서운 이유는 이 영화가 다큐멘터리이기 때문이며, 이 영화에 포착된 부정적 현실이 2010년에 더욱 강하게 현실화되었다는 점 때문이다. 분단의 상처를 치유하고 둘을 화해시키려는 경계인의 삶은 참여정부에 의해 무참히 비판당한다. 그리고 언제 그랬냐는 듯이 사건이 종결되면서 아무도 거론하지 않는다. 그러므로 이곳은 유령도시이다. 그러나 억압된 것은 반드시 귀환하고 만다. 천안함과 연평도가 그것을 대변한다. 이렇게 보면 〈경계도시2〉는 끔찍한 미래의 묵시록처럼 보인다. 과거의 모습이 아니라 미래의 묵시록으로 보인다는 점에서 더욱 끔찍하다. 우리 사회를 이렇게 구조적인 폭력, 폐쇄적인 사회로 봤다는 점에서 두 영화는 〈황해〉, 〈구르믈 버서난 달처럼〉, 〈방자전〉, 〈하녀〉과 비슷하다고 할 수 있다.

5. 영화의 징후와 현실

이상하게도 2010년 상반기에 개봉한 중요한 영화들은 패배주의를 담고 있다. 그것도 신분 차이에 의해 패배할 수밖에 없는, 그래서 대부분 죽음으로 마감하는 이들의 아픔이 녹아 있었다. 그러나 하반기로 넘어

가면서 잔혹한 폭력을 행하는 악마를 응징하는 내용의 영화들이 스크린을 메웠다. 그리고 육체에 대한 직접적인 폭력은 아니더라도 〈이끼〉나 〈돌이킬 수 없는〉, 〈부당거래〉, 〈경계도시2〉 같은 영화를 보면 우리 사회에 만연한 집단주의, 지독한 폐쇄성, 구조적 폭력 등을 접하게 된다. 결국 2010년의 주요한 영화들은 패배주의에 빠져 있으며, 이런 패배주의를 잔혹한 복수의 판타지로 메우려 하거나 패배주의의 원인을 우리 사회의 폐쇄적인 구조 탓으로 돌리고 있다. 〈이끼〉, 〈김복남 살인사건의 전말〉, 〈황해〉, 〈아저씨〉 같은 영화가 복수에 성공하는 경우라면, 〈구르믈 버서난 달처럼〉, 〈하녀〉, 〈방자전〉 같은 영화는 복수에 성공하지 못한 영화라고 할 수 있고, 〈돌이킬 수 없는〉, 〈경계도시2〉, 〈부당거래〉 같은 영화들은 사회의 폐쇄성에 방점을 찍은 영화였다.

그렇다면 여기서 물어야 한다. 영화가 하나의 징후를 미리 보여주는 것이라면 2010년의 한국 영화는 무엇을 보여주는 것일까? 상반기의 패배주의가 하반기의 악을 응징하는 폭력으로 이어지는 것, 그리고 폐쇄된 사회를 꾸준히 보여준 것은 무엇을 암시하는 것일까? 여기서 2010년 우리의 현실을 돌아봐야 한다. 이전 대통령이 경제에 무능하다고 CEO 출신의 대통령을 선출한 뒤에 우리는 진정 어떤 생각을 하고 있는가? 단적인 예로, 천안함 사건과 지자체 선거는 이런 영화의 경향과 아무런 관련이 없는 것일까? 모든 정보를 장악한 정부, 그것도 언론, 검찰, 재벌, 심지어 종교까지 모두 동원한 정부가 북한의 횡포라고 전쟁기념관에서 발표한 직후 치른 선거에서 왜 여당은 참패했을까? 언론과 검찰, 정부 때문에 자살을 선택한 전직 대통령의 1주기 직후 치러진 선거에서 왜 그의 참모들이 대거 승리를 한 것일까? 그것이 패배주의와 복수, 폐쇄성과는 아무런 상관이 없는 것일까? 남북의 극단적인 경색 관계는 〈의형제〉의 남파 간첩이라는, 너무도 식상한 내용과 아무런 상관이 없는 것일까? 이것은 지나치게 단선적인 해석인가?

어떤 해석을 하든 2010년 한국 영화가 그린 사회는 우울하다. 영화 속 인물은 살해당하거나 스스로 죽고, 현실의 벽에 막혀 패배하고, 도망을 다닌다. 그를 도와야 할 경찰은 어디에도 존재하지 않는다. 오히려 검찰과 경찰이 이들을 잡으러 다닌다. 경찰과 검찰, 악당에게 삼중으로 포위된 이들이 할 수 있는 일은 많지 않다. 현실도 공포스러운데 현실보다 더한 공포를 맛보려고 영화를 보지는 않는다. 그렇다면 관객들은 현실을 회피하려 영화 속으로 숨은 것인가 아니면 영화의 폭력을 비현실로 보며 즐긴 것인가? 문득 궁금해진다. 2011년에는 어떤 영화와 조우할 것인가? 아니, 2011년에는 어떤 일이 발생할 것인가? 이제는 희망의 영화를 보고 싶다.